CW00766944

Une vie de Coffe

DU MÊME AUTEUR

AUX ÉDITIONS FLAMMARION
Mes desserts à prix mini, 2014
Arrêtons de manger de la merde, 2013
Toutes les recettes de Vivement dimanche prochain, 2013

AUX ÉDITIONS LE LIVRE QUI PARLE
Descente aux plaisirs. Souvenirs d'une bouteille, 2012

AUX ÉDITIONS J'AI LU
Le Potager plaisir, coffret, 2011
Faites votre marché avec Jean-Pierre Coffe, 2011
Recevoir vos amis à petit prix, 2011
Le Plaisir à petit prix, 2010

AUX ÉDITIONS PLON
Ces messieurs-dames de la famille, 2011
Recevoir vos amis à petit prix, 2010
Le Plaisir à petit prix, 2009 (J'ai Lu, 2010)
Mes confitures, 2008 (Le Livre de Poche, 2010)
Les arbres et arbustes que j'aime, 2007
La Véritable Histoire des jardins de Versailles, 2007
Les Recettes de cuisine de Vivement dimanche prochain, 2006 (Le Livre de Poche, 2008)
Mes vins plaisir à moins de 10 €, 2005
CONSommateurs révoltons-nous !, 2004 (Pocket, 2005)
Mes vins préférés à moins de 10 €, tome 2, 2004, 2003
Mon marché gourmand, 2003 (Le Livre de Poche, 2004)
Mes vins préférés à moins de 10 €, tome 1, 2002

(Suite en fin d'ouvrage)

Jean-Pierre Coffe

Une vie de Coffe

Stock

Couverture Atelier Didier Thimonier
Photo de couverture : © Collection personnelle de l'auteur

ISBN 978-2-234-07567-2

Remerciements

À Jean Teulé qui a trouvé le titre.
À Philippe Gaudin sans lequel je n'aurais pas eu le courage d'évoquer mon passé.

1

Je suis né le 24 mars 1938. Ce jour-là, mon père était absent pour cause de service militaire. Il a ensuite été immédiatement mobilisé, et il est mort le 5 juin 1940, un peu après mon deuxième anniversaire. Il ne m'a pris dans ses bras qu'une fois, à l'occasion d'une permission. Nous ne nous sommes pas connus et donc pas aimés. Deux étrangers ! Mais je considère sa mort comme une chance : il avait imaginé que je lui succéderais dans son salon de coiffure. Coiffeur pour hommes dans une petite ville de province, quel avenir ! Après son départ à l'armée, ma mère, jusque-là secrétaire chez un notaire, a tenu la boutique alors que rien ne l'y prédisposait. Du jour au lendemain, elle a dû quitter son activité pour apprendre à « faire la barbe ». Les rasoirs Gillette n'existaient pas encore, le rasoir électrique encore moins. Les hommes allaient se faire raser chez le barbier.

Le salon de coiffure était situé sur la rue principale d'une petite ville de province, dite de garnison, qu'un château a rendue célèbre, sur la route nationale Paris-Strasbourg. Le contournement des villes n'existait pas, leur asphyxie n'avait pas encore été décrétée. On y rentrait ou on en sortait par des faubourgs et, sitôt ceux-ci passés, l'air était pur. On respirait selon les saisons l'odeur de la terre, grasse, noire, lourde, fraîchement retournée par le cheval, guidé par un vieil homme ou une jeune femme tenant d'une main ferme la charrue, l'haleine parfumée des foins juste fauchés. On humait sans crainte d'allergies la poussière étouffante dégagée par la moissonneuse-batteuse. On se régalait du chant des glaneurs qui ramassaient les épis oubliés pour alimenter leurs volailles nourricières. Même pour un petit enfant découvrant la nature, sa main minuscule dans celle, calleuse, de son grand-père, la sensation de bonheur existait. Mon grand-père Victor était maraîcher. Un beau vieillard, les lèvres et le nez minces, les yeux bleus limpides et profonds, de soyeux cheveux d'un blanc immaculé, et une moustache de Gaulois dont il était très fier et qu'il entretenait avec coquetterie. Je me souviens très précisément qu'avant d'arriver sur le marché où il vendait ses légumes, bio sans le savoir, il arrêtait toujours sa carriole tirée par un boulonnais gris pommelé pour sortir de la poche de son gilet une petite boîte qu'il ouvrait soigneusement, avant d'en retirer une brosse aux poils roussis avec laquelle il lustrait sa moustache. Il léchait ses pouces et index pour en tourner les pointes, retirait un vieux peigne en corne, ajustait sa tignasse et allait s'offrir à ses clientes.

Le père de mon père fut mon premier initiateur à la compréhension de la nature. Sa femme, que mes cousins et moi appelions la grosse Nini, ne nous aimait pas, ne nous recevait pas et n'a manifesté à mon égard nulle tendresse. Je n'ai aucun souvenir d'elle, sinon qu'elle nous obligeait à aller ramasser des marrons, qu'elle échaudait, épluchait, râpait pour en faire de gros blocs de savon qui servaient à la lessive de toute la famille.

Quant à mon grand-père maternel, il est mort durant ce qu'on appelait encore la Grande Guerre. Sa femme, cuisinière dans une maison bourgeoise, n'avait vraisemblablement aucune idée de ce que pouvaient être les effusions tendres et protectrices. La seule grand-mère qui savait me prendre dans ses bras pour apaiser mes gros chagrins d'enfant était la marraine de ma mère, une vieille dame, alsacienne, veuve, venue la rejoindre pour lui permettre de travailler au salon de coiffure et de s'occuper de moi : ma mémé Briquet. Elle gérait la pénurie, les tickets de rationnement ; grâce à elle, j'ai toujours mangé à ma faim.

Elle marchait mal mais s'obligeait à m'emmener jusqu'au terrain de football abandonné où nous ramassions des pissenlits qu'elle cuisinait avec des pommes de terre apportées par mon grand-père, et qu'elle mélangeait avec de la couenne et du lard gras arrosé de vinaigre échaloté chaud, « la chaude meurotte ». Les jours de fête, quand elle avait obtenu au marché noir un morceau de cochon, les lardons remplaçaient la couenne.

À elle les pissenlits, qu'elle cueillait à l'aide d'un petit couteau ; à moi l'herbe à lapins, qu'elle élevait avec des poules dans une petite cour, derrière le salon de coiffure. Les volailles étaient nourries à l'ancienne. Les granulés n'existaient pas encore et nous n'aurions de toute façon pas pu en acheter. Nous n'avions que peu de grains, peu de foin, peu de paille, juste du troc en échange d'une coupe de cheveux ou d'une barbe. Ces bêtes élevées simplement d'épluchures n'avaient rien à voir avec les belles volailles de concours de Bresse mais, après qu'on les eut tuées sous mes yeux sans ménagement pour un repas du dimanche – pas tous les dimanches –, elles représentaient pour moi le meilleur de la gastronomie.

Ma famille se limitait tristement à cela, un père mort, une mère occupée du matin au soir à raser les militaires en garnison, les éclopés, les infirmes réformés et surtout les vieillards, un grand-père de sang irremplaçable et une vieille dame nourricière.

L'éducation n'était pas le fort de ma grand-mère adoptive. Dès l'âge de sept ans, il a germé en moi une graine de petit voyou. Je traînais avec des enfants de mon âge, et les larcins ne me faisaient pas peur. Les loisirs et les vacances se passaient dans la rue. Dans le château et les bosquets du parc à l'abandon, nous avions installé nos cachettes. Nous y planquions les paquets de cigarettes Naja, High-Life, avec lesquelles nous apprenions à fumer, en tentant de ne pas trop tousser ! L'argent de poche était inconnu. Nous chapardions quelques francs dans les porte-monnaies des courses, que nos parents nous confiaient pour faire les achats quotidiens de la maison. Je n'avais pas accès à celui de ma mère, ma grand-mère Briquet se chargeait du marché. Comment, alors, récupérer un peu d'argent ? Ma mère cachait tous les soirs la recette du salon de coiffure, mais où ? Entre les pages d'un dictionnaire. Je ne cherchais pas à m'instruire, seulement la cachette. J'ai pris 500 francs. Énorme, en anciens francs. J'étais fier de montrer ce grand, beau billet à mes copains. En bande, nous sommes allés chez la pâtissière, que nous avons dévalisée. Elle m'a dénoncé à ma mère. Le résultat ? Une grosse indigestion et une fessée aussi douloureuse pour mon jeune amour-propre que mon postérieur !

Ma vie dans ce foyer bancal, sans autorité, a été bouleversée une nuit par le passage bruyant des populations fuyant les envahisseurs allemands. Elles défilaient devant notre porte. Des gens âgés, des jeunes enfants entassés sur des chariots tirés par des chevaux épuisés et remplis de valises, de baluchons, contenant sans doute leurs biens les plus précieux, ou dans des voitures poussives chargées comme un camion de déménagement. Je me souviens de leurs regards hagards, inquiets, qui nous prévenaient : « Les Allemands arrivent, fuyez ! Ne restez pas là. » Ils quémandaient à boire, à manger, du pain ; nous n'en avions pas. Ils proposaient d'échanger des bouteilles « de goutte, de gnôle » mais nous n'avions rien à leur offrir. Alors ils passaient leur chemin, apeurés.

Mes mauvaises fréquentations inquiétaient plus ma mère que les Allemands. Pour m'en protéger, elle m'a confié à sa sœur, ma marraine, qui avait, elle aussi, décidé de fuir. Nous avons pris la direction de Saumur, où ma grand-mère maternelle, je l'ai déjà dit, était cuisinière chez des aristocrates – la particule n'est pas le corollaire de l'élégance et de la générosité. Au cours de notre périple, les bottes de paille entassées dans les granges désertées ont été nos lits douillets. Avant d'arriver chez ma grand-mère nous avons également trouvé abri dans une champignonnière. Dans la paille humide à l'odeur de

14

fiente, de gros rats hardis essayaient de profiter de nos provisions. L'obscurité n'engageait pas les enfants de mon âge à jouer au soldat. Cette débâcle ne ressemblait en rien à de joyeuses vacances.

Arrivés à Saumur, ma marraine a dû rebrousser chemin. Les aristocrates ont en effet refusé de l'accueillir. Je suis demeuré aux côtés de Marie, ma grand-mère, qui m'a installé dans sa chambre, située sous les combles. J'ai découvert dans cette grande demeure l'injustice, le mépris des nantis pour les pauvres, et surtout l'humiliation de ne pouvoir jamais jouer avec les gosses de riches de mon âge et même l'interdiction de les fréquenter et d'utiliser leurs vieux jouets. J'étais le petit-fils de la cuisinière. Pestiféré. Pendant les repas, j'étais cantonné dans la cuisine. Ma grand-mère et moi devions manger ce qui restait des plats qu'un coup de sonnette impératif l'obligeait à servir. Quand elle revenait, il ne subsistait qu'un fond de sauce, un os à rogner. Tout était compté au plus juste, les achats contrôlés. Je me souviens de la mine apeurée de Marie, ma grand-mère, lorsque sa patronne lui demandait les comptes qu'elle examinait minutieusement. Le pire pour moi, c'était le moment des desserts. Je voyais partir des tartes, des œufs au lait, des gâteaux crémeux, je salivais, rêvant d'une petite part, mais les plats revenaient vides. Je sentais monter en moi une

15

sensation inconnue, je ne pouvais expliquer ce que c'était, un malaise, aujourd'hui j'ai compris : c'était la découverte de la haine sournoise, insidieuse, violente. Quand les vacances (!) ont été terminées, j'ai retrouvé ma marraine.

Ce séjour a été un cauchemar. J'avais le sentiment que ma grand-mère maternelle ne m'aimait pas, que je l'avais gênée, et surtout privée d'une partie de sa nourriture quotidienne. J'en ai gardé un souvenir cruel. Il m'arrive encore quelquefois, très rarement maintenant, de penser que la générosité des riches existe seulement quand elle est claironnée et que, pour eux, le geste du cœur dans l'anonymat est inutile, superflu.

Le voyage de retour dans ma petite ville natale n'a pas été plus glorieux que l'aller. Saumur-Lunéville, c'était loin d'être direct. Les trains aléatoires, les arrêts fréquents pour se mettre à l'abri des bombardements. Nous manquions de provisions et d'eau potable, l'attente sur des quais bondés de populations en fuite était interminable. J'ai retrouvé ma mère et ma mémé Briquet en pleine nuit. Après les inévitables effusions des retrouvailles, le sommeil m'a emporté mais, sitôt les yeux ouverts, je suis sorti de mon lit avec l'idée bien arrêtée d'aller rejoindre les copains dont j'étais séparé depuis plusieurs mois, et reprendre ma vie d'enfant de la rue. Hélas, à peine dehors, j'ai constaté que la ville avait bien

16

changé. Les hommes portaient des uniformes que je ne connaissais pas, vert-de-gris, épaulettes noires, galons argentés, et des casquettes, alors que j'avais le vague souvenir du calot de mon père ou des képis des cavaliers de la garnison. Les soldats allemands marchaient au pas cadencé, levaient la main droite quand ils se croisaient en criant très fort des slogans courts sur un ton guerrier. Quelques mètres plus loin, j'ai découvert des panneaux (qu'on appelle maintenant des kakemonos) sur lesquels étaient inscrits des mots que je ne connaissais pas, avec des lettres que je n'avais même jamais vues. Sur la toiture des principaux édifices de la ville flottaient de grands drapeaux frappés d'un sigle étrange : une croix blanche ou noire dont les extrémités étaient cassées. Si je n'avais pas dormi chez moi, revu le visage de ma mère et de ma grand-mère, j'aurais pensé que j'étais ailleurs, dans un autre univers. Lequel ? Je l'ignorais. Je me suis précipité dans les faubourgs de la ville pour essayer de trouver mon grand-père, afin qu'il m'explique, qu'il m'aide à comprendre. Il était dans son jardin, calme, serein, à genoux comme à son habitude, sur un tapis fabriqué dans un vieux sac de pommes de terre en jute qu'il pliait soigneusement en quatre. Je l'ai appelé, il s'est retourné, nous avons couru l'un vers l'autre, je me suis jeté dans ses bras. Des larmes ont jailli de ses yeux et il m'a chuchoté : « Mon petit, mon

17

petit, la guerre est ici, c'est terrible. » Ensuite, il m'a expliqué avec bonhomie ce qu'était la guerre. Des êtres humains qui ne s'entendaient pas et se tuaient. Nous nous sommes installés sur un banc de pierre, à côté de la réserve d'eau pour l'arrosage – j'entends encore le coassement retentissant des grenouilles – et, là, il m'a mis en garde : ne pas leur parler, ils sont méchants, pas comme nous, surtout ne pas dire de gros mots, oublier les mots cochon, *Fritz*, *Fridolin*. Ne pas imiter leur salut, ce cri qu'ils poussaient en levant le bras, c'était le nom de leur chef, Hitler. Un assassin sanguinaire, assoiffé du sang des Français, qui voulait tuer tous nos compatriotes ; « C'est lui qui a tué ton père. » Je me suis mis à pleurer, un bruit assourdissant a traversé le jardin. Grand-père m'a entraîné vers la rue et m'a montré les tanks, qui disait-il pouvaient tirer des obus, sortes de bombes qui détruiraient nos maisons, et aussi les canons et les automitrailleuses. Moi qui jouais à la guerre avec les copains, j'en étais resté au bâton entre les jambes comme monture et à l'épée de bois comme arme. Brutalement, la réalité m'est apparue et mon monde d'enfant s'est écroulé.

Quelque temps plus tard, ma mère m'a expliqué que, pendant mon absence, mon grand-père avait été arrêté dans le salon de coiffure. Un malentendu. Il attendait de se faire raser par sa belle-fille et discutait avec un voisin, en lui expliquant que le cochon qu'il élevait allait être bon à égorger. Il a fait un geste du plat de sa main autour de son cou. Les Allemands présents ont cru qu'il parlait d'eux, il a passé cinq jours à la Kommandantur. Il en est sorti grâce à l'intervention de ma mère qui rasait la barbe d'un officier supérieur. Pourquoi ma mère rasait-elle des ennemis de notre pays ? Quand je lui ai posé la question, elle m'a dit qu'elle n'avait pas d'autre solution pour nourrir notre petite famille. À la rentrée, il a fallu songer à l'école, apprendre quelques rudiments d'allemand, s'habituer aux uniformes, au salut militaire en pleine rue, aux « Heil Hitler » qui heurtaient les tympans comme des clous enfoncés dans la tête. La nuit, alors que nous dormions tous dans la même pièce, le grésillement de la radio me réveillait. Ma mère essayait de capter Londres.

Petit à petit, la vie s'est banalisée : l'habitude. Nous avons appris que les Américains avaient débarqué. Peu après, les premières colonnes de soldats allemands ont traversé la ville – elles fuyaient ; leur drapeau avait été descendu. C'était à peu près le même défilé que celui auquel j'avais assisté avec mon grand-père, mais en sens inverse. Après une période de calme, des hommes avec des brassards sur lesquels on pouvait lire FFI sont entrés dans les maisons, ont fouillé les caves, les greniers, essayant en vain de trouver quelques soldats nazis rescapés.

Puis est arrivée une autre cohorte de chars, d'automitrailleuses, de camions remplis de soldats portant un autre uniforme, d'une autre couleur : les Américains. Tout le monde était dans la rue, applaudissait, criait de joie, les soldats jetaient de leurs camions des plaquettes de chewing-gum – dont nous ne savions pas bien si nous devions les sucer, les mâcher ou les avaler – mais aussi des petits tubes de lait concentré sucré, et du chocolat en tablettes. Pour la première fois de ma vie, j'ai mangé du chocolat, beaucoup trop, une indigestion. Un comble après la disette. La punition a été immanente. Ma peau s'est couverte d'une éruption purulente d'impétigo. Mon petit corps malingre a été badigeonné plusieurs fois par jour de teinture d'iode. Porter des vêtements était insupportable, même le contact du drap était douloureux. C'est mon premier souvenir des Américains. Après qu'ils eurent quitté la ville, la liesse populaire a continué. Sont ensuite venus la vengeance, les règlements de comptes, la jalousie, les passions, le spectacle des femmes tondues. Ma mère n'y a pas échappé, elle qui avait rasé des Allemands ! Elle a vécu son calvaire avec courage et dignité, porté un turban pour cacher sa chevelure mutilée, tout en continuant à exercer une profession qui n'était pas la sienne. Nous n'en avons jamais parlé, pas plus que du reste. Plus tard, je me suis interrogé. Avait-elle couché avec des

Allemands ? Si tel avait été le cas, je lui aurais trouvé des excuses, et je l'aurais même absoute. Après cinq ans sans homme, une jeune femme, veuve de surcroît, peut-elle résister au désir d'un corps chaud quelle que soit sa nationalité ? J'ai imaginé que, si mon père était revenu vivant, la rumeur malveillante l'aurait informé des raisons pour lesquelles elle avait été tondue. Leur couple n'aurait pas résisté. Décidément, un père, ce n'était pas fait pour moi. Une chance, puisque, s'il avait vécu, j'aurais eu la malchance de devenir garçon coiffeur, métier que je ne méprise pas mais pour lequel je ne me sentais aucune vocation.

Très rapidement après la fin des hostilités, la Croix-Rouge suisse a fait savoir aux veuves de guerre que des familles étaient disposées à accueillir des enfants pauvres pour les vacances. Ma mère m'a inscrit, je remplissais les conditions, tiré au sort, je suis parti dans une ferme du Jura suisse ; un hameau de quatre maisons à Montmelon-Dessous. J'aurai pu tomber chez des banquiers, j'en serais reparti avec une montre, habillé de neuf, et je les aurais oubliés car je doute qu'ils auraient pu me donner l'amour, la tendresse, l'affection que m'a offerts cette merveilleuse famille Fleury, ma famille d'accueil.

Elle était formée d'un couple et de leurs deux enfants : un garçon, Germain, et Véreine, sa sœur, mes aînés d'une vingtaine d'années, célibataires l'un et l'autre, et d'un commis de ferme. Une famille heureuse, unie et généreuse m'acceptant comme le petit dernier avec tendresse. Une merveilleuse expérience qui, sans que je m'en rende compte, m'a permis de construire la ligne fondatrice de mon avenir, de ma vie ; l'éthique, le respect de mes semblables : me comporter selon les règles de la morale la plus stricte, respecter les autres, quelles que soient leur race, leur couleur, leur religion.

Dans cette petite ferme, située en basse montagne, tout me paraissait merveilleux, nouveau, inattendu. Grâce à mon grand-père, je connaissais un peu le maraîchage, les légumes et les fruits, mais là j'ai pu découvrir l'agriculture, propre, sincère, respectueuse de l'environnement. Tout le contraire du productivisme qui a rapidement envahi nos campagnes. Vingt-quatre vaches, trois juments, un verrat de compétition pour la reproduction, quelques truies pour le saloir de la maison, des poules, des lapins.

Quand je suis arrivé au début de l'été dans ce paradis, les vaches étaient déjà en altitude ; de belles montbéliardes avec de grosses cloches tintinnabulantes autour du cou. Quand nous les rejoignions, après deux heures de marche, pour la traite du matin et du soir, le chien nous dépassait et assurait le regroupement du troupeau. Ahuri, j'ai assisté à ma première traite. Les hommes se ceinturaient un tabouret à un pied. Munis d'un seau, ils appelaient les vaches qui docilement répondaient à leur nom, posaient doucement le seau sous leur ventre, s'asseyaient, caressaient le pis avec leurs mains calleuses et pleines de graisse ; commençait alors le crépitement du lait sur le métal du récipient. Les bêtes restaient calmes, seules leurs queues chassaient les mouches et claquaient sur la nuque de l'homme qui gardait le front appuyé sur le flanc de l'animal. La traite finie, le seau prestement enlevé, la bête suivante venait se mettre en place tandis que le trayeur versait le lait mousseux dans les bidons. Le troupeau, la mamelle vide, paissait, paisible. Nous redescendions prudemment à la ferme, attentifs à ne pas verser la précieuse cargaison qui serait emportée avec la traite du matin à la laiterie de Saint-Ursanne. Nous nous y rendions avec la carriole attelée de Fanny, la plus vieille des juments. La petite route serpentait entre une forêt de sapins, des prairies et un torrent dont le bouillonnement accompagnait le tintement des cloches des vaches savourant l'herbe grasse.

Le transport des bidons était assuré par la fille de la maison qui, lorsque je l'accompagnais, m'offrait un chocolat chaud au Tearoom, que j'appelais, ignorant l'anglais, le « téaroume ». Nous nous racontions nos vies, elle espérait rencontrer un homme, l'épouser et avoir des enfants. Nous rentrions à la ferme en chantonnant, elle

23

me passait les rênes, inutiles dans mes petites mains, le cheval connaissait parfaitement son itinéraire.

À peine arrivés, il nous fallait vite gagner les prairies pour porter aux hommes le casse-croûte de 10 heures que Mme Fleury avait préparé dans la matinée ; généralement des œufs durs, du lard et de la saucisse froide, restes d'une potée des jours précédents. On buvait de la limonade mise à rafraîchir dans l'eau du torrent pour faire passer les belles grosses tranches de la miche que mon hôtesse pétrissait toutes les semaines et cuisait dans le four de la cheminée.

Ces deux premiers mois de vraies vacances familiales au cours desquels j'ai été libre, heureux, sans souci, protégé, sont à jamais gravés au plus profond de mes souvenirs et de mon cœur. Je me suis glissé dans l'intimité de cette famille comme dans un cocon, paisible. Les jours se succédaient trop vite. J'appréhendais mon retour, mon devenir. Étrangement le souvenir de ma mère et ma mémé Briquet s'estompait tant j'étais attentif à la découverte de cette nouvelle vie pastorale.

Qu'elle était heureuse et insouciante ! Le soleil brûlant apaisé par un vent léger, le silence bienveillant seulement interrompu par le gémissement de la faux sous les caresses de la pierre à fusil nous comblaient. Toute la journée au champ, je retournais le foin juste fauché avec la fourche que Germain avait bricolée à ma taille et bottelais les gerbes de blé ou d'avoine qu'il fallait ensuite porter sur la charrette. Véreine venait alors atteler Fanny, la jument, pour la mener à la grange où l'antique batteuse séparait le grain de la paille destinée à la litière des animaux quand ils rentreraient à l'étable, la première neige tombée.

Dans un tout autre registre, mes premières vacances à Montmelon-Dessous m'ont également permis de prendre ma première leçon d'éducation sexuelle grâce à Fanny qui avait « ses chaleurs ». Comme je la questionnais, Véreine m'expliqua : « Fanny désire avoir un petit bébé, elle nous prévient ; elle demande un papa, il faut la conduire à l'étalon. » Il y eut des conciliabules pour décider si je pouvais ou non assister à la saillie. Finalement, le lendemain, j'accompagnai Véreine. La jument accepta calmement le licol et nous mena au trot, en hennissant, vers le mâle piaffant dès notre arrivée, tenu fermement par le valet chargé de le faire tourner autour d'une jument tout à coup impatiente, la queue tendue comme une chandelle. Pendant les présentations, le sexe du cheval s'allongea, grossit et se raidit. Il s'approcha de la jument offerte, se cabra sur les pattes arrière, Véreine le guida pour l'aider à pénétrer intimement et profondément le ventre de Fanny. Quelques secondes plus tard, la tête de l'étalon se colla à l'encolure de sa partenaire qu'il lécha, puis il se retira, laissant apparaître son sexe toujours long mais flasque et mouillé à son extrémité d'un liquide blanchâtre et crémeux.

Devant mon regard interrogateur, Véreine m'affirma : « Quand tu seras grand, tu auras des enfants comme cela, avec ta femme ! » L'étalon rentra dans son écurie après un regard tendre, reconnaissant vers sa compagne d'un moment. Nous raccompagnâmes Fanny qui avait retrouvé son calme, sa démarche dolente. J'étais muet, tout à mes pensées, assez fiérot d'avoir levé le voile sur le mystère de la procréation.

Ma séparation avec cette famille généreuse fut triste, douloureuse. Je pensais quitter à jamais ce lieu magique et pourtant le hasard m'a autorisé à y revenir… mais hélas je n'en étais pas encore là.

Rentré à la maison – surprise –, je ne retrouvai pas ma mère. Mémé Briquet m'expliqua que le salon de coiffure avait été mis en gérance et que ma maman avait repris son ancien métier de secrétaire dans un grand hôtel des Vosges. Il ne fallait pas que je m'inquiète, elle reviendrait bientôt. Elle est en effet revenue, mais pour me signifier que je devais aller en pension. Oui, en pension, j'avais bien entendu même si je n'avais pas très bien compris ce que cela représentait. Pourquoi étais-je puni ? Accepter les injustices n'était pas dans mon caractère. Elle allait vite se rendre compte que je ne capitulerais jamais même si je devais ruser ou faire semblant. Le premier internat, situé près de Belfort, a été le pire. Une prison, pas un collège. Le bruit des sabots que nous devions chausser était insupportable. Le claquement des pas sur les dalles glacées des couloirs me rappelait les défilés des Allemands dans les rues de ma petite ville. La veille de mon arrivée dans cet univers de soumission carcérale, mon chat, mon gros nounours, mon confident et ami, s'est fait écraser dans la rue sous mes yeux. J'étais inconsolable, prostré, muet. Au bout d'un mois, ma mère a été sommée de venir me rechercher. J'avais gagné ma liberté et une pneumonie, assez grave pour justifier mon admission dans un préventorium. Le purgatoire après l'enfer. Même quand la poisse vous poursuit, il faut espérer. Je pensais très fort à mes vacances en Suisse, aux Fleury, au bonheur. J'ai supplié ma mère de les solliciter pour un nouveau séjour. Ils ont accepté. J'avais gagné un an de famille, un an de bonheur, un an de découverte approfondie de la nature en toute saison.

L'hiver a été rude, il a fallu rentrer les bêtes dès les premiers flocons tombés. Tous les matins, aux premières lueurs du jour, nous devions dégager la neige accumulée dans la nuit pour libérer le chemin menant à l'étable, nourrir les animaux, refaire les litières, sortir le fumier fumant qui serait répandu bien rassis, à l'automne, sur les terres et les prairies, en engrais fertile. Une nuit, j'ai perçu un branle-bas dans la maison. N'y tenant plus je me suis habillé assez rapidement, pour surprendre mes parents nourriciers au chevet d'une vache qui allait mettre bas. J'ai pu assister à la naissance d'un petit veau, à ses premiers pas chancelants. Sa mère, l'œil brillant, reconnaissant, le léchait avec amour. Une profonde émotion m'a envahi. L'amour maternel existait donc chez les animaux. Le lendemain matin, ma première visite a été pour ce petit veau, debout, vacillant, tétant goulûment un pis gorgé de lait. Hormis cet épisode, les nuits étaient particulièrement reposantes. Je dormais dans un grand lit, garni de pierres réfractaires brûlantes placées sous l'édredon de plumes mousseuses. Un matin, j'ai été surpris de constater que mon sexe était devenu raide, et que ma main pouvait devenir une alliée du plaisir. J'étais fier de ces premiers émois érotiques. J'ai eu l'impression de devenir un homme. J'avais dix ans.

Mon retour à la maison a été de courte durée. Ma mère travaillait désormais dans un hôtel à Nancy. Pendant mon séjour en Suisse, elle avait lâchement abandonné ma mémé Briquet dans un hospice, pire, un mouroir. Après tant de dévouement, la pauvre vieille ne servait plus à rien, une charge dont ma mère s'était débarrassée. Elle est morte sans que je puisse l'embrasser à nouveau.

Sa seule récompense a été une tombe fleurie tous les ans à la Toussaint par un fleuriste anonyme payé par ma mère jusqu'à son dernier souffle. L'expérience du pensionnat suivant s'est déroulée chez les Frères des écoles chrétiennes de Nancy. Après quelques séances de catéchisme, je me suis vite rendu compte que les dix commandements n'étaient pas les mêmes selon la place tenue dans la hiérarchie catholique. Quant aux vœux de chasteté, certains frères les avaient purement et simplement oubliés. Je n'avais jamais entendu prononcer le mot « pédophilie ». À l'époque j'aurais été bien incapable d'expliquer ce qu'il signifiait. Mais un adulte en soutane qui tripote un mineur, je connaissais. Dans le dortoir, les va-et-vient étaient incessants et troublants. Un frère surveillant dormait dans la même chambrée que les pensionnaires, derrière des rideaux. Il faisait une ronde pour vérifier que nous étions bien endormis. Certains, comme moi, faisaient semblant. Un soir, peut-être une demi-heure après le couvre-feu, il est sorti discrètement de sa chambre et s'est approché du lit de mon voisin, avant de lui caresser le visage, de se pencher pour l'embrasser sur le front, puis sur la bouche. Il a ensuite glissé sa main sous les draps, qui se sont rapidement soulevés en cadence. Le frère s'est ensuite relevé, a tiré les draps, et tendu la main. Mon voisin s'est levé, l'a suivi dans sa chambre.

Quelques jours plus tard, pendant la récréation, entouré de quelques camarades, j'ai questionné le gamin. Il a violemment rougi, puis, très vite, m'a traité de menteur. Le surveillant de nuit m'a quant à lui convoqué pour m'expliquer qu'ensemble, ils avaient prié la Sainte Vierge, avant de m'accuser d'avoir de mauvaises pensées, et de me promettre que je passerais en conseil de discipline. Effectivement, j'ai été appelé par le frère supérieur de l'établissement. Devant le surveillant de nuit goguenard, deux autres frères m'ont sermonné, avant de m'infliger la punition suprême : me mettre à genoux cul nu, pour une fessée administrée au ceinturon. Soixante et un ans plus tard, je garde une cicatrice sur la main que je tentais d'interposer entre mes fesses et la boucle du ceinturon. J'ai dû, en prime, égrener une série de chapelets, et ai hérité d'un mois de consigne le dimanche. Ces jours-là, on m'a imposé quatre offices, la messe basse très tôt le matin, la grand-messe, les vêpres et le salut. À me dégoûter à jamais de la pratique religieuse – mais pas de la curiosité à l'égard des bouleversements adolescents qui nous secouaient.

Quelquefois, sous la douche commune, on apercevait le sexe d'un camarade se raidir, on riait, le montrait du doigt, il se retournait, souvent honteux. Il bandait, un mot que nous avions appris des plus grands, pendant la récréation.

Notre vocabulaire s'enrichissait à leur contact, « sucer », « enculer », n'avaient plus de secrets pour nous même si nous n'avions jamais pratiqué. Dans le dortoir, la nuit, les allées et venues continuaient.

L'été, j'ai eu droit à deux mois de colonie de vacances toujours chez des religieux. À ce rythme, je me suis vite convaincu que je n'étais qu'une charge, un poids. À mon retour, ma mère s'était installée à Paris, dans un studio qu'on lui avait prêté. J'ai été expédié à Bagneux, près de Paris, chez les pères de Saint-Gabriel, d'où je ne sortais que le samedi midi afin de la retrouver pour déjeuner et aller au cinéma avant de réintégrer ma prison. Mais au fait, pourquoi étais-je en pension chez des religieux ? Ma mère n'était pas pratiquante. Un peu plus tard, j'ai compris ses motivations qui ne relevaient pas, loin de là, d'une soudaine vocation.

Un samedi, pendant que nous déjeunions, elle m'a annoncé que le samedi suivant, si je n'étais pas consigné, nous irions à Versailles en voiture avec l'un de ses bons amis. Pendant cette semaine d'attente, mon esprit a été occupé à imaginer qui il était. Plus jeune au collège j'avais eu moi-même de « bonnes amies » avec lesquelles je m'amusais à jouer au papa et à la maman, à échanger de bouche à bouche des cerises que nous allions rapiner dans les vergers au printemps ou des mirabelles en été. Un bon ami, était-ce un futur papa, un amoureux ? Ma vie allait peut-être changer... Tremblant, je suis arrivé le jour dit et j'ai vu un bel, très bel homme, grand, sûr de lui. J'ai été frappé par ses mains. Jusque-là je n'avais jamais prêté attention aux mains de mes interlocuteurs – celles de mon grand-père ou des hommes de la famille Fleury, larges, calleuses, avec des sillons pour lignes. Elles me guidaient, m'aidaient, me portaient sans que j'en aie conscience. J'aimais qu'elles prennent les miennes, les serrent, rassurantes. Celles du monsieur que je rencontrais pour la première fois étaient belles, longues, blanches, les ongles polis, roses, avec des grandes lunules. La dernière phalange de sa main gauche était largement occupée par une lourde chevalière en or, ornée d'une pierre de couleur noire, gravée de signes cabalistiques. J'ai appris plus tard qu'il s'agissait du blason de sa famille. L'homme était aristocrate, un comte, avec un nom à particule. La hiérarchie nobiliaire m'étant inconnue, j'en ai déduit qu'il était prince. Comme je me suis approché pour l'embrasser, il m'a fermement repoussé. Pendant cinquante ans, chaque fois que je l'ai vu, nous avons échangé la même poignée de main. Distante. Repoussante. Jamais il n'a eu à mon égard un geste de tendresse, d'affection.

Nous sommes allés à Versailles dans une belle voiture américaine décapotable bleu ciel en cuir blanc. Après le déjeuner dans un caboulot, La Flottille, en face du grand canal, nous nous sommes promenés quelques minutes. Puis ma mère m'a encouragé à aller jouer un peu plus loin pour les laisser seuls. Nous étions au Hameau de la Reine. Je me suis caché derrière une des fabriques et les ai épiés. Se croyant hors de ma vue, ils se sont embrassés à bouche que veux-tu. J'ai compris. Ma mère et moi c'était fini, elle avait fait son choix, je serais seul. De retour en pension, j'ai songé qu'ils allaient se marier, que j'aurais des frères et sœurs, mais que je ne grandirais pas près d'eux. Ma nouvelle vie avec ce nouvel arrivé allait être difficile, ma mère m'aimerait moins.

J'ai revu cet homme de temps à autre, pendant mon année scolaire. Puis ma mère m'a expliqué qu'il était marié, qu'il avait un fils, qu'il ne l'épouserait jamais car sa famille était très pratiquante – un oncle archevêque, une sœur supérieure d'un couvent et un frère prêtre – mais qu'il était gentil, attentionné, généreux, qu'il nous aimait et qu'il nous protégerait.

2

À Paris, ma mère s'est très vite lassée d'être une femme entretenue et a exigé son indépendance financière. Le Monsieur a décidé d'investir dans une laverie automatique, l'une des premières, située à Neuilly. Grâce à ses revenus, maman a pu louer un appartement suffisamment grand pour que j'y aie ma chambre, et me consacrer ses week-ends. Pas complètement : le samedi, le comte venait déjeuner, ou l'emmenait au restaurant, sans moi. Je restais seul jusqu'à ce qu'elle revienne. La fin d'après-midi était dédiée à visiter Paris. Le soir, nous allions le plus souvent au théâtre. Ou au music-hall. Ma treizième année fut celle de la découverte du monde artistique. J'ai pu voir sur scène Maria Casarès, Edwige Feuillère, Geneviève Page, Mary Marquet, Mary Bell, Véra Korène, Micheline Presle, et MM. Pierre Brasseur, Jean-Pierre Aumont, Pierre Blanchar,

Pierre Fresnay, Paul Meurisse, l'admirable compagnie Renaud-Barrault, sans oublier Julien Carette qui avait dans sa jeunesse joué à la belote avec mon père à l'Éden Bar. Nous ne manquions aucun spectacle. Le dimanche était souvent consacré au music-hall. Le Châtelet, la Gaîté lyrique, Mogador, hauts lieux des opérettes, m'ont permis d'entendre Luis Mariano, André Dassary, Georges Guétary, Bourvil, Annie Cordy et le célèbre couple Paulette Merval et Marcel Merkès. Le Concert Pacra et Bobino m'ont fait découvrir Suzy Delair, qui est devenue mon amie cinquante ans plus tard, mais aussi Damia, Fréhel, Piaf, que j'ai vue lors de son dernier concert à l'Olympia, pathétique, décharnée, moribonde mais avec cette voix puissante, envoûtante, d'outre-tombe déjà. Les choix de ma mère étaient très éclectiques. Elle aimait aussi les chansonniers et n'hésitait pas à m'emmener au Théâtre de Dix-Heures ou à La Tomate. J'étais émerveillé, reconnaissant, passionné. Je faisais même des efforts au collège pour ne pas être consigné, tant je souhaitais poursuivre mon cheminement culturel. Et, désormais, ma vie me semblait toute tracée : je serais acteur, un grand, comme ceux qui faisaient de mes week-ends un enchantement.

Au début du dernier trimestre de ma scolarité, j'ai appris que le Monsieur m'invitait à déjeuner. Pourquoi ce soudain intérêt, alors que nos rencontres se déroulaient dans l'indifférence d'une poignée de main toujours distante ? Qu'avait-il donc à me dire de si important ? La réponse à cette question a été à la hauteur de mes craintes. Après quelques phrases banales sur l'amélioration de mes résultats scolaires, il en est venu à l'essentiel : un garçon se doit de parler anglais couramment. Vu mon niveau dans cette langue, un séjour en Grande-Bretagne me ferait le plus grand bien. Ma mère acquiesçait. Moi, j'étais abasourdi. À nouveau un an de séparation, alors que mes rapports avec elle prenaient enfin un cours normal ? Et surtout, un an sans aller au théâtre ? Une fois encore, j'étais puni. Qu'avais-je donc fait pour mériter pareil châtiment ? Avant même que je puisse le demander, ou simplement donner mon avis, ils m'ont expliqué que je serais dans un très bon collège, tenu par les mêmes religieux que ceux de Bagneux. Dès la fin de ma scolarité, j'irais passer deux mois dans une famille anglaise. Ensuite, je rejoindrais Londres et cette « jolie » pension. Leur décision était prise. Les réservations étaient faites. Il m'a fallu admettre que j'étais enfermé dans une nasse et que je n'avais aucune possibilité de résister. Le déjeuner s'est terminé, le Monsieur nous a raccompagnés à la maison, avant de nous quitter pour rejoindre sa famille. Devant les larmes que j'avais crânement retenues devant lui, ma mère m'a expliqué qu'ils faisaient tout cela pour mon bien. Le Monsieur me considérait un peu comme son fils. Il fallait que je prenne conscience de la chance inespérée que nous avions, elle de l'avoir rencontré, moi de le connaître. Nous avons dû aller au théâtre ou au cinéma, comme d'habitude, mais pour une fois je n'y ai pris aucun plaisir, hanté que j'étais par mes noires pensées. Sitôt rentré et couché, je me suis mis à sangloter, persuadé une fois de plus que ma mère ne m'aimait pas et qu'elle ne cherchait qu'une seule chose : le moyen de se débarrasser de moi.

C'était même urgent, puisque mes deux mois de vacances se sont déroulés dans une famille. Je suis parti seul pour la gare du Nord avec ma valise et un dictionnaire franco-anglais. À Calais, le ciel noir, plombé, me frôlait la tête. La traversée ne m'inquiétait pas, à tort. La mer déversait sa colère sur les flancs du ferry-boat, secoué comme dans le tambour d'une machine à laver. La pluie voulait passer au travers des vitres, le ciel n'osait pas s'entrouvrir pour laisser filer les éclairs. Le vacarme des machines à la peine mêlé au tonnerre était assourdissant. Mes compagnons de voyage se levaient, couraient vers les toilettes déjà encombrées, hoquetant, un mouchoir devant la bouche. Rapidement j'ai été obligé de les suivre. Le pont ruisselant n'avait rien d'hospitalier. Le temps d'atteindre le bastingage pour m'y cramponner, la pluie avait transpercé mes vêtements. Dans l'urgence j'avais oublié d'enfiler mon imperméable. Apocalyptique traversée. Heureusement j'en ai connu, plus tard, de plus ensoleillées. La famille qui m'accueillait – un couple et ses deux filles – était à Douvres. Train, métro. Je ne comprenais pas un mot de leur anglais. Aussi, je suis resté silencieux, transi, muet. Qu'ont-ils dû penser de moi, adolescent mutique, renfermé ? Je m'en fichais. Le trajet pour rejoindre la lointaine banlieue où ils habitaient m'a semblé interminable. Je me souviens d'une rue sinistre et d'une maison en brique rouge semblable à toutes les autres maisons de la rue. À mes yeux, l'Angleterre, c'était haïssable.

Un couloir étroit conduisait à un escalier desservant les deux étages, et une cuisine dans laquelle la famille prenait ses repas, avec accès à une grande pièce à vivre éclairée par un bow-window donnant sur la rue. Tel était mon nouveau chez-moi. Heureusement il y avait les filles, dont je comprenais la langue, alors que de tout le séjour je n'ai jamais pu converser avec les parents, accent cockney oblige. Je m'en suis bien passé, car la cadette, plus âgée que moi de quelques années, m'a vite fait comprendre que je ne lui étais pas indifférent. Rien ne vaut, en certaines circonstances, le langage des signes. De surcroît, en me dépucelant, elle m'a appris des rudiments d'anglais salace. Tant pis pour le comte qui me voulait si bien élevé. Elle était jolie, le visage semé de taches de rousseur. Une petite bouche aux lèvres pulpeuses, expertes, gourmandes, accueillantes. À moi la petite Anglaise. Il ne m'a pas fallu longtemps pour comprendre ce que sucer signifiait. Elle m'a initié avec une grâce et une efficacité dont je lui suis aujourd'hui encore reconnaissant. Nos rapports étaient silencieux : les parents dormaient dans la chambre voisine. Les gloussements de plaisir nous étaient interdits. Qu'importe, elle savait, par gestes, me faire comprendre ses préférences, à mon grand plaisir je devais la caresser, lécher ses jolis petits seins laiteux, dévorer sa fourrure rousse et sa rose des vents goûteuse comme une friandise.

Dans la journée, elle me faisait visiter Londres. Je ne profitais de rien. Je croyais l'aimer et ne cessais de la regarder. Hélas. Sitôt au collège notre relation s'est interrompue. Le portable n'existait pas. Le téléphone de la pension était inaccessible. Je l'ai vite oubliée. Mais c'était fait, j'étais un homme maintenant. Plus personne au collège ou ailleurs ne pourrait me traiter de puceau. Les vacances dans la famille avaient peu profité à l'amélioration de mon anglais mais mon expérience amoureuse avait nettement progressé. Quant à la vie à Saint Gabriel's College, elle était peu studieuse, et si nos professeurs étaient anglais et canadiens, nous parlions français entre nous. Nos progrès dans la langue de Shakespeare étaient inexistants malgré les exigences que tentaient en vain de nous imposer nos maîtres. Nos jours de congé se passaient à visiter les musées que j'étais supposé avoir déjà vus, très succinctement, trop occupé à parfaire mon initiation sexuelle.

Mais pour mon plus grand bonheur, le collège organisait des après-midi théâtrales, principalement au Old Vic Theatre, situé à Stratford-upon-Avon. Ce lieu mythique où transpiraient l'âme et le génie de Shakespeare n'avait pas encore été reconstruit. Nous y avons vu Richard Burton et Claire Bloom dans *Hamlet*. Depuis, j'ai entendu beaucoup d'acteurs interpréter ce rôle-titre, aucun n'avait le mystère, la puissance et la fragilité de Burton. C'est dans ce théâtre que Laurence Olivier a fondé sa compagnie théâtrale. Son interprétation d'Hamlet, précédant celle de Burton, ne m'a pas laissé un grand souvenir. Vivien Leigh dans le rôle d'Ophélie m'avait semblé minauder beaucoup.

Le collège nous interdisait de sortir seuls, nous restions entre élèves cloîtrés. Nous pouvions jouer au tennis, nous promener dans le parc, Nous avions ordre de parler anglais entre nous, ce que nous nous gardions bien de faire. La plupart de nos conversations portaient sur le sexe.

Un jeune religieux canadien, surveillant à l'étude, me regardait souvent d'un air concupiscent. Il était sympathique et bel homme. Un jour après l'étude, il m'a demandé de rester. Quand tous les élèves ont été dehors, il s'est approché, m'a pris dans ses bras, m'a caressé la tête puis a retroussé sa soutane. J'ai vu son sexe, qui m'a paru énorme. Il a essayé de pencher ma bouche vers lui, mais j'ai résisté, alors il a saisi mes mains, et m'a forcé à le caresser. Je l'ai à peine touché, il a éjaculé tout de suite. Il avait les yeux fermés, les lèvres pincées, il était secoué de spasmes. Son sperme était poisseux, j'en avais plein les doigts. Il a rabattu sa soutane, a sorti un grand mouchoir de sa poche et les a essuyés en m'embrassant sur le front. Puis il m'a dit : « Surtout, tais-toi. Nous recommencerons mieux que cela. »

Par la suite, pendant l'étude, sous prétexte de jeter un coup d'œil sur mes devoirs il se mettait souvent derrière moi. Je sentais son sexe très dur contre mon dos. Il me réservait ce genre d'attentions. Apparemment, aucun de mes copains de classe ne prêtait intérêt à son manège. De mon côté, j'ai toujours fait en sorte de ne plus me retrouver seul avec lui. J'étais dégoûté. Ce tripotage ne m'avait procuré ni plaisir ni envie de recommencer, d'autant que je ne voyais que du danger à me faire surprendre pendant ce type de relation, et avec un religieux, en plus !

Quelquefois il arrivait désormais qu'avec mes copains de classe, nous nous masturbions ensemble, mais toujours chacun pour soi. Cela se passait surtout le dimanche, entre la grand-messe et le déjeuner. Nous nous retrouvions au cottage, une petite maison plantée dans le fond du parc. Nous y logions à quatre, chacun dans une chambre. L'un de nos colocataires, un jeune Libanais, était vraiment très souple. Il s'allongeait sur son lit, bien calé sur un polochon plié en deux, basculait ses jambes vers sa tête, introduisait son sexe dans sa bouche et se suçait avec application. Quand il avait joui, il nous suggérait de l'imiter. En vain ! Nous avons bien essayé, mais sans aucun succès, même si parfois il s'en fallait de peu. L'autofellation demande agilité et sveltesse. Du coup, nous finissions par nous masturber normalement et de concert. Mais jamais l'un de nous n'a proposé d'en sucer un autre, même si certains y ont pensé sans oser l'avouer.

Pendant cette longue année en Angleterre, je me suis bien gardé de faire le moindre effort scolaire. En revanche, j'ai passé beaucoup de temps à écrire à tous les grands acteurs que j'avais eu l'occasion de voir en scène l'année précédente, pour leur exprimer mon admiration, et leur demander un autographe. Leurs réponses me comblaient de joie.

Mon retour à Paris n'a pas été sans surprise : ma mère ne m'a jamais donné beaucoup de nouvelles.

Elle m'a annoncé, tout de go, que la laverie avait été vendue, que nous avions déménagé, que le nouvel appartement était plus grand et ma chambre plus spacieuse. Spacieuse, certes, mais sans fenêtre, au fond d'un couloir, et éloignée de la sienne. J'ai vite compris. L'éloignement lui permettait de recevoir son Monsieur sans que je le sache.

Pendant mon absence, il lui avait « généreusement » offert une teinturerie, pour, me dit-elle, garantir son avenir et le mien. Pendant mes vacances, je pourrais l'aider, en échange de quoi je bénéficierais d'un peu d'argent de poche.

Ce furent mes premières vacances studieuses. Je lisais des pièces de théâtre, collectionnais *Le Petit Illustré* que j'achetais chez les bouquinistes. Ma mère s'absentait beaucoup. Je la remplaçais à la caisse. Je m'étonnais toujours qu'elle compte son contenu avant son départ, et dès son retour, ce qui me laissait peu de doute sur la confiance qu'elle avait en moi.

Je lui ai annoncé ma ferme intention d'arrêter mes études, et de me consacrer au théâtre.

Elle en a informé le Monsieur, qui m'a invité à un nouveau déjeuner, en tête à tête. Cette fois, il m'a expliqué que, si ma décision était irrévocable, il convaincrait ma mère de son bien-fondé, à condition que j'assume moi-même le règlement des cours de théâtre que je comptais suivre dès la rentrée chez René Simon. Il lui faudrait combattre les idées préconçues de maman. Pour elle, j'étais encore trop jeune pour prendre mon indépendance, je devais rester à la maison, afin qu'elle puisse me surveiller. Si grâce à son intercession j'avais gain de cause, ma vie serait difficile, je ne pourrais compter que sur moi-même dans ce monde inconnu et dans lequel il n'avait aucune relation. Nanti de ce viatique peu encourageant, mais satisfait tout de même d'avoir obtenu son accord, je suis rentré à la maison pour découvrir que je devais, dès le lendemain, descendre à la cave pour y apprendre mon nouveau métier de teinturier. Je m'y suis collé avec entrain même si je savais que je ne l'exercerais que peu de temps, puisque j'allais devenir un comédien. La vieille employée était sympathique, connaissait parfaitement son travail et m'a rapidement appris à manier les gros et lourds fers à repasser en fonte qui rougissaient par quatre sur un antique fourneau cylindrique à charbon. En un mois, l'usage de la patte-mouille, de l'alcali, de la terre de Sommières n'a plus eu de secret pour moi. Après avoir fait mes premières armes sur les pantalons, appris à faire la différence entre la laine, le coton, la soie, le pongé, je me suis attaqué aux jupes d'abord droites, puis plissés plats, avant de m'essayer aux plissés soleil qui demandaient une grande précision. Chaque pli était en effet épinglé sur la table et la technique imposait que l'on repasse pli par pli, à l'endroit et à l'envers. L'atmosphère était humide, les odeurs de trichloréthylène entêtantes, l'ambiance travailleuse. Il fallait du rendement car la boutique tournait à plein régime. Ma mère s'était révélée très commerçante. Puis les clients étaient pressés, les teintureries automatiques n'existaient pas encore et le nettoyage se faisait dans des usines. Bref, nous avions de la besogne.

Dès septembre, j'ai passé le concours d'entrée au cours Simon, et j'ai été reçu bien que mon audition avec une fable de La Fontaine, *Le Héron*, ne me semble pas avoir laissé un souvenir impérissable aux professeurs.

Les jours précédant l'audition, après avoir choisi la fable, je l'avais apprise, répétée cent fois, mille fois. La repasseuse était mon seul public, avec la glace. La première était de bonne volonté, riait à mes mimiques, m'encourageait avec beaucoup de gentillesse. Le matin de l'audition au cours Simon, boulevard des Invalides, ma mère s'est contentée d'un « bonne chance » sans enthousiasme ni tendresse. Plutôt que m'abattre, sa distance m'a stimulé.

Je voulais lui prouver que, moi aussi, je pouvais être le nouveau Gérard Philipe. Rien que cela ! Inconscience de l'ambition juvénile !

Quand mon tour est arrivé de dire mon texte, une étrange transformation physique s'est opérée en moi. Seul sur l'estrade, en face de candidats comme moi, sans indulgence ni bienveillance ; et même plutôt hostiles, et des professeurs du cours, anciens comédiens, souvent aigris, conscients de tenir mon avenir entre leurs mains.

J'ai eu l'impression de me vider. En un instant, à l'appel de mon nom, je me suis senti dépouillé de ma mémoire. J'ai même oublié le titre de la fable. Je tremblais de tout mon corps. Un énorme poids s'est installé sur mon estomac, ma bouche s'est asséchée, ma langue alourdie. J'étais incapable de définir ce qui m'arrivait puisque je n'avais encore jamais été en proie au trac. Adieu, intentions, intonations. J'ai dû être mauvais, et pourtant j'ai été accepté comme élève. Avec moi, deux autres candidats, parmi tous ceux auxquels j'ai été confronté : Marie-José Nat et Sami Frey.

Je suis entré dans le cours de l'admirable Jean Chevrin, bon pédagogue et homme délicieux. Il m'a pris en amitié, laquelle a perduré jusqu'à sa mort. Ses cours étaient surtout destinés aux élèves de première année, aux débutants. Il avait pour mission de nous dégrossir, de nous donner de l'aisance dans nos déplacements, de rectifier notre prononciation. J'avais un cheveu sur la langue, je zozotais comme on dit. J'ai passé six mois avec un crayon entre les dents pour me débarrasser de ce défaut. Outre la diction, il veillait sur le fond et nous obligeait à lire entièrement la pièce dont nous avions une scène à travailler. Avant la présentation de notre exercice, nous devions resituer la scène dans son contexte. Impossible de tricher. Jean Chevrin possédait une culture classique très complète, qu'il savait nous communiquer avec rigueur et légèreté. Il nous refusait la facilité : un élève doué pour la comédie devait obligatoirement travailler des scènes de tragédie. Je passais mon temps au cours, apprenant, étudiant, donnant des répliques à qui voulait m'accepter. À 23 heures, je rentrais à la maison, révisais rapidement mes textes pour le lendemain, m'assoupissais quelques heures pour me lever à l'aube et ranimer le réchaud des fers à repasser, avant de me remettre à ces plissés plats et soleil dont j'étais devenu le spécialiste. Et, dès 9 heures du matin, je me précipitais au cours, lisant insatiablement des pièces dans le métro en tentant d'y dénicher des scènes à deux personnages avant de convaincre une ou un partenaire de me donner la réplique. Après mon séjour en Angleterre, la vie semblait me sourire à nouveau. J'étais exalté. À la fin de ma deuxième année de cours, je me suis présenté dans une pièce de Sacha Guitry que j'ai revue récemment au Théâtre Édouard VII : *Un type dans le genre de Napoléon*. Tout au long de ce spectacle, alors que j'attache peu d'importance au passé, à la nostalgie, j'ai retrouvé mon âme d'adolescent.

J'ai obtenu le prix Marcel-Achard, et trouvé un premier engagement : une tournée théâtrale de cent vingt jours dans le rôle d'un petit marquis dans *Le Misanthrope*. Les répétitions me transportaient. Le travail avec la troupe m'excitait, mes camarades beaucoup plus aguerris dans le métier m'étaient d'un précieux conseil. La tournée s'est déroulée dans la bonne humeur et m'a permis de faire connaissance avec la France. Nous jouions généralement vers 16 heures et repartions le soir même pour atteindre l'étape suivante. Je consacrais ma matinée à visiter les villes, les musées, flairer avec avidité ce pays qui m'était inconnu.

Après plus de trois mois d'intense bonheur, je suis retourné tout à la fois dans ma cave pour repasser et au cours Simon pour continuer à apprendre et à me perfectionner. Mais, entre-temps, avec les économies que j'avais pu réaliser pendant cette tournée, je me suis offert mes premières vacances d'homme libre au Club Méditerranée, en Sicile. C'était l'époque spartiate du Club qui n'était qu'un village de tentes. J'y ai rencontré des gens passionnants dont le fils d'Achille Segard, érudit qui avait publié en 1909, chez Plon, un captivant récit de voyage. Armé de ce livre, nous avons entrepris un tour archéologique du pays. J'étais ébloui par les temples, les théâtres antiques et les œuvres majeures du musée de Ségeste. Il était fermé depuis de longues années. À la vue du livre, le conservateur que nous avions fait chercher en ville a consenti à nous en ouvrir les portes. Nous avons époussseté avec nos mouchoirs les sculptures, pour caresser des corps sculptés dans le marbre poli par les siècles, éblouis par tant de beauté. Nous avons également passé des heures dans l'église San Giuseppe de Palerme pour découvrir les fresques de Guglielmo Borremans. Il y a presque soixante ans, les routes étaient en très mauvais état, mais la beauté des pélargoniums géants éclatants rouge vif qui les bordaient nous faisait oublier les nids-de-poule. Ce premier voyage à l'étranger passé à découvrir une forme d'art dont j'ignorais tout jusque-là m'a ouvert à la culture. Après la lecture, tendue surtout vers le théâtre, la peinture et la sculpture ont éveillé en moi un besoin de connaissance mais aussi la nécessité de transmettre comme l'a si bien fait Claude Segard.

De retour dans ma cave étouffante, j'ai entrepris un périple épuisant d'auditions et de prises de contact, destiné à dénicher un engagement. On m'a enfin donné un rôle, un vrai, à Paris. Une seule scène, dans la pièce de Lessing *Minna von Barnhelm.* C'était au théâtre Rochefort, le lundi, une fois par semaine. Je faisais une belle entrée, bien annoncée, et une sortie très applaudie. Même le soir de la première lorsque, mort de trac, un phlegmon dans la gorge et souffrant d'une fièvre de cheval, je suis rentré après ma sortie et j'ai rejoué sous les yeux effarés d'Anne Béranger, metteur en scène et actrice principale ! Hélas, après quatre représentations dont les deux dernières devant des salles presque vides, le spectacle a été arrêté. Ma quête d'engagement a pourtant continué. J'étais assez fier de montrer une critique me comparant au célèbre comédien Jacques Charon, éminent sociétaire de la Comédie-Française. Une seule proposition m'est parvenue, celle de jouer pendant presque un an en Alsace-Lorraine. Faute d'autre chose j'ai accepté ce spectacle pour enfants autour des fables de La Fontaine et d'une pièce inédite du directeur de la radio strasbourgeoise René Bourbon : *Pitch, Patch et Patti.* Nous donnions plusieurs représentations par jour, parfois quatre ou cinq. La directrice de la troupe imposait un ordre immuable : La Fontaine, que j'interprétais, l'autre pièce dans la continuité. Je devais me maquiller, me coller un postiche de crâne chauve alors que l'alopécie ne m'avait pas encore privé de mes cheveux et me transformer en un vieillard de quatre-vingts ans ; une cassure comme on dit dans le métier. Un challenge, surtout au niveau de la qualité du maquillage et du changement de ton. Ma peau et mes cheveux, englués de colle à perruque, me faisaient souffrir le martyre, mais la directrice a toujours refusé de modifier l'ordre des choses, ce qui m'aurait pourtant permis de ne me grimer que deux fois au lieu de quatre. Nous avons joué à Mittelbergheim, village de ma très chère grand-mère Briquet qui aurait été, j'en suis sûr, si heureuse de me voir sur scène. Ce jour-là, je ne suis pas certain d'avoir été au mieux de mon talent, car la tristesse m'a envahi à la pensée du sort qui lui avait été réservé. Pendant la tournée, j'ai découvert la volupté de dormir avec une charmante habilleuse. Pour la première fois, j'ai entrevu l'opportunité de fonder une vraie famille, telle que je n'en avais malheureusement pas connu ; un nid à la fois douillet et solide.

La tournée s'est terminée, la jeune habilleuse était mariée, la vie à Paris a repris, monotone, besogneuse, hélas pas sur les planches mais une fois de plus dans la cave. Mes pauvres économies ont fondu rapidement, investies qu'elles étaient dans des places de théâtre. Un malheur n'arrivant jamais seul, ma mère m'a annoncé qu'elle en avait assez de m'entretenir. Un garçon de mon âge devait travailler. Le mieux pour moi était que j'accomplisse mon service militaire. Je devais m'engager. Trente-six mois de bagne, loin d'elle, loin de mes amis jeunes apprentis comédiens rencontrés au cours Simon et dans la même galère que moi. Son Monsieur était sans doute derrière tout cela. Nous étions au début de la guerre d'Algérie. Ils m'envoyaient là-bas pour se débarrasser d'un jeune adulte à qui ils ne pouvaient plus raconter d'histoires ni cacher leur relation. Pour leur infortune, j'étais pupille de la nation, et donc exempté d'opérations militaires. Faute de devenir un héros mort pour la France, j'ai été un « planqué » au fort de Saint-Cyr, assigné à la formation des météorologues. Les permissions étaient rares, les consignes fréquentes. C'était une vie oisive, stupide, inintéressante, coupée du monde. Seul le temps de la lecture n'était pas compté, mais il ne suffisait pas. Je suis devenu taciturne, désenchanté, même si je me suis fait un camarade de régiment aujourd'hui académicien, Max Gallo. Ensemble nous avons édité grâce à la ronéo de l'armée un journal interne : *Le Temps* (météo oblige !). C'était anti-militariste, tout à fait iconoclaste et surprenant de la part de deux bidasses aux abris. Expédiés dans tous les centres météo de l'armée, y compris en Algérie, ces quelques feuillets ont fait scandale et ont été interdits de publication.

Mes contacts avec une hiérarchie militaire alcoolisée à l'anis ne m'encourageaient guère à envisager une carrière dans l'armée. Mais la durée de mon engagement minimum, trente-six mois, a quand même relégué mes ambitions théâtrales au rang de vœux pieux. J'ai pris conscience que le théâtre, le cinéma étaient des voies désormais sans issue pour moi. Les permissions étaient rares, et mon réseau de relations limité à quelques camarades apprentis comédiens comme moi. Si j'apprenais que des auditions avaient lieu, je ne pouvais y participer. Dans ces conditions, comment remonter un jour sur les planches ?

Pendant mes permissions, comme par un fait exprès, ma mère était souvent absente. Je me suis consolé dans les bras de l'une de ses amies, amoureuse, maternelle et généreuse, au sens propre et au sens figuré du terme. Mes camarades de régiment me traitaient de gigolo. Qu'importe, je l'aimais beaucoup. Nous sommes d'ailleurs restés amis jusqu'à sa mort, et j'ai même été témoin de son mariage, même si son futur mari n'a jamais rien ignoré de notre relation passée.

Après ces trente-six mois sinistres, je suis resté un trimestre entier à repasser, toujours dans cette cave aux odeurs asphyxiantes. À vingt et un ans passés, je me suis retrouvé devant un mur, mon avenir artistique inexistant.

Heureusement il y avait les soirées avec les anciens du cours Simon. J'y ai rencontré une ravissante jeune femme, dont le mari avait été brutalement tué dans un accident de voiture. Elle semblait inconsolable et très préoccupée par sa situation, son avenir, et celui de sa petite fille de deux ans. Après une cour assidue, nous avons envisagé de vivre ensemble. Danseuse dans la ligne des girls qui accompagnaient Marlene Dietrich, elle gagnait mal sa vie en assurant malgré tout deux représentations par jour au théâtre de l'Étoile. Elle était épuisée, ses jolies petites cuisses laiteuses étaient parfois sabrées des coups de canne qu'assenait brutalement Marlene Dietrich sur le corps des danseuses qui ne levaient pas suffisamment la jambe. La discipline stricte que lui imposait son art et les exigences toutes germaniques de la star l'ont amenée à abandonner très vite son métier au profit du théâtre, plus aléatoire et risqué. De mon côté, convaincu d'avoir trouvé la femme de ma vie, et la future mère de mes enfants, en un mot la femme idéale, je me sentais mûr pour fonder un foyer. Seulement voilà, il me fallait un travail. Mais lequel ? Je ne savais rien faire, hormis repasser parfaitement les jupes plissées soleil. Dépendre de ma mère était inenvisageable, j'avais déjà accumulé trop de rancœur pour me retrouver marié, père de famille, et à sa charge.

Je me suis donc risqué à passer une petite annonce dans *Le Figaro*. Son texte ? À la fois clair et véridique : « *Ne sais rien faire mais plein de bonne volonté* » ; formule lapidaire qui a fait sourire la préposée aux petites annonces du journal. J'ai reçu onze réponses. C'était le bon temps… Les jeunes sans diplôme, sans expérience avaient la chance de trouver des patrons, attentifs, disponibles, prêts à tendre la main aux courageux. Récemment encore, j'ai tenté de convaincre quelques responsables de quotidiens de tenter l'expérience, juste pour voir. Tous ont refusé, arguant que les temps avaient changé, et que si des bacheliers plus, plus, plus, sans emploi, étaient au chômage, il n'y avait aucune chance qu'une telle annonce puisse donner des résultats, surtout au début du troisième millénaire. Désolation.

Pour ma part, j'ai été engagé par Marc Anger, mon premier mentor, un homme rare, généreux, excellent pédagogue, brillant, et plein d'enthousiasme mêlé d'indulgence. Il m'a d'abord initié aux techniques papetières. Papier à cigarette, papier bible, puis enfin papier couché. La société Job venait d'investir dans une usine moderne à Toulouse et la production de papier couché, que l'on appelle communément glacé, nous a rapidement permis de nous implanter auprès des éditeurs avides de nouveautés de qualité.

Mon premier client a été Delpire, grand éditeur qui, outre ses livres passionnants, avait en charge les catalogues de Citroën : des plaquettes magnifiques destinées à vanter la 2 CV, les DS,

ID, et surtout la Pallas, modèle prestigieux, décapotable, Maserati-Citroën, c'est tout dire. Totalement novateurs, ils ont fait beaucoup pour la réputation de notre papier. Au bout d'un an, j'ai été nommé cadre, et je me suis passionné pour le monde de l'édition, la technique de la photogravure, les mystères de l'offset, de la typo et de l'hélio-à-plat qui donnait des à-plats d'une profondeur incroyable sur notre papier couché mat. Je suis resté sept ans sous la protection de Marc Anger. Il était directeur commercial adjoint. J'avais pour ma part peu de chances de gravir des échelons ; le directeur commercial en place était âgé, mais inamovible. Dans le souci d'assurer à ma famille une vie confortable, et surtout d'acheter un appartement qui nous appartienne, j'ai répondu aux sollicitations d'une grosse société de photogravure. J'avais un carnet d'adresses fourni. J'ai donc négocié un titre de directeur commercial et un salaire très satisfaisant. La belle vie a commencé. Elle a duré trois ans, passés à faire des affaires brillantes et à mener grand train dans des restaurants étoilés, où mes patrons souhaitaient que j'invite nos clients. Ça a été ma première découverte de la haute gastronomie. Mais un samedi matin, mon patron m'a convoqué et m'a demandé tout de go quel était mon fournisseur de chemises. J'avais le même que lui depuis cinq ans et il a exigé que j'en change, et que je change par la même occasion de couleur. J'ai été si surpris, choqué et humilié que, sans prendre le temps de la réflexion, je lui ai répondu que je préférais changer de patron que de chemisier et, dans l'instant, je lui ai donné ma démission. J'étais serein. L'époque était glorieuse, le travail ne manquait pas. La preuve, à peine parti, j'ai intégré le groupe Robert Laffont, le célèbre éditeur, actionnaire principal des éditions du Port-Royal, spécialisé dans les livres d'art avec une cellule publicitaire dont on m'a confié la responsabilité. Patrice Laffont, le fils de Robert, m'a été proposé comme adjoint. Il n'était pas encore une star de la télévision française et « Des chiffres et des lettres » n'existait pas.

Mais entre-temps, je m'étais marié.

3

La jeune femme avec laquelle je vivais, dont j'étais épris, avait acheté un appartement grâce à l'argent de la prime d'assurance perçue après la mort de son mari. Très bruyant, mal distribué, au sixième étage sans ascenseur, il était néanmoins situé à l'angle de l'avenue Mac-Mahon et de l'avenue des Ternes : une belle adresse, le rêve d'une petite fille pauvre née et élevée à Maisons-Alfort. Si mon avis avait été sollicité, je me serais permis de critiquer cet achat. Mais il avait été réalisé dans la précipitation, dès que l'argent de l'assurance avait été disponible.

Nous avons entamé notre vie commune dès que j'ai été embauché chez Job. Avant de nous unir officiellement, ma future femme a voulu s'assurer que Dominique, sa petite fille, m'adopterait pour nouveau papa. La greffe a pris très vite : elle était adorable, jolie, blonde, avec de grands yeux bleus transparents. Elle ne savait pas comment m'appeler : papa, sa mère ne le voulait pas, tonton me paraissait ridicule. Nous avons opté pour daddy.

La vie à trois était agréable, bien que nous ayons été souvent quatre : ma belle-mère était en effet omniprésente. Elle avait ses clefs, et entrait chez nous sans prévenir. Cela étant précisé, elle était à la fois drôle, sympathique, et très belle : sa ressemblance avec Madeleine Sologne était frappante. Comme elle, blonde, mince, lumineuse. Très vite, elle et moi avons sympathisé.

Quant à Dominique, elle avait deux défauts : elle était capricieuse et boudeuse. Sa mère cédait, moi jamais. Christiane, ma belle-mère, servait parfois de tampon mais finissait, elle aussi, par satisfaire les exigences de la petite. Quand nous étions trois adultes à ne pas abdiquer, la gamine boudait, terrée dans sa chambre. Elle pouvait y rester des heures, dans un mutisme total. Tout cela finissait par être agaçant mais j'étais tellement amoureux que je passais outre.

Le mariage a été simple. Par chance, l'un comme l'autre, nous n'avions que peu de famille. Le Monsieur de ma mère est venu, alors que je ne l'avais pas revu depuis très longtemps, et il s'est montré sympathique. Mais sous sa fausse bonhomie, j'ai deviné une sorte de joie mauvaise. J'étais enfin casé ! De bonheur, il nous a même remis une enveloppe conséquente pour notre voyage de noces. Je ne l'imaginais pas aussi généreux. Il faut dire que c'était la première fois qu'il l'était, du moins avec moi.

Nous avons vécu quinze jours idylliques, tout occupés à notre amour, puis la vie a repris son cours. Dominique a rejoint l'école maternelle. Elle s'est socialisée. Deux ans ont passé comme passent deux heures, tant notre vie était harmonieuse. Nous voulions des enfants, mais pas tout de suite : mon épouse espérait faire une carrière de comédienne. Pour ma part, mon vœu le plus cher était de devenir père.

Un soir, rentrés du théâtre, pendant que je m'affairais à préparer notre souper, ma femme s'est rapprochée de moi et, derrière mon dos, elle m'a annoncé de façon laconique : « Je crois que je suis enceinte. » Je me suis retourné brusquement pour la prendre dans mes bras, l'embrasser, lui dire ma joie, mais j'ai surpris son regard un peu voilé, presque triste, qui m'a plongé dans le désarroi. Pourquoi montrait-elle si peu d'enthousiasme ?

– Si, si, a-t-elle répondu, je suis contente, mais tu ne te rends pas compte. Monter six étages avec un bébé dans les bras ! Et puis cet appartement va être trop petit...

Une longue litanie négative s'en est ensuivie. Je n'y comprenais rien. Pourquoi si peu de gaieté, d'effusions ? Le souper que nous avons partagé a été sinistre, silencieux. La dernière bouchée avalée, la table desservie, nous nous sommes couchés, et j'ai doucement entrepris de lui expliquer mon bonheur. J'étais si heureux ! Et Dominique, elle allait être euphorique à l'idée d'avoir un petit frère ou une petite sœur. Dans quelques mois nous aurions un enfant, le nôtre, blond comme sa maman, avec de grands yeux bleus. Comment allions-nous le prénommer ? Avait-elle déjà une idée ?

– C'est trop tôt pour y penser, m'a-t-elle répondu. Attendons l'avis du médecin. Je t'ai dit que je croyais être enceinte, je ne t'ai pas dit que je l'étais !

J'ai alors tenté de la prendre dans mes bras et de la caresser, mais j'ai senti son corps se raidir, se refuser à mes baisers.

– Laisse-moi, je suis épuisée. Nous reparlerons de tout ça plus tard.

Elle s'est endormie à mes côtés. Elle aurait aussi bien pu être à des kilomètres, tant elle paraissait loin de moi. J'ai tenté de trouver le sommeil – en vain, les pensées les plus contradictoires se bousculaient dans ma tête. Pourquoi m'avoir annoncé qu'elle était enceinte si elle avait encore des doutes ? Et surtout, pourquoi cette grossesse lui procurait-elle si peu de ravissement ? Ne désirait-elle pas être mère à nouveau ? La maternité ne nuirait pas à sa carrière d'actrice, à laquelle elle ne consacrait de toute façon pas assez de temps, de volonté, d'acharnement. Passé ces interrogations, je me suis senti heureux, de nouveau. J'allais avoir un bébé. Ce serait, j'en étais sûr, un petit garçon, le mien. Je le voulais de toute ma force. Je voulais l'aimer, lui apprendre la vie, le combler de bonheur. Il allait, c'est sûr, être brillant, faire des études – pas comme moi –, devenir cultivé – pas comme moi. Il allait connaître une vie de famille douce, heureuse – pas comme moi.

Les jours s'écoulaient, je surveillais l'arrivée de règles qui m'auraient privé des joies de la paternité. Comme elles ne venaient toujours pas, ma femme s'est décidée à demander un rendez-vous à son gynécologue. J'ai attendu le verdict, impatient. Elle m'a annoncé avec indifférence que, oui, j'allais être père. J'ai explosé de joie. Je riais. Je dansais.

– Nous allons être des parents modèles, nous attendons un enfant, notre enfant, rends-toi compte !

– Oui, peut-être, mais il va nous coûter beaucoup.

– Mais, mon amour, je gagne bien ma vie, je vais demander une augmentation, ne t'inquiète pas, je suis là.

– Ce n'est pas cela dont il s'agit.

De quoi voulait-elle parler ? J'ai eu beau l'interroger, je n'ai obtenu ni réponse ni explication sur le sens de cette dernière phrase sibylline. Sur le moment, je n'en ai pas davantage cherché.

Plus tard, j'aurais, hélas, l'occasion de mesurer sa cruauté.

Nous avons annoncé la nouvelle à Dominique qui a laissé éclater sa joie, collé son oreille sur le ventre de sa mère. Celle-ci l'a repoussée sans aménité : « Pas tout de suite, a-t-elle lancé, c'est trop tôt. » Il n'empêche. J'avais une alliée. Dominique voulait elle aussi une famille avec des frères et sœurs.

Les mois suivants ont été calmes, presque paisibles. Le matin, avant d'aller travailler, je passais de longs moments à caresser et embrasser le ventre de ma femme, dans une sorte d'extase béate. Le soir, j'y posais mon oreille pour écouter battre le cœur du bébé. Mon épouse, elle, ne semblait toujours pas partager mon enthousiasme. Elle ne faisait aucun projet, ne préparait même pas la layette, prétextant qu'elle avait conservé les vêtements de sa fille. Nous avons eu une discussion à propos de la place du bébé dans notre vie quotidienne. J'ai suggéré d'installer son lit dans notre chambre.

– Pas question, on voit bien que tu n'as aucune expérience des enfants ! Un nouveau-né crie toute la nuit.

– Le nôtre ne criera pas, je me lèverai, je te l'apporterai pour la tétée, après je changerai les langes, il se rendormira.

– Je ne veux pas abîmer mes seins. Je n'ai pas nourri Dominique, je ne nourrirai pas plus celui-là.

– Je croyais...

– C'est non ! Et n'insiste pas !

– Eh bien tant pis. Je préparerai les biberons.

Ma mère, que j'ai appelée pour lui annoncer mon bonheur, m'a reçu froidement, sans manifester la moindre bienveillance, sinon un sinistre :

– Tu dois être content.

Naïvement, je lui ai suggéré de tricoter de la layette.

– Mais je travaille, moi, je n'ai pas que ça à faire !

J'ai eu du mal à l'entendre. J'étais si fier de lui annoncer qu'elle serait bientôt grand-mère, que je lui confierais l'enfant, chez elle, de temps en temps.

– Me le confier ? Mais tu n'y penses pas ! Je ne vais pas me transformer en nounou ! Ta femme ne travaille pas. Elle aura tout le loisir de s'en occuper. Allez, je te laisse. Je t'appellerai à mon retour de vacances. Je pars quinze jours en Égypte avec une amie.

Pourquoi diable cet enfant annoncé ne remplissait-il de bonheur ni ma femme ni ma mère ? Pourquoi leurs rapports semblaient-ils devenus si médiocres ? Avant l'annonce de cette grossesse, elles m'avaient toujours donné l'impression d'avoir des relations affectueuses. J'étais réellement perplexe – mais sans inquiétude, tout à ma joie.

Quelques jours plus tard, j'ai reçu un appel du comte, que je n'avais pas revu depuis mon mariage et qui souhaitait m'inviter à déjeuner « en tête à tête ». Après quelques préliminaires sans intérêt, il m'a demandé d'annoncer moi-même à ma mère, toujours en Égypte, qu'il ne comptait pas la revoir. Devant mon étonnement, il a argumenté :

– Elle est encore jeune, elle doit, peut, refaire sa vie. Avec moi c'est impossible. Je suis marié et j'ai de très profondes convictions religieuses.

Je suis resté muet, incrédule, comme hébété.

– Ne t'inquiète pas, a-t-il poursuivi. J'ai prévu de lui offrir un poste de télévision pour qu'elle ne s'ennuie pas le soir.

Un poste de télévision ? Je me suis figé.

– Depuis votre entrée dans la vie de ma mère, vous m'avez manifesté si peu de confiance que je m'étonne que vous sollicitiez de moi une démarche aussi intime. Le courage de rompre, c'est à vous de le trouver. Je n'assumerai en aucun cas votre décision. Par ailleurs, si vous pensez qu'après avoir gâché vingt ans de la vie de ma mère vous pouvez l'abandonner avec pour seul dédommagement un poste de télévision, vous faites erreur. Je suis prêt à tout raconter à votre femme si vous ne prenez pas l'engagement de lui acheter un appartement confortable et de lui attribuer une rente qui la mette à l'abri du besoin jusqu'à la fin de ses jours. J'irai la chercher à l'aéroport à votre place, mais je ne lui dirai rien, sinon que vous avez eu un empêchement. Vous avez bien compris ? Adieu.

À sa descente d'avion ma mère a été très surprise de me voir, mais elle ne m'a posé aucune question. Dès le lendemain, pourtant, elle s'est mise à s'inquiéter, puis à se tourmenter, à s'angoisser. Au fil du temps, son affolement a encore augmenté. Elle me téléphonait plusieurs fois par jour, convaincue que je savais. Elle a même imaginé que je gardais le silence par vengeance.

– Tu ne l'as jamais aimé ! Tu veux me punir.

Finalement, sur les conseils de ma femme que j'avais mise dans la confidence, je me suis décidé à appeler le comte. Notre conversation a été brève.

– Elle va très mal. Elle parle de suicide. Prenez vos responsabilités, manifestez-vous, vous le lui devez.

Ma mère a cessé de me téléphoner. J'en ai déduit que le comte avait, enfin, eu le courage de lui annoncer qu'il la quittait. Quand j'ai pris de ses nouvelles, elle est restée muette sur le sujet. Quelques mois plus tard, elle m'a annoncé que le comte lui avait offert un appartement – ils n'avaient, de fait, jamais rompu. Leur vie a repris son rythme. Elle a recommencé à l'attendre, seule, soumise, disponible. J'ai conclu que les raisons d'aimer sont insondables.

Le temps passait, le ventre de ma femme s'arrondissait, les préparatifs pour l'accueil du bébé n'évoluaient pas. Aveuglé par le bonheur inattendu qui m'avait envahi, j'ai mis son attitude sur le compte de la superstition. Elle était à présent enceinte de sept mois. Dans quelques semaines, mon fils allait voir le jour. Lorsqu'on le lui poserait sur le ventre, elle serait, j'en étais certain, folle de joie.

Hélas. Un soir que je rentrai à la maison plus tôt que prévu, heureux d'y retrouver ma femme, impatient de l'étreindre, j'ai trouvé un appartement silencieux, à l'exception d'une plainte à peine couverte par les bruits de la rue. La chambre de Dominique était vide, je me suis souvenu qu'elle passait la journée chez sa grand-mère maternelle. Je me suis avancé dans le couloir, vers notre chambre, guidé par les gémissements. Dans la salle de bains, ma femme était assise sur le bidet débordant de sang, mon fils entre ses jambes. Mon fils sans vie...

– Que s'est-il passé ?

– J'ai eu des douleurs insupportables, je me suis mise à saigner, cela ne s'est plus arrêté, puis le bébé est arrivé, appelle vite ma tante Michèle.

J'ai obéi. Elle était absente, son mari m'a simplement précisé :

– Ne t'inquiète pas. Elle est en route. Elle arrive. Courage.

Très peu de temps après, sa tante était là, en effet, accompagnée d'infirmiers portant un brancard. L'un d'eux a constaté la mort de mon petit garçon, et a glissé son corps dans un sac. Les autres se sont occupés de ma femme, et l'ont aidée à se coucher sur la civière. Ils ont ensuite quitté l'appartement avec elle, et mon bébé.

– Vite, vite, s'est époumonée la tante. On l'attend à la clinique. Jean-Pierre, vous restez là. Nous n'avons pas besoin de vous. Nettoyez ! Dominique rentrera plus tard, avec Christiane, elle s'occupera d'elle et dormira ici. En attendant faites une machine, la gamine ne doit rien voir ni savoir, sa mère lui expliquera ce qui vient de se passer.

L'instant d'après, ils étaient tous partis dans un claquement de porte, et je me suis retrouvé seul, anéanti par le chagrin. En sanglots, hoquetant, j'ai nettoyé la salle de bains – et j'ai senti sous la serpillière un léger renflement. Intrigué, j'ai soulevé le linge, et j'ai découvert un petit tuyau en plastique rougi. Je l'ai rincé, un voile s'est brusquement déchiré : ce que j'avais entre les mains était un tuyau d'aquarium, de ceux que les faiseuses d'anges utilisaient encore à l'époque – nous étions en 1967 – pour faire avorter leurs clientes. La fausse couche n'en était pas une. Elle avait été préméditée, chronométrée même pour que la tante, dans la confidence, arrive si vite. Même l'absence de Dominique avait été prévue. Tout avait été manigancé, organisé sans que je me doute de rien. La trahison était avérée, j'avais envie de tuer, de faire subir à ma femme ce qu'elle avait fait à mon fils. Mais où la rejoindre ? Je n'avais ni l'adresse ni le téléphone de la clinique. Alors j'ai rangé, lavé, et je me suis dit, dans un sursaut : « Dominique doit être épargnée. » Quand Christiane est rentrée avec la petite, j'ai fait bonne figure malgré mes yeux gonflés et écarlates.

— As-tu dîné ?

— Oui, daddy.

Ma belle-mère lui a intimé l'ordre de se mettre en chemise de nuit et l'a entraînée dans la salle de bains pour qu'elle se brosse les dents. Dominique a dit bonsoir, a voulu jouer un petit moment.

— D'accord, ma chérie. Sois sage, ta grand-mère et moi nous descendons manger un petit morceau, nous remonterons dans une demi-heure.

La petite installée dans sa chambre, nous avons, ma belle-mère et moi, gagné le bistrot du coin et nous sommes assis à une table isolée. C'est à cet instant que j'ai commencé mon interrogatoire.

— Vous saviez ?

— Quoi ?

— L'avortement.

— De quoi parlez-vous ?

— Le tuyau d'aquarium !

– Quel tuyau ?

– Vous ne l'avez pas vu, sur la tablette de la salle de bains ?

– Quelle tablette, dans quelle salle de bains ?

– La nôtre, celle où votre fille a avorté.

– Vous êtes fou ! il n'y avait rien sur la tablette de votre salle de bains, que des verres à dents. De quel avortement parlez-vous ? Ma fille avorter ? Jamais. Et où est-elle d'abord ?

– Vous le demanderez à sa tante ! Moi je n'en sais rien !

Elle a écarquillé les yeux, incrédule. Le garçon nous a interrompus. Que désirions-nous boire ?

– Un porto, a-t-elle dit.

– Un double whisky pour moi.

En attendant l'arrivée de nos boissons, un silence de cimetière s'est installé. Et j'ai levé mon verre.

– À la santé de mon fils qui est au paradis, ce qui ne risque pas de vous arriver à vous et à votre famille d'assassins !

– Vous divaguez ! Je ne peux pas vous laisser dire cela, vous êtes devenu fou.

Fou, moi ? En ne la quittant pas du regard, je lui ai raconté comment la tante était arrivée si vite, déjà partie avant d'être prévenue, et lui ai répété que le tuyau d'aquarium que j'avais trouvé était rouge de sang. Elle m'a écouté sans ciller, avant de me jurer qu'elle ignorait tout. Je n'ai pas été dupe, même si ses mots sonnaient juste. Nous avons pris, elle un nouveau porto, moi un nouveau double whisky, et les avons bus, silencieux. Puis elle a prétendu être épuisée, et nous sommes montés rejoindre l'appartement. En arrivant, j'ai couru à la salle de bains. Le tuyau avait disparu. Toute cette famille me prenait pour un con, il n'y avait plus aucune trace du crime commis, l'avortement était devenu accidentel.

Le lendemain, je me suis rendu à mon travail profondément triste et renfermé. J'avais en boucle devant les yeux le corps mort de mon petit garçon. Impossible de chasser cette image. J'étais effondré, seul, Christiane avait récupéré la petite Dominique en me laissant un mot laconique : *Votre femme rentrera dans quatre ou cinq jours, ne vous laissez pas envahir par les mauvaises pensées, courage, tout s'oublie, le temps arrange bien des choses.* Le temps des poncifs et des lieux communs commençait. *Courage ?* Tu parles. Je ne savais toujours pas où était ma femme. Visiblement, personne ne tenait à ce que je lui rende visite, de peur que je questionne un médecin, et que nous ayons une discussion irrémédiable sur place. Par sa mère, j'ai appris qu'après son retour, elle serait très fatiguée, encore sous traitement.

– Elle doit dormir, il faudra la ménager.

Et le temps a passé, jusqu'à ce soir où, rentrant du bureau, j'ai trouvé Christiane qui m'attendait, un doigt sur les lèvres.

– Elle est là, elle dort, laissez-la dormir, elle en a besoin.

Elle dormait, effectivement. Il a fallu attendre le week-end pour que nous nous retrouvions seuls, enfin. Mais le temps des explications n'était pas venu.

– Mon chéri, si tu m'aimes encore, ne me pose pas de questions, je suis trop faible pour te répondre. Je vais partir en Bavière chez des amis pour me reposer. À mon retour, je te dirai tout.

– Quand envisages-tu de partir ?

– Lundi, j'attends un coup de téléphone de confirmation.

Le coup de fil est arrivé, elle s'est enfuie, alors que j'étais au bureau. Sans me téléphoner pour me prévenir. J'ai seulement trouvé un petit mot posé sur la table de la cuisine.

Je rentre dans quinze jours, nous parlerons dès mon arrivée.

Mais, à son retour, il n'y a eu que peu d'explications. Elle a refusé d'admettre avoir avorté, s'est enfermée dans le déni.

– Le tuyau ? Quel tuyau ? Mais s'il a existé, où est-il ?

– Disparu, Christiane l'a jeté sans doute !

– Tu accuses ma mère d'être complice ! Comment oses-tu ! C'était un accident, je te le jure.

– Tu mens.

– Non !

Finalement, elle a reconnu avoir menti aux assurances et affirmé que le traumatisme lié à la mort accidentelle de son mari l'avait rendue stérile. L'assassinat d'un bébé contre de l'argent ?

– Tu m'accuses encore ? C'est ignoble. Si je n'avais pas voulu cet enfant je ne l'aurais pas gardé si longtemps.

Son argument était presque imparable. Mais j'avais vu le tuyau d'aquarium. La preuve. Elle avait été subtilisée. Que faire maintenant ? Attendre, réfléchir, me calmer ? À quoi bon ? L'image de mon enfant mort était insupportable. La vue de ma femme me plongeait dans des abîmes de chagrin et de colère. Et surtout, j'ai réalisé que j'avais été fou d'amour pour un être que je ne connaissais pas.

Il fallait pourtant prendre des décisions. Comment continuer à vivre dans l'appartement où j'avais vu mon petit garçon agoniser ? Comment entrer chaque matin dans la salle de bains qui avait été le théâtre de sa mort ? Devant ma détresse, mon épouse m'a persuadé de déménager. Ailleurs, nous pourrions tout recommencer. Un simple changement d'adresse allait nous ouvrir la porte d'un nouveau bonheur.

– Tout est encore possible, je t'aime.

J'y ai cru, naïf que j'étais. J'ai signé des traites et des cautions pour qu'elle puisse acheter l'appartement de ses rêves. Mais cela n'a rien changé ! Nos relations sexuelles étaient difficiles. Si je pensais en la possédant lui faire un nouvel enfant, l'image de mon fils disparu transformait ce qui aurait pu être joyeux, sensuel, en un fiasco.

4

Par chance, j'avais à cette époque décroché un important budget auprès du Comité d'organisation des Jeux olympiques de Grenoble. La ville avait en effet sollicité Brune Étoile, la société au sein de laquelle je travaillais, pour gérer l'animation durant la période des Jeux. J'en étais d'autant plus heureux que ma relation avec Patrice Laffont qui, je le rappelle, était mon adjoint, était des plus amicales. Un seul problème nous divisait : il racontait des histoires dites drôles avec beaucoup de talent, d'accent, de gestes, mais je ne riais pas. Plus je restais impavide et plus il en rajoutait, toujours sans aucun succès. Je n'arrivais d'ailleurs pas à me souvenir de ses histoires. Elles traversaient mon cerveau à la vitesse d'une météorite. Son répertoire me semblait donc infini, puisqu'il pouvait sans risque d'échec me raconter les mêmes, que j'avais entre-temps oubliées. Quelque vingt-cinq ans plus tard, quand j'ai intégré « Les Grosses Têtes », la fameuse émission de Philippe Bouvard, la situation était toujours la même et, pour donner le change, je riais souvent avant la chute, ce qui l'agaçait mais faisait le bonheur de mes camarades de jeu. Pauvre Patrice Laffont. Je dois écrire, ici, qu'en réalité les seules histoires qui m'aient jamais fait rire étaient celles racontées par Olivier de Kersauson. Ses digressions pendant ses récits étaient désopilantes. Je n'ai jamais rien compris non plus aux contrepèteries dont Jean Dutourd était le spécialiste. Je lisais celles de la Comtesse dans *Le Canard enchaîné* sans jamais trouver le bon ordre. En 2012 j'ai rencontré leur auteur et lui ai avoué ma grave carence. Il m'a alors expliqué la mécanique et j'ai enfin ri de très bon cœur pendant une après-midi entière. Mieux vaut tard que jamais, en quelque sorte.

Mais j'anticipe. Nous n'en sommes pas là. Nous en sommes à cette période désastreuse sur le plan privé, et pleine de promesses sur le plan professionnel, au cours de laquelle, après un premier contact avec le COJO (Comité d'organisation des Jeux olympiques), nous avons rencontré le premier adjoint du maire de Grenoble, Hubert Dubedout. Il nous a demandé un projet qui ne coûterait rien au contribuable grenoblois. Nous avions dix-huit mois devant nous pour réaliser nos desseins. Mon équipe et moi-même avons alors décidé de nous installer sur place. Nous avons loué un grand hôtel particulier pour y établir nos bureaux et nos logements et nous nous sommes jetés dans la bataille des Jeux...

Avec ma femme, à Paris, les retrouvailles étaient inégales. Quelquefois je trouvais une amoureuse disponible, le plus souvent, indifférente, étrangère. J'étais convaincu qu'elle avait un amant mais je n'en avais aucune preuve. Et pourtant ! Il y avait parfois un coup de téléphone étrange, cette façon de raccrocher précipitamment quand je la surprenais... Nous n'en parlions pas mais je percevais des changements quand il nous arrivait de faire l'amour. Son corps réagissait différemment à certaines caresses. Je la sentais sexuellement libre, inattendue. Elle prenait des initiatives qu'elle m'avait toujours refusées. Les sentiments, l'amour étaient absents de nos relations. Mais, je dois le reconnaître, nous prenions du plaisir. Nous baisions chaque fois comme pour une dernière fois, pour nous laisser un bon souvenir de cul. Entre ces copulations, le silence, l'éloignement, l'indifférence. Un jour, sous prétexte que l'hiver devait me retenir à Grenoble, j'ai entassé mes vêtements dans une valise et j'ai quitté l'appartement. Je ne savais pas si j'y reviendrais un jour. À dire vrai, j'avais peu d'espoir de le faire.

Je venais de perdre définitivement la bataille amoureuse. Il me restait à gagner mon pari professionnel. Nous avions mis sur pied, avec James Harch, une immense boîte de nuit, filiale du club parisien le Bus Palladium, mais aussi une gigantesque taverne bavaroise sous tentes, avec choucroute à volonté, cotillons, et les « *Eins, zwei, drei, zuppa* » qui, de l'avis de Patrice Laffont, ne devaient pas manquer d'animer les soirées post-olympiques. Un immense chapiteau de sept mille places avait été dressé. Gilbert Bécaud, Dalida, qui faisait son premier tour de chant après sa première tentative de suicide, Ella Fitzgerald pour la première fois en province, Manitas de Plata, Régine pour ses débuts de chanteuse, Salvatore Adamo, Charles Aznavour devaient s'y produire...

Patrice Laffont était dans son élément. Amoureux du spectacle, il avait persuadé son père qu'il fallait investir dans la production de ces soirées de gala. Nous étions tous, y compris nos sponsors, convaincus du succès. Hélas, la télévision, via Locatel – célèbre enseigne louant des postes –, nous a privés tout à la fois de spectateurs et de bambocheurs. Tout le monde restait devant son poste pour admirer Jean-Claude Killy, les sœurs Goitschel, Annie Famose et tous les autres. La catastrophe financière a été abyssale. Le dernier jour des Jeux, tous nos établissements éphémères étaient toujours désespérément vides.

J'ai décidé que mes collaborateurs allaient assister à la dernière épreuve de saut olympique à Saint-Nizier-du-Moucherotte. Moi-même, écœuré, j'ai accepté l'invitation d'Henri Gault, le célèbre critique gastronomique qui couvrait les JO pour le journal *Paris-Presse-L'Intransigeant*. Abandonnant le chauffeur qui m'avait été affecté par la gendarmerie pour prendre ma voiture nous sommes partis, joyeux, chez le grand Paul Bocuse à Collonges.

Nous avons passé un déjeuner en compagnie du Maître qui faisait « tomber » les bouteilles, toutes plus prestigieuses les unes que les autres et, sévèrement imbibés, nous avons repris la route de nuit. Je roulais pourtant prudemment quand une voiture venue d'une route départementale a grillé devant moi, impuissant, un stop obligatoire et a percuté mon véhicule, après avoir répondu à mon appel de phares, me signalant ainsi qu'elle m'avait vu. Son conducteur, un nonagénaire, et son passager sont morts sur le coup. Henri Gault était indemne. J'ai pour ma part été transporté à l'hôpital central de Grenoble, où l'on a diagnostiqué une fracture de la hanche, très grave, qui allait pénaliser le reste de ma vie. Prévenue par la gendarmerie, ma femme est venue à l'hôpital avec ma mère. Il y avait presque un an que je ne l'avais pas revue, elle était toujours aussi jolie, m'embrassait amoureusement comme si nous nous étions quittés la

veille. Son attitude n'a pas manqué de me surprendre mais les circonstances étaient telles que
j'ai réagi moi aussi tendrement, ayant momenta-
nément oublié mes griefs envers elle. Elles m'ont
raccompagné dans l'ambulance qui me transpor-
tait à Paris, chez le Pr Judet. Il m'a opéré et posé
une prothèse, ce qui ne m'a pas empêché de rester dix-huit mois durant sans pouvoir marcher
autrement qu'avec deux cannes anglaises. Ma
femme m'a rendu quelquefois visite à la clinique.
Elle paraissait très amoureuse, me caressait sous
les draps. Quelques fellations pratiquées avec
professionnalisme me laissaient repenser que,
pendant notre séparation, elle avait progressé
dans son savoir-faire. Elle ne m'a jamais rejoint
à Quiberon où je suis parti tenter une rééducation chez Louison Bobet qui venait d'ouvrir un
centre de thalassothérapie. Nos rapports téléphoniques se sont transformés rapidement en
indifférence. J'étais désespéré.

Je l'avoue. À cette époque, j'ai songé à mourir. Quand il y avait de fortes tempêtes, j'allais
régulièrement sur la Côte Sauvage. Mon jeu
consistait à marcher tant bien que mal à l'aide
de mes deux cannes, le long de la côte, au plus
près du bord, espérant tomber, être entraîné par
les courants, pour que tout soit fini. Cela n'est
pas arrivé. Mais, après un trimestre, nous nous
sommes rendu compte, les médecins et moi, que
ma rééducation était inefficace. Impossible de

marcher sans claudiquer. Je suis alors retourné voir le Pr Judet, et lui ai expliqué que, s'il ne parvenait pas à me guérir, j'avalerais un stock de somnifères jusque-là inutilisés et je mettrais fin à mes jours. Il a immédiatement compris le sérieux et la gravité de ma décision. L'opération parfaitement menée a été un succès. Et c'est à ce moment-là que, comme par miracle, mon épouse a fait sa réapparition.

Je la revois encore, à mon chevet, dans ma chambre d'hôpital. Elle était si jolie, encore ! Et sa voix était si douce ! Elle parlait d'avenir. Elle m'a convaincu qu'elle m'aimait toujours, qu'elle était prête à reprendre la vie commune et à repartir à zéro. Mais, pour cela, affirmait-elle, il allait falloir nous résoudre à vendre notre appartement, malheureusement situé au quatrième étage sans ascenseur : dans mon état, les escaliers me seraient impraticables pendant longtemps encore. Il fallait trouver un rez-de-chaussée... Crédule une nouvelle fois, j'ai accepté la vente. Elle a récupéré son argent, a acheté un nouvel appartement situé cette fois au sixième étage toujours sans ascenseur. Il me restait les dettes et la certitude que notre vie de couple était terminée. Je me suis retrouvé seul, désemparé, n'ayant plus d'autre espoir que de récupérer un peu d'argent de ma société d'assurances.

Ma femme et moi, nous nous sommes revus trois fois. La première, elle m'a annoncé qu'elle allait refaire sa vie avec un jeune homme d'une vingtaine d'années, musicien. Ils avaient, disait-elle, des projets artistiques communs. Elle a tenté de me faire comprendre qu'il lui fallait un partenaire avec lequel elle vibrerait professionnellement. Moi, seules les affaires m'intéressaient. Ces arguties m'ont peiné mais elles ont, aussi, confirmé que ma passion pour elle n'avait été qu'une illusion. Lors de notre deuxième rencontre, nous avons concrétisé notre séparation devant un juge aux affaires matrimoniales. Le jugement rendu, je l'ai embrassée chastement. La troisième fois que je l'ai revue, elle était remariée avec un autre homme, mère d'un fils, et elle m'a annoncé que sa fille, notre fille, Dominique, souffrait d'un cancer incurable. À cette époque, elle avait trente-sept ans, et il y avait vingt ans que je ne l'avais vue. Ma femme m'a confié qu'elle regrettait de m'avoir interdit de la rencontrer. À présent, il me fallait renouer avec Dominique avant sa mort. J'ai accepté à une seule condition : qu'elle avoue devant moi à sa fille avoir tué son petit frère et m'avoir interdit de la voir. Elle a cédé.

Le déjeuner a été bouleversant. Je suis allé chercher Dominique, devenue méconnaissable : encore jolie, mais le visage ravagé par la maladie, les yeux déjà morts. Nous étions seuls, elle, sa mère et moi, dans un restaurant. Les plats passaient sans que nous y touchions, le décor était sinistre, l'atmosphère lourde, pesante. Devant la faiblesse de ma chère Dominique j'ai eu honte de lui avoir infligé une telle épreuve. Mais mon désir de vérité était irrépressible. Je ne voulais pas qu'elle s'en aille persuadée que je l'avais oubliée.

Avant sa mort elle est venue chez moi, à la campagne, avec son mari et ses deux adorables enfants, un garçon et une fille. C'était le week-end de Pâques, j'avais caché des œufs dans le jardin. Nous étions une famille de cinq personnes, heureuse. Elle était très faible. Le tour du jardin lui a été pénible. Elle m'a expliqué qu'elle ne voulait pas se soigner avec des produits chimiques ni se faire opérer. Elle était convaincue qu'une alimentation saine lui permettrait de guérir. De plus, elle avait rencontré un thérapeute qui lui donnait des pilules qu'il avait mises au point. Son mari auquel j'ai posé des questions en aparté m'a prévenu que ce n'était qu'un charlatan et qu'il fallait absolument passer par la médecine classique. Il m'a confirmé avoir tout tenté pour en persuader sa femme, mais elle avait une confiance totale en cet homme, il était impossible de lui faire entendre raison. Ma chère Dominique est décédée peu de temps après. Son mari m'a prévenu le matin même de sa mort. Je me suis rendu à son chevet pour la voir une dernière fois. Elle était calme, tranquille, sereine, glacée. La mise en terre a été digne. J'ai croisé pour la dernière fois toute la famille apparemment réunie dans la même douleur. Ma femme était là, seule, divorcée pour la troisième fois, accrochée à mon bras.

Il m'a semblé que la mort de Dominique signifiait notre rupture définitive.

5

Quand tout n'était pas terminé, encore, entre ma femme et moi, quand je pensais en dépit de tout que nous pourrions nous aimer et vivre ensemble, j'ai fait le projet d'acheter une maison à la campagne. J'espérais que notre couple retrouverait son harmonie grâce à la nature. Mettre les mains dans la terre me manquait. De son côté, mon épouse était indifférente à l'évocation des bouquets champêtres cueillis le long des chemins, ou à celle des roses parfumées coupées dans le jardin pour embellir et embaumer la maison et en particulier notre chambre. Je l'ai pourtant convaincue de louer une maisonnette – et assuré que je supporterais tous les frais. Je lui ai juré que j'embaucherais une personne chargée de l'intendance, que Dominique aurait sa chambre et surtout que sa mère pourrait venir. J'avais tellement besoin de respirer un autre air, plus pur, de caresser l'écorce des arbres, de faire pousser moi-même n'importe quoi, une capucine dans un pot, une salade, une poignée de radis, que j'aurais promis la lune.

Très vite et grâce aux petites annonces j'ai trouvé une charmante maison située en Seine-et-Marne dans un petit hameau proche de La Ferté-sous-Jouarre : Bézu-le-Guéry. Miraculeusement, elle correspondait à tout ce que j'avais promis. Un rêve ! Elle m'a été louée par une jeune femme médecin divorcée avec un fils à sa charge qui avait acheté une autre maison dans le village et voulait rentabiliser son premier investissement. L'affaire a été réglée rapidement. Un bonheur n'arrivant jamais seul, elle m'a proposé de partager sa femme de ménage, une perle qui se révélerait être une mère, une confidente, une amie précieuse pour les dix années à venir. Léone, ma chère, très chère Léone.

La maison était meublée modestement mais avec goût, prête à habiter. Le loyer était raisonnable, le jardin n'était pas très grand mais joliment fleuri, un ru le clôturait à son extrémité. Une haie de noisetiers accueillait les écureuils friands de leurs amandes. Tout autour, des parcelles de vigne, eh oui, on produisait déjà ce que les paysans reconvertis dans la viticulture avaient l'audace d'appeler du champagne. À peine la maison avait-elle été louée que j'y ai passé presque tous mes week-ends. Ma femme était décidément indifférente aux joies champêtres. Tout était prétexte à désagrément : les promenades, fatigantes, le jardinage, salissant. Je me suis finalement lassé d'argumenter. Je venais seul, ou avec quelques amis et, à défaut de bonheur, j'y trouvais un havre de paix.

C'était à la fin de l'hiver. Je me promenais le long de petits chemins qui semblaient mener nulle part, sous un soleil très pâle, lorsque j'ai aperçu un groupe de quelques maisons isolées. Qui donc pouvait bien habiter ce lieu quasi inaccessible ? Je me suis approché en sifflotant – inutile que l'on me prenne pour un maraudeur – et j'ai avancé au plus près. Personne. J'ai alors entrepris de faire le tour de ces maisons par l'extérieur. Quel calme ! À l'extrémité d'un petit pré un ruisseau, une source, m'invitait à la dégustation. Son eau était fraîche, limpide, apaisante. Elle se jetait dans un petit bassin naturel empli de cresson de fontaine, que la crainte de la douve m'a privé de goûter, bien que je n'aie jamais vu de moutons dans les environs. J'étais émerveillé ! Je suis ensuite revenu vers les maisons. Le grand portail en bois donnant dans la cour carrée était ouvert. J'ai avancé, sifflant toujours pour me signaler. Personne. La voie était libre. À ma gauche, une grange dont j'ai poussé la porte. À l'intérieur, du vieux matériel agricole rouillé, obsolète. Mais les murs étaient sains, la poutraison magnifique : le beau travail à l'ancienne d'un charpentier fier de son métier. Dix mètres plus loin s'élevait une grange presque identique dans le même bel état. Plus loin encore, un petit muret, une barrière, une superbe auge en pierre, deux portes à battants donnant accès à ce que je devinais être une porcherie, puis un autre bâtiment, douze cases à lapins au-dessus d'une vingtaine de nichoirs. Je me suis mis à rêver. Encore rien de précis, mais j'imaginais tout de même quatre beaux porcs, leurs soies dures, brillantes, des poules blanches, immaculées, des gauloises à pattes bleues et à crête blanche, des lapins, des géants normands à la chair si délicate. Tout à mes vagabondages, j'ai ouvert la porte suivante : elle donnait sur un potager. À cet instant, mon grand-père Victor m'a pris par la main, et m'a chuchoté à l'oreille : « Je savais que tu y viendrais. La terre est belle, franche, soyeuse. Touche-la. Elle coule entre les doigts. Regarde cette belle grande couche pour les semis, et les petites récoltes du tout début de printemps : des radis ronds roses à bout blanc, la récolte arrive en vingt jours. Il faut des fraisiers dans un jardin, des Mme Moutot, les plus parfumées, suaves sous la langue, et aussi des groseilles à grappes rouges et blanches, en les mélangeant la gelée est plus délicate, disait ta grand-mère, puis des groseilles à maquereau, dont la gelée est encore plus subtile. »

Il était intarissable sur les petits trucs pour une culture facile, sur les variétés de tous les légumes. Il avait tout essayé, tout goûté, il était un puits de connaissance. Il m'a abandonné sur le pas de la porte. En m'embrassant, il a murmuré : « Bonne chance. »

J'ai refermé la porte du jardin. En face de moi, se dressait la maison d'habitation. Je suis allé à sa rencontre. La porte était sans doute fermée ? Non. Je suis entré, j'ai ouvert les fenêtres, les volets. Les pièces étaient vides, spacieuses. Il y avait une belle cheminée dans la pièce principale, un escalier en pierre donnait accès à l'étage, où se trouvaient quatre chambres avec fenêtres. J'ai refermé derrière moi et j'ai quitté les lieux la tête et le cœur remplis de joie. Mon grand-père n'avait jamais été si présent depuis longtemps. Je le sentais près de moi, attentif, vigilant. Les lieux, l'harmonie, le calme m'avaient apaisé. J'étais, pour la première fois depuis un long moment, profondément heureux.

J'ai décidé de rentrer en passant par le village. Chemin faisant je me suis arrêté pour admirer les perce-neige qui bordaient un petit bois. Le réveil de la nature m'émouvait – après tout, moi aussi, j'avais le sentiment de m'éveiller d'un long cauchemar. L'après-midi m'avait libéré des mauvaises ondes, des pensées médiocres. Je me sentais renaître. Cette maison, que je venais de visiter, devait-elle devenir la mienne ? Si je l'achetais, ce serait mon avenir que je mettrais en place. Je n'étais pas encore propriétaire, je ne savais pas si je pourrais le devenir, et déjà je faisais des plans. D'abord la cuisine. Elle était spacieuse, lumineuse, confortable, pratique. J'en ferais une belle, grande cuisine, pour y être nombreux, sans pour autant y prendre systématiquement des repas. Il est des circonstances très précises où un souper pris dans la cuisine resserre des liens d'amitié, crée une sorte d'intimité chaleureuse. Mais, dans la plupart des cas, un repas dans la salle à manger est infiniment plus agréable. Néanmoins, avant de passer à table, il peut être excitant de faire un petit tour devant les fourneaux pour retrouver l'ami qui a « mitonné » le plat du jour, déboucher la première bouteille de blanc qui viendra accompagner une terrine de rillettes et quelques rondelles de saucisson pur porc haché à la main un peu gros. Ensuite, il sera temps de passer aux choses sérieuses : le repas entre bons camarades. Dans la salle à manger, très simple. J'imaginais une grande table très longue, je préfère les tables ovales aux rondes mais la pièce ne s'y prêtait pas. Et puis ce qui compte avant toute chose dans cette pièce, c'est la qualité des convives et de la cuisine. Le décor importe peu. À quoi servent l'argenterie, les cristaux scintillants, les vaisseliers chargés de porcelaine de Sèvres si l'esprit, la culture ne sont pas au rendez-vous et la chère sans goût ni saveur ?

La cuisine. La salle à manger. Oui, décidément, je les voyais, déjà, tout entières à moi, pièces merveilleuses de chaleur et de bon goût. On y respirerait la campagne, le fumet des plats, et celui des fleurs, que je cueillerais dans mon jardin. Pourtant, j'essayais de me raisonner : « Allons. Tu ne sais même pas si ce bien est à vendre. Et quand bien même il le serait ! Tu n'as pas d'argent. Et pourquoi t'encombrer d'une si grande maison alors que ta location est charmante et dans tes moyens ? Pense à ton couple… » Tous ces arguments dilatoires étaient inefficaces. Cette maison, je la voulais, elle serait à moi, j'étais dévoré par l'envie de la posséder. Le destin ne pouvait pas avoir organisé cette rencontre, ce coup de foudre, si ce n'était un signal de renaissance, un appel à reprendre ma vie en main… J'arrivai chez moi tout à mes pensées. Léone était encore là. Je menai un interrogatoire pour savoir à qui appartenaient ces maisons, là-bas, à deux ou trois kilomètres du village.

– Genevroy, le petit hameau ?

– Oui, c'est son nom. Ce n'est pas un hameau, d'ailleurs, c'est un lieu-dit sur la commune de Bézu-le-Guéry. Les maisons appartiennent à un fermier qui possède des centaines d'hectares autour, il a des vaches, c'est là que je vais à vélo chercher le lait pour vos flans, vos crèmes anglaises et vos yaourts.

– Vous le connaissez alors ?

– Oui.

– Pensez-vous qu'il accepterait de me rencontrer ?

– Mais oui ! Venez demain pour la traite. Il est toujours là.

Nuit noire. Le sommeil tardait pourtant à venir. Si le fermier acceptait de me vendre sa maison, aurais-je les moyens de l'acheter ? J'avais un livret de Caisse d'Épargne. Ma mère y avait placé la part de la vente du salon de coiffure de mon père me revenant. De mon côté, j'y avais mis un peu d'argent, économisé pendant mes tournées. Mais où était-il, ce livret ? Chez ma mère, sans doute. Si je le lui demandais, je devrais lui donner des explications. Il me fallait réfléchir à la manière de lui présenter cet achat, auquel je tenais tant, si je ne voulais pas qu'elle refuse de me le rendre.

Le fermier était jeune et accueillant. Ma demande l'a surpris.

– Mais c'est inhabitable ! m'a-t-il dit.

– Un matelas et un tuyau d'eau pour la douche, le bonheur peut être là !

– Ma femme n'a pas voulu y aller. Vous, si vous êtes marié, ne comptez pas que votre épouse accepte.

– Elle est spéciale, elle aime la campagne et la solitude.

Ce gros mensonge l'a convaincu.

– D'accord. Je vais en parler à ma femme.

– Quand ?

– Demain. Venez prendre le café.

Je lui ai demandé si je pouvais retourner visiter « ma » maison. Avec son accord, Léone et moi avons investi les lieux, qu'elle connaissait d'ailleurs déjà. Fenêtres grandes ouvertes, je lui ai décrit dans le détail tout ce que j'avais imaginé.

– Ici, nous percerons une large baie vitrée pour éclairer la salle à manger.

– Comme ça vous verrez le lilas en fleur, il sent si bon !

– Savez-vous ce que donne cet arbre au milieu de la cour ?

– Des cerises, noires, énormes, juteuses ! Si vous voulez encore de moi, je vous ferai des compotes, des confitures, des tartes. Je mettrai un corbeau mort dans l'arbre pour que les oiseaux ne viennent pas nous voler nos cerises.

Elle disait nous, se voyait déjà dans la place ! Et moi donc !

– Dans le potager, les arbres le long du mur ?

– Des pêchers. Trois. Du sirop dans la bouche. On fera des bocaux pour l'hiver. Quand Jojo sortira de prison, il pourra faire le jardin.

– Qui est Jojo ?

— Mon mari. Je vous avais dit qu'il était mort, je vous ai menti. Je n'avais pas confiance en vous, pas encore. C'est pas facile de dire que son mari est en prison, mon fils ne veut pas que j'en parle, même que sa femme n'en sait rien. Il a pardonné, c'est son père, qu'est-ce que vous voulez.

— Qu'est-ce qu'il a fait ? Il a volé ?

— Ah non pas ça ! Il est honnête ! Il a violé une petite fille ! Quand il reviendra, chambre à part, je ne veux plus qu'il me touche. Ne le répétez pas, vous me jurez.

— Bien sûr, Léone, ce sera un secret entre nous.

Je suis abasourdi par la dignité de Léone et par sa générosité devant un crime d'une telle horreur pour préserver l'amour filial.

— Vous n'avez pas vu la cave ? Venez que je vous montre là. Derrière la porte de ce qui sera votre cuisine.

Quel spectacle, cette cave ! Faste, fraîche comme il convient, un havre de paix, de tranquillité pour les bouteilles à venir, de la place pour mes petits vins de soif. Sa vue me laissait la bouche sèche et me donnait déjà envie de boire. Avant de quitter les lieux, Léone voulut savoir si je désirais élever des poules et des lapins.

— Évidemment !

— On aura du blé, de l'orge à côté chez le fermier. Les restes de la cuisine, on les leur donnera, aux poules, elles mangent tout. De la verdure au jardin pour avoir des jaunes bien colorés. Et vous voulez un cochon ? Il y a du petit-lait à la ferme qui sera plus utile dans l'auge que dans la fosse à purin.

Quand nous avons quitté Genevroy, il m'a bien semblé que nos cœurs battaient au même rythme. Et, sitôt rentré, j'ai téléphoné à ma mère pour l'inviter à dîner et évoquer mon prochain achat. Elle était libre, le comte était en voyage, j'aurais le temps sur la route pour préparer et affiner mon discours... Restait, bien sûr, à convaincre le vendeur de me faire un bon prix.

Le café du fermier était particulièrement médiocre mais je n'étais pas là pour une dégustation. Après quelques préliminaires de pure courtoisie, nous sommes arrivés au fait : combien.

– Nous ne sommes pas très fixés. Nous pensions vous proposer de faire évaluer la maison par un expert.

– Cela vous occasionnera des frais ! Je pensais que nous allions traiter entre gens de bonne compagnie, avec franchise et bonne volonté. Tant pis.

Je me levais, tout en espérant ne pas prendre congé.

– Ne partez pas ! Nous allons trouver une solution qui vous convienne. Vous avez peut-être une idée pour le prix ?

– Non, aucune. (Marc Anger, mon mentor en affaires, m'avait appris que, dans une négociation, le premier qui lance un prix est en infériorité.)

– Bon ben alors…

Il a avancé un chiffre – déjà très inférieur à ce que j'avais imaginé. Je tenais le bon bout. Par principe j'ai pris une mine désespérée et j'ai lancé : « Mais c'est cher ! très cher ! Je démarre dans la vie, c'est le premier bien que j'achèterais ! »

Du coup, le fermier a baissé tout de suite. Pensant que j'avais obtenu le maximum de ce que j'étais en droit d'espérer compte tenu de l'état parfait des toitures et des corps de bâtiment, je me suis aventuré à un :

– Topons là ! Demain je vous rappelle pour vous dire si ma mère peut m'aider.

– Nous le souhaitons car nous avons des travaux à faire dans la ferme, a-t-il conclu…

Ivre de bonheur, j'ai pris la route. En chemin, j'ai senti mon cœur se serrer. La prochaine discussion n'allait pas être aussi facile, j'en étais certain, hélas.

Pourtant et contre toute attente, ma mère m'attendait, détendue, de bonne humeur. Elle avait même préparé un dîner charmant.

– Je t'ai fait une quiche comme celles que tu mangeais à Lunéville quand tu étais petit, m'a-t-elle annoncé.

Après quelques banalités sur ma femme, Dominique, ses affaires, les miennes, le comte, elle en est arrivée au but : l'objet de ma visite. J'ai opté pour la vérité. Je désirais acheter une maison à la campagne.

— Pourquoi ta femme ne participerait-elle pas à l'achat ? Elle ne veut pas ou ne peut pas ?

— Ni l'un ni l'autre. Je la veux à moi. Je veux l'aménager comme je l'entends.

— Est-ce que c'est bien raisonnable ? Votre couple ne va pas fort, n'est-ce pas ? Tu peux tout me dire !

Je marchais sur des œufs. À aucun prix, je ne voulais qu'elle se mêle de ma vie privée.

— Si, si, tout va bien ! Mais l'appartement est à elle. Si j'avais un bien à moi les choses seraient plus équilibrées.

— Oui, finalement, tu as raison. As-tu l'argent ?

— Je ne sais pas. Cela dépend de ce qu'il y a sur mon livret de Caisse d'Épargne.

— Je vais te montrer.

Je la trouvais très coopérative. Mais, après avoir jeté un regard sur mes économies, fait un rapide calcul de ce dont je disposais à la banque j'ai dû avoir l'air désappointé, car elle m'a demandé :

— Tu n'as pas assez ?

— Non, tant pis. Je me ferai une raison, ça sera pour une autre fois.

— Combien te manque-t-il ?

— Pas grand-chose.

– Pourquoi ne demandes-tu pas à ta femme ? Elle a de l'argent !

– Je t'ai déjà expliqué pourquoi.

– Tu ne comptes pas lui cacher cet achat, tout de même ?

– Si, au moins jusqu'à ce qu'il soit réalisé. Après, elle n'aura plus rien à dire.

– Si tu me promets que c'est comme ça que ça se passera, je te prête l'argent qui te fait défaut. À condition que tu t'engages à me le rembourser, bien sûr...

J'avais trouvé une mère, malgré le prêt à rembourser. Je l'ai embrassée tendrement. Il y avait bien longtemps que je n'en avais pas éprouvé une envie aussi sincère.

L'affaire a été rondement menée. Compromis, signature, j'étais propriétaire d'un toit à moi – et apaisé. Très vite les travaux ont démarré. Les banques prêtaient, en ce temps-là. Tout allait comme je le voulais. La maison serait en grande partie terminée pour la fin de l'année. Rien de pharaonique, mon budget était restreint. Ce serait pratique, fonctionnel, bien dehors, et bien à l'intérieur. Jojo, le mari violeur de petites filles, est sorti de prison, revenu vivre avec Léone. Il était sans travail. Je n'éprouvais que mépris et dégoût à son égard pour son forfait mais aussi pour le chagrin qu'il avait infligé à ma chère Léone. Néanmoins, pour elle, j'ai accepté de l'embaucher. Des règles strictes ont été fixées :

il était en mon absence sous les ordres de sa femme. Ce type était méchant, aigri, pour avoir payé sa dette à la société. Les séjours en prison pour les pointeurs – le nom des violeurs – sont humiliants, ils sont considérés même par les assassins comme la lie de la société, sujets à l'opprobre générale, matons et voyous. Mais, malgré son caractère et les faits commis, il était travailleur.

Il est venu mettre en route le potager, le poulailler. Il a désinfecté les cabanes à lapins et bientôt nos premiers pensionnaires se sont installés. Le lilas embaumait, les fleurs du cerisier étaient pleines de promesses – mais je n'avais toujours rien dit à ma femme. Je reculais non pas par crainte – crainte de quoi ? – mais par égoïsme. J'étais bien, avec mon secret. Un jour je leur ferais la surprise, à Dominique et à elle. Un jour, quand tout serait prêt. La vie était calme, la semaine appareillait le week-end, une vie banale, bourgeoise pendant cinq jours, passionnante et enrichissante le samedi et dimanche.

Les travaux de ma maison étaient pratiquement terminés. J'ai pu très vite m'y installer, avec des meubles chinés de-ci, de-là. Ce qui m'importait était de pouvoir y vivre, d'y recevoir des amis, pleinement, généreusement. La table était bonne, Léone y veillait. Je ne vivais que pour mes week-ends, ils devaient être une fête. Nous avions institué une organisation dont je n'étais pas mécontent, qui plaisait à tous mes invités amis. Le petit-déjeuner et le déjeuner étaient présentés sur une même table, de 8 heures à 16 heures, afin que chacun, quelle que soit l'heure de son réveil, trouve de quoi se restaurer et puisse ensuite utiliser son temps de loisir à sa guise : promenade, jeux de cartes ou de société. Sur une grande table, un puzzle géant appelait tous les invités à user de leur sagacité. Une seule contrainte : dîner à 22 heures dans la salle à manger. La divine Léone, infatigable, cuisinait avec beaucoup de compétence, de simplicité et d'invention. Elle tenait toujours compte des gourmandises des uns et des autres et multipliait la mousse au chocolat, les cakes aux fruits ou les tartes.

– Vous devriez ouvrir un restaurant tous les deux, vous feriez un malheur ! nous disaient nos invités.

6

C'est ainsi que ma vie a pris racine à Bézu-le-Guéry. Ma femme n'y était jamais venue. Les lieux n'appelaient donc aucun souvenir commun, et c'était tant mieux. Après mon accident, ma longue convalescence, et notre séparation définitive, je m'y suis retiré, terriblement inquiet pour mon avenir. Certes Brune Étoile me versait encore mon salaire. Les frais médicaux et chirurgicaux coûteux étaient à la charge des assurances qui auraient à m'indemniser, une fois que je serais rétabli. Mais un jour, il faudrait me mettre en quête d'une activité, d'un travail. Que pouvais-je dorénavant espérer ? Quelle entreprise voudrait de moi, ce type de trente ans claudiquant, une béquille sous chaque aisselle, qui avait fait faillite ? J'ai réduit mon train de vie par obligation et par prudence. Mes amis, eux, se sont faits moins présents, c'est un corollaire fréquent, tristement vérifiable. Sans amertume j'en ai pris acte. Je m'étais – et sérieusement – trompé sur la sincérité de ceux qui m'entouraient. Heureusement les bons, les vrais sont restés, rares mais fidèles. Il faut du courage, de la volonté pour venir rendre visite à un homme déchu, triste, solitaire, et peu enclin à la fête. Après avoir à peu près retrouvé ma démarche normale, j'ai voulu organiser une fête du renouveau, un solstice personnel. Raté. Nous étions peu nombreux, un funeste présage pour l'avenir.

Et le temps a passé, apportant chaque jour son lot de tourments. Brune Étoile ne me payait plus. J'avais dépensé l'argent des assurances. J'étais chômeur. Aucune de mes réponses aux petites annonces ne débouchait sur rien. Les relations que je sollicitais restaient muettes, les amis supposés tels avaient disparu. Je passais mon temps dans le potager à sarcler, biner. Le seul plaisir qui me restait : mettre les mains dans la terre, essayer d'y puiser le courage de vivre, de survivre, regarder la nature s'accomplir. Le soir, le temps s'écoulait trop lentement. Je tentais des bilans sur mes plus, mes moins. La colonne des moins s'allongeait. Les somnifères ne m'apportaient aucun sommeil réparateur. Les « Courage, vous en sortirez » de Léone ne produisaient plus leurs effets apaisants. J'étais à bout. J'étais désespéré.

C'est alors qu'Henri Gault, fidèle parmi les fidèles, m'a téléphoné pour prendre de mes nouvelles. Je lui ai avoué que j'allais mal. La grande faucheuse rôdait à nouveau, voulue, espérée. Gault l'a-t-il senti ? Sans autre commentaire, il m'a dit :

– Viens dîner ce soir. Nous serons trois chez Georgette Descat au Lous Landès, rue Georges-Saché.

C'était un fameux restaurant, le premier du genre à s'installer à Paris. Foie gras, magret de canard, merveille, vin de Madiran, vin de Pacherenc : la panoplie gastronomique complète de ce qui se fait de mieux dans le Sud-Ouest. Je suis rentré dans une maison rare, où l'on respirait la bonne humeur, la joie de vivre – de quoi suffoquer tant il y avait de bonheur dans l'air. La cuisine était tenue par Georgette, la patronne, sa fille Pépette l'assistait avec talent. Son fils Jean-Pierre était en salle, avec son beau-frère. Un quatuor de générosité, d'efficacité.

Installé dans une petite salle à manger discrète à l'abri des curieux, j'ai raconté mes ennuis à Henri Gault, alors au faîte de sa notoriété, mais attentif comme toujours. J'ai suggéré à Henri de m'aider à brader mes volailles. Comment faire autrement ? Les huissiers commençaient à se faire pressants. J'avais mis ma maison, ma belle maison, cette maison tant désirée, en vente. L'avenir de mon petit cheptel de poules, canards, lapins, et autres cochons me préoccupait. À ma grande surprise, Henri m'a alors suggéré de monter un restaurant modeste, simple, avec mes produits.

– Mais ce n'est pas mon métier, je n'y connais rien, et en plus, je n'ai pas d'argent !

Georgette a pris la parole et m'a annoncé, sans me connaître plus que cela, qu'elle pouvait m'aider.

– D'abord on vient chez toi le prochain week-end juger de la qualité de ta basse-cour, a-t-elle dit. Les produits d'abord ! Les produits, c'est l'essentiel !

Je n'ai jamais oublié cette première leçon.

– Après, m'a-t-elle dit, on verra. Une gérance ça se trouve. Nous-mêmes, nous avons commencé comme ça. D'accord ?

– D'accord, je vous attends.

Le week-end a été délicieux, instructif, positif. J'ai tué un poulet, deux lapins, un vieux mâle pour la terrine et un jeune pour rôtir simplement au déjeuner. Les sœurs du couvent de Jouarre voisin m'ont fourni un brie de Melun affiné à cœur. Léone s'est surpassée et a amoureusement cuisiné de la mousse au chocolat et oranges confites, des œufs à la neige aux pralines, des œufs au lait, des tartes. Puis nous avons fait l'inventaire de la cave, des bocaux de conserve maison, de la vaisselle, des verres, de tout ce qui pouvait servir dans un restaurant. Le dimanche soir, les principes du bistrot étaient établis : une carte courte, des produits frais ou en conserve maison, un jeune chef de cuisine, un plongeur pour faire rapidement tourner le matériel, des couverts en petit nombre, Léone aux desserts fabriqués tous les jours. Les meubles, chaises, tableaux à faire disparaître avant l'arrivée des huissiers serviraient à décorer la salle. Il fallait tuer le cochon rapidement pour préparer les saucisses qui sécheraient dans la grange, fabriquer des terrines, des pâtés, du confit, du fromage de tête. Conclusion des Descat : dans trois mois on ouvre. Quel optimisme ! J'ai senti une minuscule petite braise d'espoir rougir au fond de mon cœur.

— On te laisse une semaine pour faire le point, prendre ta décision, a ajouté Georgette. Lundi prochain tu viens au restaurant travailler avec nous. Il faut bien que tu apprennes le métier ! Tu loges à la maison, il y a une chambre pour toi. Apporte tes affaires, ta nouvelle vie commence.

Sitôt partis, j'ai éclaté en sanglots. Ma vie défilait dans ma tête, en accéléré. Je me vidais du passé. Pourquoi les Gault et les Descat se préoccupaient-ils de moi, un paumé, un moins que rien ? Pourquoi ? Sans que j'aie besoin de formuler mes pensées, Léone s'est alors approchée de moi :

– Monsieur, je vous l'avais dit que vous alliez vous en sortir. Comptez sur moi, je serai là.

Une vieille automobile avec deux pneus crevés mais sans roue de secours, voilà à quoi je ressemblais au moment de prendre la décision qui devait changer ma vie ! Savoir apprécier la qualité d'un plat donne-t-il la moindre légitimité pour ouvrir un restaurant ? Ne pas cuisiner comme un chef, n'avoir jamais acheté en quantité, est-ce un réel handicap en la matière ?

– Ne te pose pas trop de questions, Coffe (je me tutoie quand je me parle à moi-même). Sinon tu abandonneras avant d'avoir commencé !

Facile à dire. Je suis au fond d'un puits. Heureusement, des mains se tendent pour m'en sortir. Il faut que je m'y accroche. Il faut que j'écoute Léone, sœur Léone du bon conseil.

– Allez-y, me serine-t-elle. Ça va marcher ! Comment voulez-vous que ça ne marche pas, avec tous nos bons produits ? À Paris, vos clients n'auront jamais mangé de poulets aussi goûteux, de lapins si bien élevés. Et Lucien, notre cochon nourri au petit-lait, il va être délicieux ! Avec Mme Descat on va en faire des pâtés, des fromages de tête, du saucisson. Et je ferai aussi les tartes, les gâteaux, les crèmes. Je suis là, monsieur. Je serai toujours là !

Je suis désarmé devant son énergie. Cette petite bonne femme, maigre comme une poule de batterie, sans âge, a-t-elle quarante-cinq ou soixante-cinq ans ? Impossible de le préciser. Mais son visage ravagé par sa vie ratée avec un mari violeur irradie de bonté. Malgré sa laideur, elle est belle. Une beauté dolorosa. Quelle chance j'ai eu de l'avoir à mes côtés ! Aujourd'hui, elle est morte, et je réalise à quel point elle a été précieuse, indispensable à mon retour à la vie. J'ai pourtant manqué de reconnaissance envers elle, je me flagelle de ne pas être allé lui rendre visite plus souvent. La dernière fois elle était veuve, seule pour ne pas déranger ses enfants, un peu triste dans une vieille maison prêtée par le gentil fermier qui m'avait vendu ma propre demeure. Je l'ai trouvée ratatinée, fripée, elle ne m'a d'ailleurs pas reconnu tout de suite. Mais pour être diminuée, elle n'en restait pas moins digne, refusant toute aide financière, s'intéressant à mon activité. Nous nous sommes quittés en retenant l'un et l'autre nos larmes. En guise d'adieu elle a simplement murmuré : « Ne vous inquiétez pas pour moi. Je vous regarde à la télé. Ça me rappelle le bon temps. »

Le bon temps, je ne l'aimais pas tant que ça, moi. L'idée de devenir restaurateur me paraissait même toujours un rien saugrenue. Mais est-ce que j'avais le choix ? Un homme en train de se noyer ne refuse pas une bouée. Je me suis donc rendu chez les Descat, comme convenu, muni de ma valise et de ma bonne volonté. Avant de partir je suis allé saluer mes bêtes, cochon, poules, lapins, mon seul capital avec quelques meubles que je m'étais résolu à vendre. Un clin d'œil au potager et aux fruits du verger, un baiser affectueux à Léone qui a tenu à rester s'occuper de la maison alors que je n'avais pas encore les moyens de la rémunérer, en route. Un joli soleil d'automne éclairait les feuilles rouges et jaunes des arbres. Quand referais-je le chemin en sens inverse ? Sûrement pas à la même saison. J'essayais de lutter contre la nostalgie.

Je suis arrivé un dimanche, au moment du déjeuner. On m'a conduit à ma chambre, une belle chambre, simple, avec une salle de bains que je n'aurais pas à partager. J'ai rangé rapidement mes quelques affaires et nous sommes passés à table. Il était question de manger, mais surtout de répondre aux uns et aux autres, avant même de s'attaquer à l'entrée. Autour de la table, une très jolie table dressée avec cristaux et argenterie, Georgette, Jean-Pierre, son fils aîné, Pépette et son mari. La famille m'accueillait comme un hôte de marque. J'étais à la fois intimidé et bouleversé par tant d'efforts et de générosité.

– Alors ! Est-ce que tu as pensé à ton futur restaurant ? Comment l'imagines-tu ?

– Je le veux plutôt petit, de plain-pied, très gai, chaleureux, bon enfant. Avec un beau bar, pas de formica pour que le verre résonne quand on le pose dessus. Les prix doivent être raisonnables, pour que la clientèle soit hétérogène.

Riches, pauvres, bourgeois, tous doivent pouvoir se parler de table à table. Ce sera ouvert le soir, tard, pour qu'on vienne après le spectacle.

– Qu'est-ce qu'ils mangeront, tes clients ?

– De bons produits, exclusivement, cuisinés à l'ancienne, mijotés comme sait si bien le faire Léone, ou simplement rôtis avec un petit jus. Des desserts maison : des œufs à la neige, des flans bien jaunes. Et pour arroser tout ça, de petits vins modestes mais bons. Des vins à pisser !

– On va mettre les choses en route. Mais avant, on travaille. Dès demain, tu vas au restaurant Le Lous Landès. On va te montrer comment tout ça marche.

Effectivement. Dès le lendemain, nous nous sommes rendus à Lous Landès, le célèbre restaurant de mes bienfaiteurs, situé dans une rue introuvable du XIVe arrondissement, la rue Georges-Saché. L'endroit était fermé le lundi, leur jour de repos, qu'ils me consacraient. Il ressemblait à un restaurant de campagne : un petit bar, quelques tables, et derrière la cuisine un petit salon pouvant recevoir une dizaine de personnes. Des tableaux aux murs, des bocaux alléchant de fruits à l'Armagnac sur des étagères. Jean-Pierre m'a montré la carte, des produits landais, foie gras, jambon de Bayonne, omelette aux cèpes, magret de canard, salmis de pintade. Rien d'extravagant, de la bonne marchandise, affirmant son origine et le nom de ses producteurs. J'eus droit à ma première leçon, donnée par un Jean-Pierre Descat en grande forme.

– Écoute bien. Dès que les clients franchiront le pas de la porte, tu seras fixé sur leur savoir-vivre. Si l'homme entre le premier, c'est bon, il est bien élevé, il connaît les usages. S'il tient ensuite la porte à sa compagne qui passe devant lui, c'est toujours très bien. Tu ne dis jamais « Bonjour » ou « M'sieur dame » ! Les clients doivent tout de suite savoir qu'ils sont dans une maison de qualité. C'est : « Bonjour » ou « Bonsoir, madame. Bonsoir, monsieur », n'oublie jamais ça. Si tu n'as pas de réservation, inutile de demander s'ils ont retenu ou pas. Si aucun client ne se présente, tu auras l'air d'un prétentieux. Tu dois les accompagner jusqu'à leur table. Quand ils ont décidé de leur place respective, il faut tenir la chaise de la femme. Tu prends les vestiaires, tu reviens avec les cartes, non chiffrée pour la dame. Si elle exige une carte avec des prix regarde l'homme, l'air interrogateur. C'est lui qui te dictera ta conduite. Tu dois toujours proposer la carte des vins. Ensuite, tu te retires. Laisse-leur un temps raisonnable pour choisir, puis reviens vers eux. Demande s'ils sont prêts à commander, ou s'ils désirent des explications complémentaires. Avant le début du service, tu seras allé en cuisine, et tu auras demandé au chef de te commenter son plat du jour, et de te donner ses petites astuces. Tu te serviras de ces informations pour vanter la qualité de tes plats. Évidemment, il faut connaître, sur le bout du doigt, tous ceux inscrits à ta carte, et répondre aux questions éventuelles des clients sans hésiter. N'oublie pas de mettre en valeur le plat du jour, et les spécialités de la maison, si tes clients viennent pour la première fois. Le client te nourrit. Ne reviens jamais sur son choix, sauf dans certains cas : deux fois du poisson, deux fois la même sauce. Ne note que l'entrée et le plat principal, à moins qu'il y ait des desserts chauds à mettre en œuvre pendant le service. Quand il y a deux couverts sur la table note toujours l'entrée de la femme en premier, et fais la même chose pour le plat de résistance.

– Pourquoi ?

– Il n'y a rien de plus désagréable qu'un serveur qui demande bêtement : « Le potage c'est pour qui ? » Facilite-lui la tâche. Et reste en salle le temps du service ! C'est odieux pour un client de devoir lever la main en vain afin de demander du pain, un moulin à poivre ou quoi que ce soit d'autre, d'ailleurs. Ton rôle est de surveiller le bon déroulement des choses, d'être en alerte, de tout prévoir.

– Et pour le choix des vins, comment fait-on ?

– Si le client sait ce qu'il veut, inquiète-toi seulement de l'eau minérale : gazeuse ou plate ? Si tu as plusieurs eaux différentes, annonce-les, ils ont souvent des préférences. Demande si tu dois la servir fraîche ou à température ambiante. S'ils hésitent sur le vin, propose un rouge ou un blanc, en fonction des plats. S'ils ne se décident toujours pas, suggère deux ou trois crus à des prix différents, mais jamais le plus cher, ils te prendraient pour un marchand de tapis. Une fois le choix établi, tu apportes l'eau, tu en remplis leur verre, puis tu débouches le vin et tu le fais goûter à l'homme pour qu'il te donne son avis. Ensuite, tu sers la dame. Fais bien attention, un verre n'est pas un pédiluve. Tu dois en remplir le tiers, pour l'homme comme pour la femme. Occupe-toi ensuite de la corbeille de pain. Bon ! C'est assez pour une première leçon. Allons déjeuner, je ne te dirai rien, tu observeras le service. Ensuite, en rentrant, nous ferons une sieste puis tu me rendras compte des plus et des moins.

Il me regarde, le sourire goguenard et l'œil malicieux.

– Pas ensemble, rassure-toi, je n'aime que les jeunes garçons, enfin jeunes ! la trentaine. À mon âge (il avait une cinquantaine d'années), la trentaine c'est jeune.

Je ne comprends pas grand-chose à ce qu'il raconte. Après tout, j'ai moi-même un peu plus de trente ans... Une chose en tout cas est claire. Il est homosexuel et ne s'en cache pas. La preuve, il continue :

– Ma famille est au courant et s'en moque. Ma mère voulait des petits-enfants, ma sœur les lui a donnés, tout va bien. Et toi, les garçons ?

Sans être gêné par la franchise de ses propos, je trouve la question un peu rapide. Mais c'est l'occasion rêvée de mettre les choses au point, pour que notre relation ne commence pas sur un quiproquo.

– Non.

– Jamais ?

– Si. Enfin un peu. Au collège, chez les pères.

– Donc tu n'as jamais essayé avec un homme ! Tu ne peux donc pas savoir si tu aimes ça ou pas... Allez. Ce soir, je t'emmène dîner dans une boîte de garçons.

Sa proposition, je dois l'avouer, ne m'a pas empli d'enthousiasme. Préoccupé que j'étais par la création de mon prochain restaurant, le désir ne me tarabustait pas. Puis tenter une expérience avec un monsieur... Jean-Pierre Descat a dû lire mes pensées sur mon visage. Fine mouche, il a ajouté :

– Ne t'inquiète pas ! Je ne fais pas de prosélytisme. On peut aussi apprendre son métier dans un restaurant gay. Les pédés sont aussi gourmands que les hétéros ! Bon maintenant, allons faire une sieste.

– Mais pourquoi une sieste ?

À ma tête, il a dû voir que ce n'était pas dans mes habitudes.

– Dormir un peu après le service est indispensable. Quand on dirige un restaurant, on se lève très tôt pour recevoir les commandes passées la veille au soir en fonction de ce qui a été vendu dans la journée : épicerie, viande, poisson... Une fois la marchandise récupérée et rangée, il faut préparer le premier service, celui du déjeuner. Il faut vérifier la mise en place, c'est-à-dire qu'il ne manque rien sur les tables, et que les vins remontés de la cave soient prêts pour le service, la carte du jour, mais aussi la tenue du personnel de salle. Les chaussures doivent être cirées, les chemises propres, les mains et les ongles brossés. Tout ça semble simple, mais chaque détail compte pour que les choses se déroulent bien par la suite. Tu n'as qu'un seul objectif : veiller au plaisir et au bien-être de tes clients. Tu devras donc être sévère, pour ne pas dire intransigeant, tant sur la qualité des produits que sur la cuisine du chef, et les manières de tes serveurs...

Je suis allé me reposer après le repas, comme il me l'avait conseillé. Mais comment le sommeil aurait-il pu me gagner quand je récapitulais inlassablement en esprit toutes les recommandations qui venaient de m'être faites ? Aujourd'hui encore, après les avoir mises en œuvre pendant neuf ans dans mes différents restaurants, je les ai en mémoire. Impossible pour moi d'entrer dans un établissement sans vérifier la mise en place...

et tout le reste ! C'est donc sans avoir fermé l'œil que j'ai retrouvé Jean-Pierre et Georgette, et que je leur ai fait une analyse détaillée des points forts et des points faibles de mon déjeuner. On m'a félicité pour la qualité de ce compte rendu. N'empêche. Je suis resté lucide sur la masse de travail que je devais accomplir pour me hisser à leur niveau. En un mot comme en dix, ça n'était pas gagné, même si, grâce à leur énergie bienveillante, c'était bien engagé.

Tout le monde connaissait Jean-Pierre Descat dans l'établissement où nous avons passé la soirée. Le lieu, à la fois restaurant, bar et boîte de nuit, m'a paru bien étrange. Une faune composée de jeunes garçons d'allure androgyne très marquée, le torse et le train arrière outrageusement moulés afin de présenter leurs avantages, évoluait autour d'un grand bar. Les chevelures étaient quelquefois décolorées, des blonds parfois trop clairs pour être naturels, ou trop noirs pour qu'un corbeau reconnaisse sa couleur. Les visages étaient généralement avenants. Mais les lèvres étaient trop roses, les sourcils trop épilés, les paupières trop ombrées et les cils trop rimellisés. Des éphèbes se laissaient déshabiller du regard par les clients accoudés au bar. Des yeux concupiscents jaugeaient leur proie, détaillant l'anatomie des uns et des autres, insistant sur la croupe ou la braguette, rêvant à d'éventuels plaisirs à venir. Ces chasseurs avaient dépassé la quarantaine, mais étaient vêtus comme leurs futures proies : jean collant, chemise largement échancrée, veste sport souvent éclairée d'un ruban rouge ou bleu au-dessus d'une pochette. Tous fleuraient bon la lavande et affichaient la panoplie faubourg Saint-Honoré avec un rien d'ostentation blasée. Leurs mains étaient parfaitement manucurées, ornées d'une chevalière, certains avaient conservé leur alliance pour mieux afficher la liberté de leurs mœurs. J'étais fasciné par le manège des éphèbes qui ondulaient calmement, dans l'attente d'une invitation à boire un verre ou à dîner, si affinités. De son côté, Jean-Pierre saluait les uns, embrassait les autres, caressait quelques culs au passage. Il était à l'aise, moi beaucoup moins et pourtant il mettait un point d'honneur à me présenter. Leurs poignées de main étaient molles, moites, leurs sourires fabriqués, stéréotypés, les voix traînantes, lascives. Des couples se formaient pour le dîner, les tables se garnissaient. Nous avons rejoint la nôtre, à côté du piano.

— C'est ma table, a dit Jean-Pierre Descat. À la fin du repas, je joue et je chante.

Je ne lui connaissais pas ce talent. Je marquai mon étonnement.

— J'écris même les paroles de mes chansons et j'en compose la musique ! Tu m'écouteras tout à l'heure. En attendant, commandons le vin, mon compagnon ne va plus tarder. Il est serveur dans

118

le restaurant de l'un de mes amis. Je l'ai casé là-bas pour qu'il gagne un peu d'argent. Ne crois pas que ce soit un gigolo, comme ceux qui nous entourent. Il est sérieux, travailleur. Ma mère le connaît. Il dort même quelquefois à la maison.

Il parlait, mais je ne l'écoutais que d'une oreille : sa vie sentimentale m'intéressait peu. J'observais le service, qui me paraissait très peu professionnel, presque désinvolte. Les serveurs, gainés de collants de danseurs sous des shorts taille basse très courts, le haut du torse épilé en partie couvert d'une indescriptible brassière échancrée comme un débardeur laissant apparaître leur nombril et le début de leurs poils pubiens, étaient familiers avec les clients. Ils s'attardaient aux tables, se faisaient offrir à boire, plaisantaient avec culot et veulerie. Rien de comparable avec ce que j'imaginais pour mon futur établissement. Je commençais à trouver tout cela un rien lassant quand, enfin, l'ami de Jean-Pierre est arrivé. C'était un bel homme d'une trentaine d'années, au visage éclairé de grands yeux bleu profond, aux lèvres charnues, gourmandes. Il était de type méditerranéen, tunisien, ai-je pensé. Sous les regards marqués du personnel et des autres convives, il s'est approché de notre table, a embrassé chastement Jean-Pierre, m'a tendu une main ferme, chaude, virile, tout en se présentant : « Habib. » Le repas a été juste convenable, la conversation agréable.

La dernière bouchée avalée, Jean-Pierre s'est dirigé vers le piano et, après quelques chansons tendres et tristes d'Édith Piaf, les lumières se sont adoucies. Dans un doux halo, les yeux des plus jeunes dîneurs se sont embrumés, des mains ont glissé sous les tables. Le moment des caresses, destinées à vérifier si le choix du dîneur correspondait à leurs espérances, était arrivé.

J'étais stupéfait, gêné. Ce monde m'était inconnu et ne me tentait aucunement. Je n'avais qu'une envie : en rire, m'en moquer. Outre la raillerie qui me brûlait la bouche, l'écœurement face à ce marché public de la chair fraîche me gagnait. J'ai regardé tout ce joli monde descendre l'escalier menant à la boîte de nuit, et s'enlacer à peine parvenu sur la piste de danse. Les slows se succédaient. Les mains s'aventuraient au plus intime du partenaire, les bouches s'unissaient. Jamais, dans aucune boîte hétéro, je n'avais assisté à un spectacle si indécent. Jean-Pierre et Habib eux-mêmes se tenaient par la main, et quand un jeune serveur m'a invité à danser, je me suis senti rougir comme un puceau. Qu'est-ce que je devais faire ? Accepter, et me fondre dans la masse ? Impossible. Tout en moi s'y refusait, j'ai donc décliné et ai été gratifié d'un : « Oh, vous n'êtes pas sympa ! Je ne vous plais pas ? » Je me suis gardé de répondre et ai attendu le moment de rentrer. À peine en voiture, j'ai demandé comment ce genre d'établissement pouvait éviter d'attirer la police des mœurs.

– Le patron est protégé, a répondu Jean-Pierre. Il donne quelques noms, ceux des imprudents qui règlent leur addition par chèques...

Un clin d'œil à son compagnon, et il poursuivit :

– Au fait, demain, je vais arriver tard. Il faut que tu sois au restaurant dès 8 heures, pour la mise en place du déjeuner !

En fait, profitant de la compagnie d'Habib au maximum, il n'est pas venu de la journée. J'ai donc dû assurer les deux services, midi et soir, et pour me récompenser Georgette m'a invité à boire un bon verre de Bordeaux. Elle en a profité pour me donner en toute franchise son point de vue sur mon travail.

– Tu cours trop, tu fais trop de chemin les mains vides. Reste calme et économise-toi, sinon tu fatigueras vite.

Puis, avec un sourire, elle m'a tendu quelques billets, et a ajouté :

– Tiens. Voilà ta part du service et des pourboires de la journée.

J'ai commencé par refuser. Après tout, j'étais en apprentissage, je n'avais pas droit à tant de générosité. Mais tous m'ont assuré que j'avais gagné cet argent et qu'il était hors de question que je le refuse. J'ai donc empoché mon premier salaire depuis longtemps, et je n'en étais pas peu fier. Alors que je la raccompagnais chez elle, Georgette m'a annoncé que je devais trouver une date pour tuer le cochon et faire des bocaux de confit. Je devais, aussi, commencer à réfléchir à une carte avec tout ce qui était disponible chez moi en volaille, trouver un chef, un local de préférence. Elle pensait à tout, formidable, désintéressée, maternelle. Face à tant de générosité j'ai pensé à ma mère, si distante, si lointaine au moment où j'avais tant besoin d'encouragements. Il allait pourtant falloir que j'aille la trouver, et lui demander une aide financière. Elle pouvait m'aider, d'autant que je lui avais remboursé l'argent qu'elle m'avait prêté pour acheter ma maison. Il me faudrait jouer serré, renouer un lien très distendu : depuis quelque temps, nos rapports se limitaient à de rares échanges téléphoniques. Comment me rapprocher d'elle, alors que nous nous en voulions mutuellement, sans même parvenir à évoquer nos rancœurs ? Je me suis endormi sans avoir trouvé le moindre début de solution à ce problème. En attendant de le résoudre, mon emploi du temps était désormais immuable : mise en place de la salle le matin, service du déjeuner, visites d'éventuels restaurants à reprendre en gérance, tous trop chers, trop mal situés, trop petits, trop grands, bref, n'allant pas, service du dîner. Bien sûr, je faisais de gros progrès en salle, j'apprenais à calculer les prix, je me familiarisais avec les prises de commandes, je surveillais le chef du coin de l'œil en cuisine, et l'amitié des Descat m'était de plus en plus précieuse. Mais je connaissais de gros moments de découragement. Voilà trois semaines que mon stage avait commencé, il ne pouvait durer beaucoup plus longtemps. Il me fallait désormais trouver mon lieu, ma niche, un endroit où travailler pour mon compte.

J'avais revu ma mère. Mes projets ne l'emballaient pas. Son fils, bistrotier ? Elle n'avait jamais envisagé ma vie dans la limonade.

– Tu n'y connais rien ! Tu es un vrai panier percé ! L'argent gagné le soir te filera entre les doigts dès le lendemain matin. Tu es inconscient, une faillite ne te suffit pas ! À quel âge auras-tu donc un peu de plomb dans la tête ! Puis qui sont ces Descat que tu ne connaissais même pas il y a deux mois ? Je voudrais bien les rencontrer sans toi pour me faire une idée !

Je ne m'attendais pas à beaucoup d'enthousiasme, mais sûrement pas à si peu de bienveillance. D'accord j'avais déjà fait faillite mais une mère ne doit-elle pas faire confiance à son fils ? Il fallait pourtant que je la convainque. Pour cela, j'étais décidé à ruser, contourner, mentir s'il le fallait. J'étais prêt. Elle n'arriverait pas à m'empêcher de rebondir.

Dès la semaine suivante tout s'est accéléré. Nous avons visité un établissement qui, enfin, pouvait me convenir : petite caution, loyer modeste, peu de places, cinquante couverts maximum, bon emplacement rue Saint-Honoré, au cœur des Halles, d'où une véritable facilité d'approvisionnement. Revers de la médaille, il y avait deux salles mais l'une était au rez-de-chaussée, l'autre à l'étage. Dans la cuisine, un vieux fourneau était alimenté au charbon, et il n'y avait aucune extraction d'air vicié. Le décor était sinistre : un papier peint bordeaux aux murs et au plafond. Mais le bar était magnifique, tout en marbre, cuivre et zinc. À sa seule vue, je l'ai imaginé rutilant, accueillant verres et clients, éclairant le rez-de-chaussée de tout son éclat retrouvé. Qu'est-ce que tous ces bougnats pouvaient bien avoir en tête pour avoir des rêves de bar en formica ? Le son du verre claquant sur un tel comptoir ne donne pas soif, alors que le tintement d'un verre sur du zinc procure une envie presque irrépressible de boire...

La maison était tenue par deux sœurs qui en vivotaient modestement. Le chiffre d'affaires était inexistant ou presque. L'enseigne : « Chez Ciboulette » évoquait l'opéra de Reynaldo Hahn et son célèbre : « *On m'appelle cibou, cibou, ciboulette, c'est un nom qui plaît aux garçons.* » Impossible de la garder, elle donnait à l'établissement l'allure d'une boîte gay au mieux, d'un claque avec serveuses montantes au pire. Ma seule envie était de baptiser mon futur restaurant : Chez Jean-Pierre Coffe, mais cela aurait été imprudent à cause du fisc et des huissiers, qui me pourchassaient toujours pour quelques dettes. J'ai donc décidé d'appeler l'endroit La Ciboulette, tout simplement.

La famille Descat et moi étions dans un état d'excitation intense. Nous avions un lieu, avec tous ses défauts, mais aussi toutes ses qualités. Le comptoir nous exaltait. L'adresse très centrale, l'effervescence des Halles... Je m'y voyais déjà et les rêves les plus fous hantaient mes nuits agitées. Mon restaurant était ouvert. Les « *beautiful people* » envisonnés venaient s'encanailler avec les bouchers voisins costauds et séduisants, avec leurs longs tabliers blancs tachés de sang. Champagne ! Fête ! Qu'est-ce que j'allais m'amuser. Et quel argent j'allais amasser ! L'aube venue, je déchantais. Il y avait tant d'achats à faire ! La chambre froide était inutilisable, le piano à changer, tout comme la vaisselle, les verres, les couverts. Et ma mère qui ne voulait toujours pas m'aider...

À ce stade, le bon sens un peu paysan de Georgette nous a été d'un grand secours.

– Allons chez toi le week-end prochain, me dit-elle. On fera l'inventaire. Il y a sûrement des trésors dont tu ne soupçonnes même pas l'existence, et que tu pourras vendre. On trouvera un charcutier pour tuer ton cochon, on fera le point sur les volailles. Il faut ouvrir ce restaurant. Soyons modestes. Faisons un atout de nos manques. Après, on avisera.

Grâce à elle, tous mes questionnements trouvaient une solution. Après Léone toujours fidèle au poste, une autre fée veillait sur moi. Les antiquaires convoqués ne firent preuve d'aucune générosité, ils savent que, lorsqu'un particulier vend les meubles de famille, ils peuvent acheter à la baisse. J'ai récupéré quelque argent de ces rapaces, de quoi payer la gérance et trois mois de loyer d'avance. Peu de chose, mais assez pour entrer dans les lieux. Léone a déniché le charcutier. La date de la tuerie a été arrêtée. Le tri des poulets et autres coqs a été vite fait : nous avons gardé les poulets pour les rôtir, les coqs pour les accommoder au vin, les poules pour les cuire au pot. Côté lapins, les cuisses et l'avant finiraient en confit, le râble en rôti, les foies en terrine avec la gorge du porc, également utilisée pour la confection du pâté de campagne avec le foie du cochon. Le fromage ? Un seul, le brie de Melun, au lait cru, affiné par les sœurs du couvent voisin. Léone se chargerait des desserts, l'après-midi, pendant la pause du cuisinier. Les vins de ma cave aidant, tout semblait simple, facile, évident même.

— Il faut que tu ouvres dans deux ou trois mois, a dit Georgette. Il n'y a plus de temps à perdre ! Dans quinze jours tu entres dans les lieux, on brique, on nettoie, on décore, on remet en marche la chambre froide, on commande les vins, un blanc, un rosé, deux rouges. Ça suffit pour commencer. Notre marchand de vins te les trouvera. Tu les paieras quand ils seront vendus !

Petite femme ronde comme une bonbonne, d'un dynamisme époustouflant ! Georgette était ma fée, elle veillait sur moi. Un ouragan, qui balayait toutes mes craintes, mes incertitudes. Je ne pouvais plus reculer. Ma chance ne repasserait pas deux fois. Allez, Coffe. On y va !

7

Le jour tant attendu de la remise des clefs est arrivé. Et sitôt le bail signé, le trousseau en poche, le grand nettoyage a commencé. Toute la tribu Descat a débarqué, Georgette avec un panier : champagne, foie gras, un torchon, et de quoi astiquer le bar. On ne boit pas sur un comptoir terne, triste.

– Regarde. Une éponge, la poudre miracle, de l'huile de coude, du papier journal, on frotte, ça brille. J'te montre.

Sitôt dit, sitôt fait ! Georgette transpire, Léone lave les verres dépareillés, Jean-Pierre découvre un vieux grille-pain, Pépette tranche les lobes brillants du foie gras cru de chez Dupérier, dans les Landes. Jean-Claude, son mari, débouche la bouteille de champagne Guiborat, non dosée s'il vous plaît, et nous trinquons. Un moment rare d'amitié franche, désintéressée, mais grave. Ma

future vie commence, j'en ai au moins le sentiment... et Georgette, qui n'aime pas perdre son
temps, prend la parole avec son autorité habituelle, pour que nous établissions un planning.

– Tu dois continuer au Lous Landès, tous
les matins, et assurer le service du déjeuner, me
dit-elle. Le peu que tu gagnes sera utile. L'après-
midi, nettoyage. Dans les prochains jours tu
visiteras les commerçants des environs, pour te
présenter. Jean-Pierre recevra les représentants
en vin avec toi. Il faut penser au cochon, et à
la basse-cour. Je propose la Saint-Martin, ça
nous portera bonheur. As-tu déjà visité la cave ?
Non ? Alors allons voir !

L'accès est peu engageant, une porte sous
le bar, un escalier de meunier. À l'arrivée, des
rats gros comme des matous nous filent entre
les jambes, et nous nous retrouvons devant une
montagne de bouteilles vides souvent cassées, des
cartons, des chaises brisées, dépareillées, inutili-
sables, sans oublier d'autres rats morts, ceux-là,
et en putréfaction. Un spectacle consternant, une
odeur nauséabonde. Nous sommes tous atterrés,
effondrés, sans voix. Que faire ? Quelle décision
prendre ? Faire appel à une entreprise de débar-
ras ? Impossible, je n'en ai pas les moyens.

Léone, encore une fois, trouve la bonne
solution :

– Je débarrasserai le matin, pendant que vous
serez au restaurant. Dans les Halles, les éboueurs

passent en début d'après-midi, ils emporteront ce que j'aurai mis devant la porte.

J'ai honte de cette proposition : il y a plus d'un an qu'elle n'a perçu aucun salaire, et je ne pourrai rien lui offrir avant la fin du premier mois d'exploitation, et seulement si tout se déroule comme je l'espère. Chère Léone ! Toujours là, présente, discrète, efficace – je n'ai plus jamais rencontré personne aussi dévouée et surtout désintéressée. N'empêche. Même si elle débarrasse et qu'elle nettoie, il faudra sûrement du temps avant que cette cave puisse accueillir des bouteilles, sans parler des bries de Melun à affiner. Dans quelle aventure est-ce que je me suis lancé ? Est-ce que je suis inconscient, ou courageux ? Quoi qu'il en soit, à chaque minute, je constate combien je suis ignorant de ce nouveau métier. La salle de restaurant peut recevoir une trentaine de convives, dix de plus si ça marche et que l'on installe des tables au rez-de-chaussée. De combien d'assiettes vais-je avoir besoin ? De quelle taille ? Combien de verres, lesquels, quelle contenance, comment les laver ? Il n'y a aucune machine ! J'ai présumé de mes connaissances. Mais est-ce que je peux reculer, revenir en arrière alors que la gérance est payée ?

Heureusement, Jean-Pierre Descat est là, et encore une fois d'un grand secours.

– Tu t'affoles pour rien. Chez un grossiste, on va trouver tout ce dont tu as besoin. Ne rêve pas cristaux, argenterie, porcelaine. Souviens-toi que c'est un bistrot tout simple que tu vas ouvrir. Réfléchis. Tu as quarante places assises au maximum. Il te faut du matériel pour cinquante. Dès que tu débarrasses, le plongeur lave. Si par chance ça marche, et ça marchera, tu en achètes en plus dès le lendemain matin. Les vendeurs ont des stocks.

– Et pour les serviettes, les nappes, les torchons ?

– Tu loues voyons ! Qu'est-ce que je fais chez moi ? Et puis tu pourras en laver quelques-unes toi-même, ça pourra te faire un peu de black. Serviettes, pain, verres sont les mamelles du noir ! En cas de contrôle fiscal, la péréquation entre le nombre de serviettes utilisées, les bouteilles de vin consommées, à raison d'une pour deux convives, et la quantité de pain achetée, permet aux inspecteurs de vérifier si tu as détourné du chiffre d'affaires à ton profit.

Belle leçon pour le novice que je suis... Il faut dire qu'à l'époque, la gymnastique comptable est aisée. Les cartes de paiement et les chèques sont peu répandus. L'usage est de régler son addition en liquide. Il n'y a pas encore d'obligation de numéroter les additions. La double comptabilité n'est pas en usage. Les commerces tournent à plein régime sans contrainte ni épée de Damoclès au-dessus de la tête. Certes on triche, mais peu.

Ma mère ne se manifeste toujours pas. La vie suit son cours, en quelque sorte. Comme il faut bien avancer, avec le comptable des Descat, nous imaginons un compte d'exploitation optimiste, mais modérément – disons juste. Le banquier me consent un petit découvert, mais suffisant pour acheter une batterie de cuisine, c'est déjà ça. La salle du premier étage commence à devenir accueillante, avec quelques tableaux accrochés aux murs et un buffet en bois blond rapporté de la campagne. Le bar, quant à lui, tient toutes ses promesses. J'imagine qu'il est aussi impatient que moi d'entendre le tintement des verres glissant sur le zinc brillant.

Comme convenu, le week-end de la Saint-Martin a été bloqué pour préparer terrines et confits, le charcutier réquisitionné, un inventaire des matériels nécessaires établi, les tâches de chacun réparties. La famille Descat, ma chère Léone et moi-même sommes sur le pied de guerre. Quarante-huit heures avant le grand jour, Léone et moi entreprenons de tuer nos volailles. Triste besogne. À Léone les poulets, poules et coqs, à moi les lapins. Les plus jeunes ont la vie sauve – un sursis seulement. Nous songeons au succès qui nous obligera à recommencer cette opération si le restaurant – La Ciboulette – attire les clients.

Je n'ai jamais tué de lapin. Mais je garde le souvenir des gestes précis de ma mémé Briquet en pareille circonstance. Elle assène un coup violent sur la nuque de la bête, avant de planter habilement sous l'un de ses yeux un petit couteau pointu bien affûté pour faire jaillir le sang. Une fois l'animal mort, elle écarte ses pattes arrière, les lie au barreau d'une échelle, entaille sous la peau et tire doucement mais fermement la fourrure jusqu'au cou. L'animal déshabillé, elle dégage la tête avec délicatesse mais précision, et l'on voit apparaître la chair ferme, blanche, brillante. Un coup de couteau supplémentaire le long des entrailles libère les viscères. Le foie, débarrassé de son fiel, est mis à part pour les terrines. Malgré mon inexpérience, je n'ai, je dois le dire, pas trop de mal à répéter l'opération. Mon premier lapin soigneusement saigné peut être mis à rassir dans la cave en attendant sa transformation en confit pour les pattes arrière et en pâté pour le reste. Trente minutes, indique ma montre. Trop long. Je dois améliorer mon score pour le deuxième. Courage.

Léone, quant à elle, a l'habitude de faire passer le goût du pain aux poulets. Elle cale la volaille entre ses cuisses bien serrées pour la tenir immobile, ouvre son bec et avec une paire de ciseaux sectionne la trachée, pour libérer le sang. Il est répandu sur la terre du potager avec celui du lapin pour servir d'engrais. Elle plume ensuite les volailles à sec, refusant de les ébouillanter pour ne pas gâter les chairs, leur conserver leur fermeté et surtout pour récupérer les plumes qu'elle trie méticuleusement, gardant les plus fines pour faire des édredons.

Le soir venu, épuisés, nous faisons le bilan de nos massacres. Dix-sept lapins, quinze poules, trois coqs. Nous sacrifions deux beaux foies de lapin pour notre dîner avant de mettre en œuvre la marinade qui accueillera les coqs dès le lendemain matin. Pendant que nous nous restaurons, le cochon – que nous avons surnommé Lucien –, sans aucune raison, proteste bruyamment. Il attend sa pâtée, sans se douter que, le matin même, il a dégusté la dernière. Les tripes d'un porc avant la tuerie doivent être vidangées.

Le lendemain vendredi, nous nous attelons à la préparation du matériel indispensable à la réussite de l'opération. Nous installons deux trépieds pour mettre à chauffer les vieilles lessiveuses remplies de l'eau dont nous avons besoin en abondance pour nettoyer Lucien, et le gratter après la saignée. Les couteaux sont aiguisés avec application, avant que nous réunissions les torchons, les tabliers, les ballots de paille pour brûler les soies, le hachoir, sans oublier des cordes solides, pour attacher le cochon à l'échelle. Tout est nettoyé, briqué. La liste préparée sur les conseils du tueur est soigneusement cochée par Georgette, sa fille et Léone. Nous sommes prêts – non, pas encore. Il nous faut, dans un dernier effort, vérifier les quantités de sel, de poivre, le thym et le laurier cueillis, préparer le dîner pour les Descat mère et fils qui doivent arriver ce soir pour être opérationnels dès l'aube samedi, et bien sûr le casse-croûte du matin, à déguster avant le sacrifice.

Le jour qui se lève trouve une fois encore la famille Descat au grand complet. Le café fume dans les bols. Des tranches d'une belle miche de pain de campagne grillent. La motte de beurre et les confitures de Léone mettent en forme pour accueillir le « saigneur ». Et l'homme tant attendu débarque...

Nous nous regardons tous, surpris par la petite taille de ce trentenaire, au corps rond, au visage rougeaud. Comment parviendra-t-il à saigner une bête presque trois fois plus volumineuse que lui ? Sous nos regards un rien inquiets, il salue tout le monde avec courtoisie, pose ses couteaux dans la cuisine, avale une tasse de café et manifeste le désir de voir son « client ». Aussitôt le cortège se forme. En route pour la porcherie. Lucien est dans la courette, devant son habitation. Il manifeste bruyamment sa colère, furieux d'avoir été privé de sa nourriture quotidienne.

À sa vue, le « saigneur » se retourne vers Léone.

– Tu m'as pas dit que le bestiau fait au moins deux cents kilos ! C'est pour l'abattoir, ça ! C'est pas pour moi !

Ça commence mal.

– Comment voulez-vous qu'on soulève une bête pareille ? Il faut un palan ! Je m'étais pourtant juré de plus tuer de cochon de Parisien ! Ça va être que du gras.

Me sentant visé directement, je lui suggère de reprendre une tasse de café et d'examiner calmement la situation.

– C'est tout vu. Mais d'accord, je vais prendre un café pour la route.

Sitôt assis, il recommence sa litanie en suggérant toutefois que mon voisin pourrait avoir un palan, une vieille charrette à fumier, qu'on pourrait basculer avant de mettre le cochon dessus. À cet instant, Léone intervient :

– Bois donc une goutte. Pendant ce temps je file à vélo chez le voisin.

– Bonne idée, Léone. Apportez la goutte du grand-père Victor !

Sitôt dit, sitôt fait pour la plus grande joie du « saigneur ».

– Putain ! C'est pas pour des gonzesses ! Qu'est-ce que c'est que cette gnôle !

– La mirabelle que faisait mon grand-père avant la guerre.

Il déguste toujours, quand Léone revient avec le voisin, celui-là même qui m'a vendu ma maison. Je l'ai revu plusieurs fois, et ai engagé avec lui et sa femme de très bons rapports de voisinage. Sans aller jusqu'à me rappeler mon grand-père, il représente pour moi l'honnêteté paysanne. Il aime la nature et manifeste un bon sens à toute épreuve.

– Salut, la compagnie. On me dit que t'as peur d'un gros cochon, le Bernard ? Toi ? Le roi des tueurs de Seine-et-Marne ? Va falloir qu'on garde ça pour nous ! Sinon tu vas en passer du temps dans la charcuterie avec la Jocelyne ! Elle va être contente de t'avoir dans les pattes toute la journée ! Finies tes balades dans les fermes ! Et tes parties de jambe en l'air chez la vieille maquerelle de Yolande !

Le voisin prend un temps d'arrêt, regarde le charcutier qui, lui, regarde notre assemblée. Penaud de voir découvert son libertinage.

– Allons voir la bête, après on décidera !

Le même cortège repart vers la porcherie. Mais la gnôle et la tirade du voisin ont fait l'effet d'une piqûre d'amphétamines au « saigneur ». Arrivé une nouvelle fois devant Lucien, il constate qu'il a pu se tromper et que, finalement, le porc n'est pas si gros qu'il l'a cru. De là à se mettre à la besogne, il n'y a qu'un pas, qu'il franchit allégrement.

– Tout est prêt ? L'eau est chaude ? Bon. On va s'y mettre tous ! Y a pas de raison qu'on y arrive pas, on en a vu d'autres !

Il file vers sa camionnette, en sort un maillet en bois, son tablier, récupère un couteau long, effilé, et ordonne qu'on amène Lucien au lieu du sacrifice, situé entre la cuisine et la grange. Lucien, poussé par la queue et tiré par le groin, se dandine sans difficulté vers son funeste destin. Et, sitôt en place, le tueur noue son tablier, prend son maillet, se met en position, jambes solidement ancrées, et l'assomme. Lucien s'écroule. Le tueur jette son maillet, attrape son couteau pointu, le plante sous la jugulaire et la tranche. Un silence très dense s'est installé, le cochon s'est écroulé sans un grognement, probablement grâce à l'efficacité et à la dextérité du Bernard. Le sang, un beau sang rouge grenat brillant, jaillit à gros flots dans les grandes bassines prêtes. Georgette, à genoux, le brasse des deux mains pour éviter qu'il ne coagule avant que les boyaux soient prêts à recevoir le boudin. Le charcutier, lui, agite la patte avant pour vider Lucien jusqu'à la dernière goutte – la viande sera ainsi rosé clair.

Je déteste l'anthropomorphisme même si j'aime les bêtes, toutes, y compris les insectes et les nuisibles. Un animal est un animal, et il n'a pas d'âme. Pourtant, j'avoue que je ressens un petit pincement au cœur à la vue de mon Lucien égorgé. Je l'ai nourri, j'ai décidé de la composition de ses pâtées. Je l'ai passé régulièrement au jet afin qu'il soit rose, propre, appétissant. Je savais qu'un jour il serait condamné au saloir. Mais quand même, le voir là, suspendu, saigné, gisant... Enfin ! Inutile de s'apitoyer. Ce cochon est mon avenir, ma chance peut-être.

En trois quarts d'heure, le voilà ébouillanté, lavé, brossé. Ses pieds sont curés, il est rincé à l'eau froide, séché et roulé dans la paille bien sèche et cassante. Le feu est mis à la paille, les soies brûlent comme de petites lucioles. Travail de précision, il ne faut pas cramer la couenne. Reste à l'installer sur l'échelle et surtout à la soulever ensuite, pour l'adosser au mur. Nous avons déjà du mal à le retourner, ça ne va donc pas être facile. Pour commencer, le tueur, avec un couteau plus petit, pratique une entaille dans les pattes arrière afin de dégager les tendons du jarret.

– Passez-moi le « jambier », dit-il.

Nous échangeons des regards interrogatifs. Un jambier ?

– Comment voulez-vous l'accrocher à l'échelle sans jambier ?

Haussant les épaules et grommelant, il court vers sa camionnette pour y prendre une pièce de bois. Puis, triomphant, il nous lance :

– Ah, ces Parisiens ! Heureusement que Bernard pense à tout !

Il enfile le jambier entre le jambon et l'os, écarte les pattes arrière de la bête, et ficelle solidement l'ensemble.

140

– Maintenant, glissons l'échelle sous le dos du cochon !

À cinq, nous nous y attelons. Et aucun de nous n'est de trop. Le mettre sur le dos est facile. La suite devient vite problématique. Une personne pour glisser l'échelle et quatre pour soulever la bête. Seules les pattes arrière nous donnent prise. Après une demi-heure d'effort, nous décidons de changer de technique. Nous soulevons le cochon et glissons l'échelle sous son dos. Comment ne pas y avoir pensé plus tôt, c'est tellement simple !

– Je vous l'avais dit ! Au moins deux cents kilos ! Il ne se trompe pas souvent, le Bernard ! Le plus dur, c'est maintenant. Faut mettre l'échelle contre le mur, avec le bestiau dessus.

Et le miracle s'est produit. Tirant, poussant, ahanant, nous avons réussi dès la première tentative. Nous regardons tous ébahis le gros cochon impavide, la tête en bas, les yeux grands ouverts. J'imagine qu'il y a un peu de réprobation dans ce regard.

– Un café, un coup de gnôle puis on le vide. Faut prendre des forces.

Le « saigneur », très à son aise à présent, s'attaque à l'ouverture avec l'énorme couteau dont les bouchers se servent pour séparer les côtelettes et entreprend d'ouvrir la bête du pubis au sternum. Apparaît alors un beau gras, la chair rose très claire. Avec un couteau plus petit il découpe autour de l'anus, dégage le gros boyau, et retire la vessie, que Léone s'empresse de laver et mettre à sécher.

– Merde. Y a une couille qui n'est pas descendue. Quel est le con qui m'a castré ça !

Il dégage ensuite l'anus, l'intestin et l'estomac. Les femmes, aux ordres de Georgette, récupèrent le tout.

– Vite : nettoyez et grattez les boyaux ! J'en ai besoin pour le boudin. Je m'occupe de la crépine.

Tout le monde est affairé, le charcutier termine le premier travail, sectionne la tête pour récupérer la cervelle et la langue. Lucien, fendu en deux, passera la nuit dehors emballé dans de vieux draps pour rassir la viande et cailler la graisse.

Il est midi. La fête est finie. Après avoir avalé une bonne soupe paysanne, un brie de Melun du couvent voisin, et englouti un bon litre de vin rouge, le « saigneur » prend congé.

– Allez, j'y vais. Il reste du travail. Je reviens demain, comme convenu, pour préparer les viandes. Salut tout le monde ! Je vous l'avais dit que tout se passerait bien !

Le soir même, l'épouse du voisin vient nous rejoindre pour le dîner et nous apporte deux énormes jarres en grès qui ont appartenu à ses grands-parents. Heureusement ! Nous n'avions pas prévu de saloir. Nous avons encore du chemin à faire pour devenir de véritables charcutiers.

Mais, comme de vrais professionnels, nous nous régalons des abats de Lucien sans même une pensée pour lui.

Dure journée, saucissons à sécher dans la grange, andouillettes, rillettes, pâtés, bocaux de confit et de saindoux... Le lendemain, devant ces victuailles faites maison, nous sommes épuisés, mais fiers et heureux. Dans deux mois, les clients pourront se régaler. Léone et moi restons quelques jours de plus pour terminer le travail, avant de regagner La Ciboulette pour installer des bocaux de fruits au sirop destinés à séparer la salle du petit office, et aussi à la surveiller sans être vus. La cave, qu'on ne reconnaît pas tant elle est propre, est prête à recevoir les premières caisses de vin, les bries de Melun trônent sur leur nappe de paille pour la fin de l'affinage. Bref tout irait bien si, revers de la médaille, l'argent ne faisait toujours cruellement défaut.

Quelle solution trouver ? Revoir ma mère, si lointaine ? C'est, me semble-t-il, la seule issue. Comment l'aborder ? Je me décide à l'appeler pour l'inviter à déjeuner. Elle accepte. Nous irons chez La Vieille, la célèbre Adrienne Biasin. Son établissement est à deux pas de La Ciboulette, rue de l'Arbre-Sec, ouvert seulement pour

143

le déjeuner. Elle assure la cuisine et le service avec sa sœur. La Vieille prépare une cuisine généreuse et roborative, une cuisine de « mère » destinée à une clientèle de fidèles, mandataires sur le carreau des Halles, patrons bouchers qui terminent leur journée avec de vieux alcools suivis de champagnes. Le tout les amène vers 17 ou 18 heures, moment de la fermeture.

La veille de mon rendez-vous, je vais retenir deux couverts. La Vieille m'accueille chaleureusement. Encourageante, elle me présente à ses clients, mes futurs voisins, et à des fournisseurs, particulièrement cordiaux. Ici, c'est sûr, on sera bien pour parler. C'est au moins ce que j'espère.

Midi, le jour dit. Ma mère arrive à La Ciboulette, elle m'embrasse sans chaleur et sans s'inquiéter de ma santé ou de mon moral. Sans un mot, elle fait le tour du propriétaire. Pour rompre ce silence pesant, je lui propose un verre de vin blanc.

– Ça commence bien ! C'est pas ouvert et déjà tu bois le fond !

Abasourdi par son comportement mais décidé à jouer mon va-tout, j'insiste.

– J'avais l'intention de l'offrir en signe de bienvenue, mais si tu veux payer, ce sera ma première recette, ça me portera sûrement chance. J'en ai besoin.

– Si c'est cela, je vais payer. Trinquons.

Ses yeux derrière ses lunettes me regardent sans tendresse.

– Qu'est-ce que tu vas servir dans ce truc-là ?

– Les Descat et moi, nous avons tué des poules, des lapins et un cochon. Nous avons fait des confits et des pâtés, Léone se chargera des desserts.

– C'est toi qui feras la cuisine ?

– Non. Nous cherchons un chef, un plongeur et un serveur. Viens déjeuner, je vais te raconter tout cela par le menu.

Nous trinquons à nouveau. Elle semble pensive.

– Combien je te dois ?

– Je n'ai pas encore fixé les prix. Tu me paieras la prochaine fois. Je t'ouvre un compte. Rassure-toi, il n'y a qu'à toi que je ferai crédit.

La Vieille nous accueille fort aimablement. En terrain de connaissance, je salue les clients rencontrés la veille. À peine assis, la valse des terrines s'organise, passant de table en table. Chaque convive peut se servir à volonté. Pendant ce premier service, Adrienne s'enquiert de ce que nous allons manger ensuite, rognons de veau à la crème, potée aux choux, lasagnes maison (elle est d'origine italienne), poisson vapeur sauce hollandaise, viandes grillées au choix... Ma mère se croit obligée de faire la difficile.

– Madame je ne mange jamais d'oignon ni d'échalote ni d'ail cuits ou crus et jamais de salade non plus.

La Vieille est surprise :

– La crème, le beurre, la moutarde ?

– Ah non, surtout pas de moutarde !

Je ne fais pas l'impasse sur les salades de lentilles au lard, de haricots à l'huile de noix, et de concombre bien dégorgé. Ma mère commande ensuite un rognon de veau, et moi une potée aux choux.

Mais, en dépit de la très bonne chère et de l'excellent vin, elle ne pose aucune question sur le restaurant – impasse totale. Son dernier voyage occupe le temps, son émerveillement, ses rencontres. Seul point positif, je sens qu'elle se libère peu à peu de son agressivité à mon égard. Elle me regarde même avec tendresse et bienveillance. Qu'est-ce que cela cache ? Je n'en sais rien. Néanmoins, je reste sur mes gardes, chat échaudé craint l'eau chaude.

Quand, enfin, elle en vient au vif du sujet, nous en sommes au dessert. Je décide de jouer franc-jeu et je lui raconte tout : mon apprentissage chez les Descat, ma rémunération, leur exemplaire générosité, le découvert à la banque. Elle semble surprise par le professionnalisme de l'entreprise, et surtout par ma détermination.

– Comment puis-je t'aider ?

– Si tu as le temps ce serait bien que tu t'occupes des comptes. Tu préparerais la comptabilité, la remise des chèques et des espèces. Tu calligraphierais de ta belle écriture les menus. Il y a aussi les feuilles de paie du personnel – bref, la paperasserie.

– Je ne connais rien à tout cela. Mais si je rencontre ton comptable, je dois pouvoir m'y mettre. Quand penses-tu ouvrir ?

– Idéalement dans quarante-cinq jours. Dans huit jours, les premières livraisons de matériel arrivent.

– Préviens-moi, je ferai les inventaires.

Je n'ose croire à tant de bonne volonté, de disponibilité. Est-ce que cela pourrait cacher quelque chose ? Une arrière-pensée ? Quoi qu'il en soit, je n'ai pas les moyens de douter. Puis, après tout, c'est ma mère.

La dernière goutte de café est avalée. Autour de nous, les tables vont bientôt se vider. Il est temps de demander l'addition, que ma mère tient à payer. Mais quand je fais signe à La Vieille, celle-ci hoche négativement la tête. Elle nous offre le déjeuner.

– Bienvenue dans la famille. Ici, on ne discute pas les décisions de La Vieille. C'est comme ça !

Mieux. La voilà qui propose une tournée générale de digestifs à toutes les tables en lançant à la cantonade :

– Pour accueillir notre voisin !

Chaque table fait de même, nous aussi. L'euphorie gagne la salle. Heureusement il n'y a que six tables dans son rez-de-chaussée. L'étage est destiné au passage, aux inconnus. Nous sortons du restaurant vers 17 heures, un peu gris. Ma mère veut revoir La Ciboulette. Elle m'embrasse tendrement, et chuchote qu'elle croit en moi et qu'elle déposera 5 000 francs à la banque.

Ouf. Inespéré. Je suis sous la protection de saint Honoré.

Reste à trouver le personnel. Et justement là encore le ciel est avec moi. Alors que je suis embourbé sous des livraisons qui déboulent toutes les demi-heures sans me laisser le temps de ranger ou de faire les contrôles indispensables, un homme entre. Propre, bien mis, il me salue et demande à voir le patron pour lui soumettre sa candidature. Il était serveur dans une brasserie voisine mais préfère faire la même chose dans une maison plus petite, plus familiale. Il s'appelle Habib, mais se fait appeler Michel. « Je ne veux pas qu'on m'appelle l'Arabe. Je suis berbère, c'est pas pareil. » Il m'inspire immédiatement confiance et sans aucune hésitation je lui donne la place. Nous tombons d'accord sur le salaire, il me demande une heure pour se libérer de son engagement précaire, et se met au travail tout de suite. Notre collaboration a duré dix ans, sans un conflit, sans un mot, je n'ai jamais rien su de sa vie privée. Il était travailleur, honnête, bon camarade. Souvent je pense à lui, qu'est-il devenu, a-t-il rejoint son pays ?

J'ai un serveur. Maintenant il me faut un cuisinier. Comment dénicher un homme qui acceptera de travailler sur un fourneau à charbon ? Et pour un salaire plus que moyen ? Une fois encore, Henri Gault me tire d'embarras. Très vite, et sur sa recommandation, se présente un garçon qui vient de quitter une bonne maison, avec des références sérieuses, et que le charbon ne rebute pas. Place à la carte, maintenant !

Jean-Pierre et moi nous attelons à sa conception, travail relativement facile : nous avons les volailles, il faut abattre les rescapés de la Saint-Martin – Léone s'en chargera le week-end précédant l'ouverture ; les entrées constituées de terrines ; du foie gras cru, servi seulement avec du gros sel et un très bon poivre du moulin, sans oublier un beau jambon des Landes, fourni par les établissements Dupérier, que Michel découpera sur le comptoir, les confits et le brie de Melun. En tête du menu, calligraphié par ma mère, comme convenu, une gravure qu'avait fait de moi Moarch Eveno, un peintre dont j'ai acheté plusieurs toiles et gravures quand tout allait bien. Sur la quatrième, des vins simples et modestes pour ne pas trop faire monter l'addition.

Nous sommes presque prêts. L'angoisse s'installe au creux de mon estomac, de plus en plus pesante. Je tourne et je vire, je fais les cent pas, de la cuisine à la salle, je descends à la cave, je reprends mes inventaires, cherchant les manques. On a oublié les cornichons, les cerises au vinaigre, encore à la campagne, et quoi d'autre encore ? Le plongeur, recruté par petite annonce, est embauché le samedi avant l'ouverture, fixée à mardi soir. Les dernières livraisons nécessaires pour la cuisine arrivent. Le chef est prêt, la salle aussi. Je pars pour la campagne charger la voiture de tout ce qui sera utile pour l'ouverture, et surtout tenter de me calmer.

La nuit est horrible. Je revisite ma vie dans un brouillard épais qui ne s'éclaircit qu'aux pires moments. Mon fils adolescent me prend par la main, mon ex-femme crie de plaisir sous les assauts de son jeune amant, un profond trou noir s'ouvre devant moi, je suis poursuivi par les créanciers, les banquiers. Je m'éveille dégoulinant de sueur, je vomis, les paupières fermées. Je me rendors. Des inconnus me poursuivent avec des bâtons, des fourches. Je fuis. Les portes se referment devant moi, mon corps me fait mal, ma tête éclate. Je suis enfermé, attaché.

Le petit jour me trouve épuisé.

8

Premier mardi de ce mois de février 1975. Le
jour d'ouverture de La Ciboulette, rue Saint-
Honoré, en face de la Maison d'Andorre. Tout
est prêt, rien ne manque. Un gros bouquet
d'amaryllis rouges accueille les clients sur le
bar, un autre, d'amaryllis roses sur le buffet du
premier étage. Fleurs éclatantes mais sans parfum. Le parfum des fleurs dans un restaurant,
dans une maison ou sur la peau d'une femme,
doit être discret. Rien de pire qu'un parfum de
tubéreuse, puissant, entêtant et inévitablement
dérangeant. Dans un restaurant, il faut que les
fleurs soient fraîches, régulièrement entretenues
par un changement d'eau et resplendissantes,
respectueuses de la saison. Dès l'été, je pren-
drai plaisir à composer des bouquets de zinnias
à la palette de couleurs rugissante. Dans la salle,
les lumières sont douces. Si la femme regarde le

miroir de son poudrier, elle doit immédiatement être rassurée par l'éclairage. Tout est parfaitement rangé, briqué. Dans la chambre froide, installée près du bar, nos volailles sont exposées sans afféteries ni décoration particulières. Elles doivent seulement donner envie au client.

Je sens ma petite équipe fébrile. Le chef est à ses fourneaux, le plongeur à sa place, le serveur dans la salle vide. Le téléphone est muet, mais, au fait, qui pourrait appeler ? Personne n'est au courant. Qu'aurais-je dû faire ? Prévenir ? Mais qui ? J'ai perdu la plupart de mes relations ! Bien sûr j'aurais pu faire du porte-à-porte, comme un candidat à une élection. Je m'en suis abstenu. Dois-je le regretter ? De toute façon, c'est trop tard.

J'en suis là de mes réflexions quand, hourra ! la sonnerie du téléphone retentit. Je décroche ;

– La Ciboulette bonjour !

– Êtes-vous ouvert pour le souper ?

– Oui.

– Nous serons huit ! 23 heures, merci, à tout à l'heure.

La communication est coupée avant que je puisse, comme Jean-Pierre Descat me l'a impérativement conseillé, demander le nom des convives. Je n'ai pas été assez rapide. On ne m'y reprendra plus.

Dans l'après-midi, Philippe Couderc pousse la porte. Philippe Couderc ! Le redoutable critique gastronomique de *Minute* – passé depuis au *Nouvel Observateur* et à *Challenges*... Je le connais un peu pour avoir déjeuné ou dîné avec lui et nos amis Gault. Il ne le montre pas, il est même assez distant, demande la carte, réserve pour le lendemain soir, pour deux, et sort sans un mot d'encouragement, sans un regard. Quelle pression ! À cette époque, la critique gastronomique est souveraine ; elle a le pouvoir de vie ou de mort sur un restaurant... La Reynière, pour *Le Monde*, Claude Lebey, pour *L'Express*, Henri Gault et Christian Millau, pour *Paris-Presse-L'Intransigeant* et Europe 1, Philippe Couderc et dans une moindre mesure Christian Guy et l'Oncle Henry, délicieux personnage toujours accompagné d'une créature sculpturale, malgré son physique particulièrement ingrat, font la fortune ou la ruine de tables bien plus aguerries que la mienne. L'usage veut qu'on ne leur présente pas l'addition, même s'ils la demandent. Seuls Henri Gault et Claude Lebey insistent pour la payer. J'ai toujours considéré ces privautés douteuses, mais comment échapper à ces règles, admises par tous les restaurateurs – surtout quand votre chiffre d'affaires en dépend ?

Le téléphone sonne pour la seconde fois et me tire de mes réflexions. Ma mère, au bout du fil, m'annonce qu'elle dînera le soir même, avec trois invités. Et décidément les choses bougent puisque Claude Lebey – qu'à cette époque, je ne connaissais pas – pousse ma porte. Le critique de *L'Express* m'annonce qu'il vient visiter les lieux et consulter la carte, menus et vins. La démarche me paraît étrange. Je sais par ouï-dire que les inspecteurs du Michelin, après avoir pris leur repas, demandent à visiter, et à emporter les cartes. Pourquoi diable visiter avant ?

Quoi qu'il en soit, apparemment satisfait de son exploration, il retient quatre couverts pour le surlendemain. Que se passe-t-il ? Comment ces deux critiques ont-ils été avertis que le restaurant ouvrait ? Sans doute le tam-tam casserole ? Les chefs ont l'habitude de se téléphoner entre eux pour échanger les potins du métier. Pourtant, je ne connais aucun d'entre eux. Les fournisseurs, alors ? Les Descat ? Henri Gault ? Je suis à la fois perplexe et heureux. Est-ce que la chance me revient, enfin, après toutes ces années de galère ? Il semble que non. À 20 heures, pas d'autres réservations. Nous nous regardons tous, inquiets.

20 h 30. Toujours personne. Un couple s'arrête, regarde la carte affichée à l'extérieur. L'homme et la femme échangent quelques mots. Vont-ils se décider à entrer ? Ou, au contraire, vont-ils passer leur chemin ? Miracle. Ils poussent la porte. Deux clients, les premiers, nous les appellerons les Bienvenus. Je ne le sais pas encore, mais ils deviendront des habitués.

– Vous êtes les premiers clients, nous ouvrons ce soir, permettez-moi de vous offrir une coupe !

Les Bienvenus, rieurs, nous félicitent, et nous souhaitent bonne chance. Ma mère, quant à elle, se montre délicieuse, et offre le champagne à tout le personnel. Vers 23 heures, les Descat arrivent en famille pour souper, après leur propre service. Quels amis fidèles ! J'ai cru un instant que c'étaient eux qui avaient réservé par téléphone sans donner leur nom, mais ils m'affirment le contraire. Qui cela peut-il bien être ? Des farceurs, sans doute ! Mes amis exigent en tout cas de dîner au rez-de-chaussée, pour montrer aux passants que La Ciboulette est bien ouverte. Et vingt minutes après leur arrivée, la porte s'ouvre. Et je n'en crois pas mes yeux. Devant moi, il y a Jean Poiret, suivi d'une partie de la troupe de *La Cage aux folles* – ce cher Jean Poiret auquel je prêtais ma maison de Genevroy, du dimanche soir après la matinée jusqu'au mardi midi, moment où il rejoignait le théâtre du Palais-Royal ! Il venait en compagnie de Caroline Cellier. Léone, qu'ils récompensaient toujours généreusement, les accueillait et leur concoctait leurs plats favoris. Et voilà que Jean est là, chez moi, dès le premier soir, pour manifester sa fidélité ! Il retrouve les Descat, qui le connaissent pour l'avoir comme client. Et tout le monde s'embrasse... Voilà ce que j'espérais. Une ambiance chaleureuse, des retrouvailles fraternelles, le plaisir de se revoir, de la bonne chère et des vins qui font agréablement tourner la tête... La première soirée, tout en discussion et en rires, se termine tard. Tout le monde est satisfait. Pour un premier jour, la recette est inespérée. À leur poste, le chef et Michel le serveur ont assuré brillamment. Le pessimisme n'est pas d'actualité...

Le lendemain, pour le déjeuner, quatre inconnus s'attablent, ainsi que le boucher, notre fournisseur, accompagné de trois amis. Dans le premier groupe, Alain Ossard, un des associés du groupe de publicité Feldman, Calleux et Associés, qui vient de s'installer dans le quartier du Louvre. Tous veulent rester en bas – sans doute l'attrait du bar, en cuivre, marbre et zinc, vraiment superbe.

J'en ai côtoyé beaucoup des bars, j'ai même eu du plaisir avec certains d'entre eux, ou des rapports fréquents, toujours amicaux, familiers voire affectueux. Mais mon bar, c'est différent, passionnel, je l'avoue. J'éprouve une joie intense à le faire reluire, je le frotte régulièrement à mains nues, sans gants en caoutchouc, sans chiffon, à dire vrai je ne le frotte pas, je le caresse. Il est probablement sensible à mes papouilles puisqu'il vibre, brille, étincelle même, ronronnant de plaisir, à ce qu'il me semble. Rapport étrange, je suis fier de lui, et pourtant jaloux de certains clients qui le trouvent beau. Et j'ai refusé de le vendre à un client à la fois richissime et américain, bien qu'il m'en ait offert de quoi régler toutes mes dettes, et peut-être même conserver ma maison de Genevroy. Quand on a un beau zinc, et qu'on est bien avec lui, on le garde le plus longtemps possible.

Mercredi. Jeudi. Vendredi. La semaine se déroule calmement, sans rush, mais avec un flux régulier de clients, midi et soir. Claude Lebey a apparemment été séduit par son dîner, bien qu'il ne m'ait gratifié d'aucune amabilité particulière. La chance a voulu que, le soir où il est venu, accompagné d'un couple d'amis et de sa femme, l'exquise et talentueuse Martine Jolly – ses livres de cuisine sont exemplaires et me servent encore de référence –, Michel Serrault arrive, aux côtés d'un producteur de cinéma et de Jean Curtelin, scénariste talentueux, quoique velléitaire et un rien paresseux. Sans se connaître, ils se sont salués. Pourquoi cette maison encourage-t-elle à la convivialité ? Il s'y passe déjà des choses indéfinissables – et tel sera le cas jusqu'à la fin. Mais tout de même. J'attends avec angoisse la critique de Claude Lebey. Avec lui tout est à craindre, il peut se montrer assassin...

Pour me reposer après cette semaine pleine d'espérance, je pars à la campagne. J'ai besoin d'air, de nature, je veux donner du pain aux volailles, cueillir les petits pissenlits croquants, juste sortis de terre, qui seront servis avec un œuf mollet et des lardons bien croustillants. Je dois aussi ramasser la mâche du potager sur laquelle est passée une gelée bienfaitrice. Mon grand-père Victor affirmait que la mâche, la petite doucette, la coquille de Louviers ou la verte de Cambrai et seulement celles-là devaient être ramassées après les premières gelées. Servie avec quelques filaments de céleri-rave et une pointe d'échalote grise mes clients s'en régaleront sûrement. En compagnie de Léone, je tue quelques lapins et des poulets, épargnant les poules pondeuses dont les œufs nous sont précieux pour les desserts. Ils ont trouvé leurs amateurs, j'ai pu le constater ! Je vais au couvent m'approvisionner en brie, et la sœur tourière me propose des œufs que nous nous empressons de faire en gelée – autant de soulagement pour le chef. Nous préparons également une belle meurette avec lardons et grelots. Il n'aura plus qu'à faire pocher les œufs dans la meurette. Les clients découvriront ces nouveautés, que je leur présenterai sans les inscrire sur la carte, pour établir le contact. Ce sera d'autant plus facile que je rebaptise les œufs en meurette « couilles d'âne » comme on les appelle en Bourgogne, ce qui devrait attiser leur curiosité… Le dimanche après-midi, je charge le coffre de ma voiture, et j'ajoute les choux, les carottes mises dans le sable pour les conserver après la récolte et des navets boule d'or, avec l'idée de faire préparer un petit salé – brave Lucien !

La semaine qui vient me voit partagé entre angoisse et espérance. Je guette le client et les articles qui, je l'espère, les feront venir. Je songe aussi à trouver un logement près de mon nouveau lieu de travail. Je ne peux pas continuer à encombrer les Descat, qui ont déjà fait tellement pour moi – pourrai-je un jour leur rendre tant de générosité, tant de désintéressement ? Quoi qu'il en soit, notre amitié perdure mais notre vie commune doit cesser... Les trois premiers jours sont très agréables. Jean Curtelin revient, avec Jean Carmet et Joël Santoni – ils préparent un film, *Les Œufs brouillés,* qui sera tourné l'année suivante et en parlent parfois en dégustant les plats. Carmet apprécie mes vins de Loire. Au fil des jours, un étrange contact s'établit entre nous, une étincelle, une connivence quasi immédiate, bref un coup de foudre. Inattendu, mais ô combien plaisant ! Le jeudi, le téléphone sonne toute la journée, et pour cause. Dans *Minute,* Philippe Couderc a signé un article très élogieux, titré « La Ciboulette connaît la musique ». Nous sommes complets, pour la première fois. Je devrais être heureux. J'angoisse, encore une fois. Serons-nous à la hauteur ? Michel, l'unique serveur, n'y suffira pas. Ma mère est donc requise pour préparer les additions. Pleine de bonne volonté, elle lave et essuie les verres derrière le comptoir. Le déjeuner se déroule sans à-coups, à l'époque on était moins pressé de quitter la table. Mais au dîner, les clients arrivent presque tous au même moment. Je jongle pour maîtriser leur impatience en les retenant au bar, je leur offre un verre, je leur fais passer la carte pendant qu'ils le dégustent. Ainsi, un peu d'oxygène revient en cuisine. Le souper, quant à lui, est calme, Jean Poiret avec Caroline Cellier, les Descat mère et fils, quelques inconnus et Jean Carmet, seul. Il veut manger au comptoir, bavarder avec les clients attardés. Ceux-ci sont bluffés. Il faut avouer que Jean Poiret et Jean Carmet le même soir, dans le même restaurant, ça n'est pas commun… Carmet mange son fromage de tête arrosé de Château Parcé, un vin que nous connaissons pour l'avoir dégusté chez les amis Augereau, merveilleux restaurant tenu par la famille aux Rosiers-sur-Loire. Il passe ensuite au Bourgueil, pour arroser une part de brie de Melun. Et comme la salle se vide, et que nous restons seuls, il me demande, tout à trac, l'adresse de Lucien.

– Lucien qui ?

– Le charcutier qui fabrique ton fromage de tête !

– Ce n'est pas un charcutier, c'est mon cochon…

Eh oui Lucien, mon bon cochon, est passé à la postérité, non seulement dans les assiettes des clients, mais aussi sur la carte, et son prénom joliment calligraphié attire l'œil. Il a du mal à me croire, imagine même que je me moque de lui.

– C'est bien la première fois que je mange un cochon dont je connais le prénom. Alors son nom de famille c'est Coffe ? C'est pas ton fils par hasard ?!

Nous rions en partageant un verre.

Un mois seulement s'est écoulé. Et je n'en reviens pas. Après un élogieux papier de Claude Lebey dans *L'Express*, le restaurant est complet tous les jours, midi et soir. Je déborde de bonheur. Enfin presque. Il me manque seulement un peu d'amour, un corps à caresser, à prendre ; même si j'affecte de ne pas y penser, le besoin d'une relation physique se fait pressant. Le moment n'est pas venu. Mon emploi du temps laisse peu de place aux rencontres. Puis je n'ai pas d'appartement – ainsi, les problèmes de galipettes se trouvent résolus. L'hôtel pour une heure ou deux ou pour une nuit n'a pas le même charme. Dans un palace pourquoi pas, mais dans un hôtel de passe, pas question. Quant à l'appartement de la partenaire c'est non. Un non catégorique que je ne m'explique pas. J'ai toujours préféré être chez moi que chez les autres.

Est-ce mon abstinence ? Très rapidement je loue une chambre avec salle de bains, dans la même rue et à quelques numéros de La Ciboulette. Petit loyer, lieu sympathique, sixième étage sur cour, sans ascenseur. Après avoir connu cinq grandes pièces rue de Verneuil, c'est rude, mais le temps n'est ni aux regrets ni à la nostalgie. Je recommence à zéro, que dis-je à zéro moins un, et encore plus que moins. Espoir et travail sont mes seuls objectifs.

Sitôt le bail signé, je loue un camion pour transporter un lit et le strict minimum afin de rendre mon nouveau chez-moi habitable. Est-ce que je vais enfin pouvoir me livrer à quelques ébats amoureux ? Peut-être pas. Léone suggère en effet que nous pourrions y dormir tous les deux.

– Rassurez-vous, le tapis me conviendra très bien, je me coucherai tôt pour être au restaurant de bonne heure, faire mes desserts et la mise en place.

Comment refuser ? Nous trouvons un accord. Nous dormirons dans le lit une nuit chacun, à tour de rôle. Comme elle rentre à Genevroy pour les week-ends, je pourrai profiter du lit trois nuits. Je n'ai plus qu'à quitter ma chambre chez les Descat. C'est chez eux que se déroule notre dîner d'adieu, plein de tristesse mélangée à beaucoup de joie. Je leur dois tant...

Début septembre 1978. Huit mois ! Huit mois déjà, sans vacances. Je suis épuisé, la maison tourne à plein rendement. Mieux encore. Dans une ambiance incroyablement chaleureuse, le rez-de-chaussée est devenu le rendez-vous du cinéma et du théâtre. On y croise Georges Beaume, le célèbre agent de Simone Signoret, Roman Polanski, Paul Meurisse, Annie Girardot, Joseph Losey, devenu un habitué et souvent accompagné d'un de ses clients. Daniel Toscan du Plantier est présent tous les soirs avec les interprètes ou les metteurs en scène des films qu'il produit pour la Gaumont. Et moi, je vais et je viens au milieu de tous ces gens que j'ai eu envie de rencontrer, quand je rêvais encore de gloire théâtrale ou cinématographique ! J'ai du mal, à la vérité, à croire que je ne vis pas un rêve. Et quand mon restaurant ferme ses portes, je n'ai le plus souvent aucune envie de regagner ma chambre pour aller me coucher, tant je suis euphorique... Le vendredi soir, après nos services respectifs, Jean-Pierre Descat vient me chercher pour aller faire la fête. Nous traînons avec son ami dans les boîtes de garçons ou de filles où ils ont leurs entrées. Mais, malgré son insistance, je n'ai aucune envie d'« essayer » les garçons, qui ne m'attirent toujours pas.

– Allez ! Au moins une fois ! Pour voir !

Il me présente, l'un après l'autre, de jeunes éphèbes que je regarde à peine. En revanche, quelque chose m'intrigue quand nous entrons dans les établissements réservés aux filles. L'entrée est sévèrement filtrée par une ou deux cerbères costaudes comme des catcheurs. Très peu d'hommes y pénètrent, refoulés sans ménagement à quelques exceptions. Ces dames sont généralement en couple et d'une jalousie de tigresse. Leur apparence est souvent caricaturale. Les unes singent les hommes, costumes-cravates. Les autres provocantes et décolletées. Je prends garde à rester à distance car elles n'hésitent pas à se montrer violentes. J'ai le souvenir d'un homme fuyant, en sang, avant l'arrivée d'un car de police dont les occupants se font offrir un verre au bar, sans s'inquiéter de ce qui s'est passé, avant de repartir pour la tournée des autres boîtes. Une habitude chez eux, semble-t-il.

Et puis un soir, ou plutôt une fin de nuit, j'ai cédé. Il est jeune, vingt, vingt-cinq ans. Il a insisté. Nous avons beaucoup bu l'un et l'autre. Je lui ai avoué que ce serait la première fois et qu'il serait déçu. Il a eu du mal à me croire. Il a été convaincant en me donnant quelques détails sur ce qu'il me promettait. Après tout, j'ai plus de trente ans. Si je ne tente pas l'expérience un jour, je ne saurai jamais. Étrange de se retrouver au lit avec un autre homme pour faire l'amour. Ce n'est pas exactement ce que nous avons fait. Nous avons plutôt baisé. Son expérience était bien utile, j'étais maladroit, gêné, mais je dois avouer que lorsqu'il est venu sur moi et que mon sexe l'a pénétré, j'ai joui sans remords. Nous avons recommencé au réveil. C'était toujours bien, même si je ressentais un manque.

Manque de quoi, au fait ? D'une femme ! Oui, d'un corps de femme avec des seins à caresser et à lécher, d'un sexe de femme à manger, dévorer. Le cunnilingus est une gourmandise dont je peux abuser, alors que la fellation non seulement ne me tente pas, mais me semble indigeste.

Et justement. Quelques jours avant de partir, une cliente, Babette de Wée, talentueuse sculpteuse belge, riche héritière, alcoolique et paresseuse dont l'œuvre est rare – dommage, quel talent –, m'invite à dîner chez elle. Je me retrouve seul homme au milieu d'un aréopage de femmes adeptes de Lesbos. Chacune d'entre elles a passé l'âge de me séduire, sauf Bénédicte, jeune femme brune, mince, ravissante. Elle est visiblement dans une *love affair* avec l'une des invitées. Mais comme je sens un courant de sympathie passer entre nous, je lui chuchote discrètement en espérant ne pas être entendu de sa partenaire :

– Que diriez-vous si je vous proposais un pacte ? Nous ne nous connaissons pas, mais vous me plaisez. Huit jours ensemble à Séville, juste pour le plaisir. Au retour, on se sépare.

– Effectivement, la proposition est inattendue. Quand partez-vous ?

– Mercredi prochain.

– J'ai un métier, je suis photographe, impossible mercredi, jeudi plutôt ? Je ne suis pas seule, vous avez pu le constater. Je dois m'arranger, avant de vous rejoindre.

– Donnez-moi votre adresse, je vous fais porter votre billet d'avion pour jeudi.

– Chiche !

– Banco !

Elle est venue. Nous avons passé huit jours heureux, et passionnés.

Main dans la main comme si nous étions amoureux. Dans la journée, nous visitions la ville et la région, elle prenait des photos. Le soir venu, nos corps se rapprochaient et nous profitions ardemment l'un de l'autre. Je n'ai pas regretté d'avoir oublié dans ses bras ma première expérience homo.

Et quand, à notre retour, elle a suggéré de prolonger nos amours d'une semaine, j'ai accepté volontiers. Nous avons passé les fêtes de fin d'année ensemble chez Henri Gault. Huit jours de bonheur supplémentaire.

Est-ce que, de mon côté, je lui ai redonné le goût de l'homme ? Elle m'a avoué, en tout cas, que j'étais sa seconde expérience. De retour nous avons tout naturellement poursuivi notre relation même si nos emplois du temps respectifs ont fini par nous séparer.

Depuis, nous sommes restés très amis, et nous avons toujours beaucoup de plaisir à nous revoir même si nous avons eu l'un et l'autre, après notre rencontre et notre lune de miel, une vie bien différente.

9

Légère, l'équipe de La Ciboulette est en forme, reposée. Nous allons attaquer cette deuxième année détendus, encore plus attentifs à nos clients. La bonne humeur règne en maître.

Lucien a été englouti par des clients gourmands mais son nom reste sur la carte. Il est remplacé par des confrères de bonne naissance. Notre production de volailles est épuisée depuis longtemps. J'ai gardé des poules pondeuses et des reproducteurs pour assurer la succession, et régaler les amis Poiret qui profitent de Genevroy pour se reposer, avant la mise en vente de ma maison. Autant que les quelques week-ends qui nous restent là-bas soient gourmands...

Mais le travail avant tout. Étoffer la carte des vins de La Ciboulette et permettre aux clients de découvrir des appellations inconnues est mon principal objectif.

En cela Jean Carmet est un précieux complice. Nous partons souvent, lui et moi, en virée goûter des vins. Vers 8 heures, heureux d'allier nécessité et plaisir, je suis devant sa porte. Objectif : les Rosiers-sur-Loire, chez son ami Augereau. Dans la voiture, il s'endort très rapidement. Mais, instinctivement, dès que nous approchons des bords de Loire – son fleuve –, il fait entendre un petit claquement de langue qui s'intensifie jusqu'à Saumur. Sans avoir encore ouvert les yeux, il reprend vie.

À l'arrivée, il y a du Parcé au frais, un Saumur blanc que nous connaissons bien, issu de quelques hectares de belles vignes clos de murs. Jean attrape une bouteille, la débouche lui-même en faisant sonner le bouchon. Le voilà en condition pour son premier verre – notre premier verre. Nous ne laissons aucune chance à la bouteille, car le maître de maison apparaît avec un pot de rillettes et de belles tranches de pain, dorées, croustillantes, quel régal ! Tout en attaquant la bouteille jumelle de la précédente, nous devons, toute dégustation cessante, nous rendre à la cuisine et décider du menu. Petite friture de Loire, pêchée à l'aube par un homme de l'art, sandre ou saumon toujours de Loire, beurre blanc. Augereau en est le maître – il a un grand potager dans lequel il cultive l'échalote grise, la seule qui, d'après lui, permette de le transformer en un délice d'anthologie. Un rognon de veau à la tourangelle, fromages, framboises du jardin. Nous optons pour le tout bien sûr ! Notre objectif n'est pas de commencer un régime minceur. Après ce festin, foin de la sieste, nous attaquons la tournée des vignerons. Carmet est malin, il sait leur parler :

– Quand on fait un si bon vin rouge, on a forcément un ami qui a du bon blanc. Pourriez-vous nous donner son adresse ?

Nous sommes rarement déçus.

Nous nous rendons également dans les petits villages, à la recherche de vieilles épiceries. Jean demande invariablement si, par hasard, quelques bouteilles de vieux vins sucrés ne traîneraient pas çà et là. Nous récupérons ainsi des bouteilles de liquoreux, mais aussi quelques flacons de Vouvray. Une épicière trop âgée pour ses escaliers pentus nous laisse même descendre seuls dans sa cave, où nous découvrons quelques Yquem oubliés, que nous achetons à vil prix.

J'ouvre ici une parenthèse (on me pardonnera si j'oublie de la fermer). Déjà, en 1975, on assistait à une inflation d'adjectifs, d'adverbes, quelquefois d'expressions pour qualifier un vin. Ils sont, à mon sens, très inappropriés.

Je reste convaincu que ce nouveau jargon nuit en effet à la bonne compréhension du vin au moment de sa découverte. Un client m'a demandé un jour sans même avoir consulté ma carte des vins : « Je voudrais quelque chose de bon, un truc qui ait du genou. » Pourquoi pas un machin avec du pied ? Je lui ai demandé de me décrire ce qu'il entendait par « un truc qui a du genou ». Sa réponse a été pour le moins confuse. Je lui ai fait goûter un vin rouge de Savoie à base de Mondeuse noire et Gamay, léger, franc, sincère. Ça n'avait peut-être pas de genou mais il s'est régalé quand même. Que j'ai pu en entendre de ces expressions sottes et prétentieuses. Un vin qui a de la jupe, du volant, une belle cuisse ! Toutes les cuisses ne sont ni belles ni agréables. Certaines sont vergeturées, granuleuses. Il suffit de quelques qualificatifs correspondant à ceux d'une femme ou d'un homme pour définir un vin. On utilise encore si on le désire des arômes naturels, je dis bien arômes naturels, car ceux employés pour améliorer le Beaujolais nouveau il y a quelque temps ne l'étaient pas vraiment !!

Qu'importent les adjectifs et adverbes. Un vin doit d'abord procurer du plaisir, grâce à ses arômes, perçus par olfaction ou rétro-olfaction. Il y a les arômes primaires liés au raisin, puis secondaires, inhérents à sa jeunesse. Les arômes tertiaires, eux, sont en rapport avec des réactions chimiques, conséquence du vieillissement. En respirant ou en goûtant un vin, on peut éprouver une multitude de sensations : il peut être capiteux ou causant, corsé, dense, direct ou droit, élégant, exubérant, fleuri, fruité, loyal, musclé, noble, pur, racé, rond, somptueux, vif, voire même viril parfois. S'il est bouchonné – ce qui n'est souvent qu'un malheureux accident – certains buveurs se mettent en colère. Ils attendaient beaucoup d'un vin vieux, précieux, rare. Leur exaspération est certes de mise. Mais pensons un peu au vin qui a passé des années avec un bouchon mal embouché... Était-ce agréable pour lui ? Le buveur est ingrat, il ne pense qu'à lui, pas au vin. De grâce, ne mettons pas trop de littérature emphatique autour des dégustations, laissons cela aux professionnels. Restons simples, nous les buveurs, le vin doit être synonyme de plaisir, d'amitié, de retrouvailles, de fête, de rêves, de dépaysement, d'amour. On oublie souvent qu'un verre de vin liquoreux partagé au lit et répandu sur les seins de sa compagne peut devenir un très efficace partenaire.

Je referme la parenthèse, finalement je n'ai pas oublié !

Retour à La Ciboulette. Raymond Oliver habite rue de Rivoli à deux pas. Quand il pousse la porte accompagné de son épouse, la divine Marie, c'est un choc. Je suis troublé. Quand Oliver pousse la porte d'un restaurant – c'est le propre des vraies personnalités –, la salle se tait et regarde, le restaurateur et le personnel tremblent. Et pourtant ! Raymond Oliver est l'homme le plus charmant et le plus indulgent que l'on puisse trouver parmi les grands cuisiniers. Il deviendra un ami précieux et solide, me prodiguant ses conseils et Dieu sait s'il sait en donner, lui, le grand entre les grands. Il n'empêche que je n'en mène pas large quand, pour la première fois, il fait un tour de salle avant de s'installer à sa table. Je prends sa commande, très simple. J'annonce son bon en cuisine en précisant que c'est pour Raymond Oliver. Un quart d'heure, une demi-heure se passent. Rien ne sort plus de la cuisine, coupée semble-t-il du monde. Je m'inquiète, et le chef me répond :

– Vous ne vous rendez pas compte, la table de Raymond Oliver, ils sont douze !

Il a lu douze au lieu de deux... Mais il a des excuses. Oliver est un tel seigneur, il a une telle notoriété et une telle compétence, il bénéficie auprès de ses jeunes confrères d'une telle aura que, même par bon interposé, il fiche la trouille. L'incident, vite réglé, est pour moi une très grande leçon. Plus jamais la cuisine ne saura à qui sont destinés les plats, tous les clients, critiques gastronomiques, stars, médecins ou concierges, auront droit au même traitement. Ils paient tous le même prix. Pourquoi, alors, faire des faveurs ? S'il m'arrive quelquefois de mettre un nom sur un bon, c'est toujours celui d'un habitué qui a des goûts affirmés et très particuliers. Ainsi Miou-Miou aime-t-elle les salades très vinaigrées et très poivrées, quand Michèle Morgan déteste en bloc les fines herbes.

172

Ces manies satisfaites, tout le monde, c'est préférable, est logé à la même enseigne, c'est-à-dire la bonne. Telle est la première des règles. La seconde, c'est que chacun, sans exception, règle son addition. Même avec les critiques gastronomiques, on devrait se limiter à leur offrir un verre. Jamais un repas.

La réussite est là. Mais encore pleine d'incertitudes. Il me faut prendre garde à ne pas confondre recettes et bénéfices, et surtout à ne pas devenir un personnage à la mode, paradant dans les boîtes de nuit, ou aux premières de théâtre et de music-hall, en délaissant l'essentiel : mon restaurant. Je dois, au contraire, continuer à faire le bonheur de mes clients. Un client, c'est merveilleux. Il vient chez vous, rien ne l'y force, il entre confiant, prêt à tout. C'est un spectateur qui va au théâtre, et qui sait ce qu'il va y voir. Au restaurant aussi. Il a lu les critiques. Il ne faut pas le décevoir.

Avant l'arrivée du premier spectateur, du premier client, j'arpente ma salle, je visite mes cuisines, je prends connaissance des plats du jour élaborés dans la journée avec mon chef, je vérifie tout : l'ordonnance des tables, des bouquets, la propreté des ongles des serveurs. J'essaie, comme un chef de troupe, d'insuffler à tous mes partenaires : gens de cuisine – mes machinistes à moi, et quels merveilleux machinistes ! – ou gens de salle – mes faire-valoir –, la joie de vivre et le bonheur. Tout est prêt, l'amour est en nous. Le client peut entrer. On va pouvoir, devoir lui en donner.

La porte s'ouvre comme le rideau de scène. Le client découvre le décor d'un coup d'œil. Les fleurs fraîches, ces grands beaux bouquets qui l'honorent, le petit bouquet sur sa table comme les fleurs du jardin dans la chambre d'amis. Sa table est joliment dressée, le couvert, même modeste, est propre, étincelle. On lui présente le programme. C'est la carte.

Je laisse d'abord mes clients-spectateurs respirer la salle, lire le programme, prendre connaissance des arguments de la pièce qu'ils vont maintenant nous aider à jouer.

Je m'installe près d'eux, je lis le prologue – les plats qui ne figurent pas sur le menu, que nous inventons chaque jour pour les surprendre et les régaler. C'est vraiment le grand jeu. Il faut gagner le premier acte, les mettre en condition, bien prendre leur commande, afin qu'ils ne soient pas déçus par les mets que nous leur servirons.

Bien sûr, je ne joue pas de la même manière à toutes les tables : chaque spectateur qu'il soit gourmet, gourmand, envieux ou mal élevé – il y en a aussi – est unique. À chaque client, c'est de la *commedia dell'arte*. Le canevas est toujours le même. Le texte diffère.

Les commandes prises, les vins choisis, le bon part en cuisine. La vedette américaine du spectacle, celle qui est toujours cachée, obscure, mais indispensable, celle qui participera pleinement à la réussite du spectacle – le chef – commence à battre la mesure et à faire évoluer dans un superbe ballet les cuisiniers qui sont sous ses ordres. Du second au plus humble des commis, chacun est à son poste. En route pour la grande fête de la gastronomie !

Si la salle est une scène, les coulisses sont la cuisine. Le client est le spectateur. Reste le corps de la pièce lui-même : les plats.

Ce sont eux qui fabriquent la joie du client. Quand il a goûté au premier, il faut le laisser terminer tranquillement son assiette, ne pas l'enlever avant qu'elle soit bien vide, preuve à la fois de sa satisfaction et de la qualité du conseil qu'on lui a prodigué. À ce moment-là, il ne reste qu'à apparaître de nouveau, venir saluer, recevoir un compliment, dire quelques mots en attendant le second plat.

Parfois, les jours de grâce, quand un client vous dit toute sa satisfaction, quand il vous raconte à sa manière, avec ses propres mots, ce qu'il vient de déguster... vous avez là l'accord parfait.

Son plaisir a été complet. Nous avons accompli notre tâche, les gars de la cuisine ont bien donné la réplique en coulisses. Ce moment est vraiment inexplicable, grandiose. J'aime le client à ce moment-là, profondément.

On l'aura compris, je suis en train de devenir un restaurateur, un vrai – bien loin, il faut au moins l'espérer, du novice qui engrangeait avec avidité les conseils des Descat. Mais le hasard – on dit qu'il fait bien les choses, pas sûr que ce soit toujours vrai – veut que je croise Philippe Couderc, le critique gastronomique qui avait signé le premier bon papier dans *Minute*. À cette époque, il collabore à la célébrissime émission de Jacques Martin : « Le Petit Rapporteur ». Est-ce ma faconde ? Mon goût du rire et de la bonne humeur ? Mon physique bien loin pourtant de ce qu'il est aujourd'hui ? Toujours est-il qu'il me propose d'y participer. Faire de la télé, et au « Petit Rapporteur » en plus ? L'idée me paraît d'autant plus saugrenue que j'ai entendu parler de plusieurs émissions dans lesquelles les restaurateurs se sont fourvoyés. Puis « Le Petit Rapporteur » est enregistré, un montage habile me fera passer pour un imbécile. Mais comment refuser sans froisser Couderc ? Du bout des lèvres, je laisse échapper un « oui » peu motivé, et j'ajoute que je ne donnerai mon accord définitif qu'après avoir eu connaissance du sujet. Je recule pour mieux sauter. Il a une idée et quelle idée ! Il veut me filmer en train de marcher dans la rue, tâtant la qualité des pneus des voitures et leur distribuant des étoiles, des fourchettes comme dans le guide Michelin, ou en leur accrochant des marmites comme dans le Kléber. Cette manière déguisée de se foutre des guides m'aurait paru très amusante si je l'avais vue à l'écran, jouée par un critique indépendant. Mais qu'un restaurateur s'y colle, voilà qui est, au moins selon moi, le comble de la maladresse et du mauvais goût. Hélas. Couderc insiste. Et je finis par capituler. À condition de changer le sujet.

– Trouve-m'en un, alors !

– D'accord, tu l'auras le jour du tournage.

Quelle torture je viens de m'infliger ! Il me reste huit jours pour dénicher une idée suffisamment originale pour que Martin ne se moque pas de moi. Arrive l'équipe. Je sèche toujours – et ma tête est d'autant plus vide que, la veille, j'ai beaucoup bu dans l'espoir de la trouver, cette foutue idée. J'ai passé une nuit difficile, remplie de cauchemars : je me voyais poursuivi par les inspecteurs du Michelin, enfermé à Clermont-Ferrand, transformé en caoutchouc, obligé de devenir un pneu pour le restant de mes jours – un gros pneu de tracteur roulant par tous les temps sur des routes caillouteuses. Puni, je serais puni. Et de me réveiller en sueur...

– Alors qu'est-ce qu'on fait ? me dit Philippe Couderc.

– Rien.

Puis, en désespoir de cause :

– Installe tes caméras dans le bistrot, on va boire, manger, déconner.

De 10 heures à 15 heures, ils tournent. Le Chablis coule à flots. L'un des successeurs du brave Lucien est de la fête. Nous parlons de tout : des clients mal élevés, de leurs manies, de leur langage… Je ne me souviens même plus de ce qu'on a vraiment dit. Mais ce dont je me rappelle, c'est que j'en ai fait des tonnes. Là je peux le dire, l'avouer. J'étais chargé.

Le dimanche suivant, en attendant l'émission, le trac me reprend. À quelle sauce est-ce que je vais être assaisonné par cet excellent cuisinier qu'est par ailleurs Jacques Martin ? Qu'est-ce que va bien pouvoir me rapporter « Le Petit Rapporteur » ? Des huées ? Des sifflets ? Une salle vide ? Eh bien pas du tout. Couderc et Martin, merci à eux, sont formidables de gentillesse. Grand seigneur, Martin me compare à Brasseur, à Michel Simon. Le nom de La Ciboulette apparaît en gros sur l'écran, l'adresse est donnée en direct à l'antenne. Dès le lundi, le téléphone sonne à tout-va. On est complets huit jours à l'avance. Les gens viennent dans la journée, demandent des autographes. Dans la rue on m'interpelle. Un vrai succès ? Je le crois, l'espace de quelques jours, je déchante vite. Ce n'est pas ma clientèle qui vient, ou du moins pas celle que j'espère. Les clients me demandent de refaire mon show, comme si je passais dans un cabaret.

Ils veulent des chansons. Où est l'amour, la joie dans tout cela ? Il faut très vite mettre le hola et c'est à partir de ce moment que ma réputation de videur, d'emmerdeur s'établit... Les bruyants, les brise-miches, les gougnafiers, les voleurs de joie, dehors et vite !

En trois semaines l'émission est oubliée, le calme revenu. La fête de l'amour reprend ses droits même si certains clients, venus pour « voir » des têtes connues, râlent qu'ils ont dû dîner au milieu de parfaits anonymes.

Quelques semaines plus tard, un personnage étrange arrive pour le souper, énorme Falstaff, emballé dans une sorte de gandoura noire en satin qui camoufle son embonpoint. Derrière ses petites lunettes ovales brillent des yeux porcins, lubriques. Son visage empâté évoque la gourmandise, le péché. Ses lèvres charnues s'entrouvrent sur une dentition jaunasse peu attirante. Il dévore comme un ogre affamé, boit comme un soudard. J'apprends qu'il s'appelle Henri Ronse, metteur en scène, de grande notoriété dans son pays, et que le ministère de la Culture français vient de lui confier la direction d'une salle qu'il a baptisée « Théâtre Oblique ». Il doit également mettre en scène *Nabuchodonosor* à l'Opéra de Paris. Ce sybarite est brillant, cultivé, tous les arts, de la littérature à la peinture, le passionnent. Il traîne souvent le soir chez moi, après son spectacle, et nous bavardons. Plusieurs semaines après notre rencontre, il m'annonce qu'il va mettre en scène la première pièce de Jean-Edern Hallier à l'espace Cardin, et me propose un rôle. Les acteurs sont prestigieux : José-Maria Flotats, Michel Vitold, Daniel Emilfork. Comment refuser ? J'en ai eu tellement envie, autrefois ! Est-ce raisonnable ? Mon affaire marche bien mais puis-je m'absenter tous les soirs ? Je suis déchiré entre la raison et l'envie. Ce démon de Ronse ne manque pas d'arguments, d'autant que je suis prêt à les entendre.

– Tu seras à La Ciboulette tous les soirs après la représentation, et tu ne signes que pour un mois.

Finalement, j'accepte de faire la première lecture qui commence à 13 heures et se termine vers 19 heures, les acteurs devant rejoindre leurs théâtres respectifs. Dans la salle, Jean-Edern Hallier dort profondément. Pourtant, quand Henri Ronse lui parle de coupes dans le texte, il proteste avec la véhémence qu'on lui connaît. C'est violent, épique. Hallier évoque Claudel, et *Le Soulier de satin*, alors que Ronse parle ennui, sommeil, fuite des spectateurs. Pour finir, ils décident de ramener la pièce à une durée « normale » : trois heures. C'est déjà très long compte tenu du travail à accomplir. Le montage du spectacle est repoussé à la rentrée de septembre.

Je suis déçu mais, pendant les vacances d'été, le restaurant ne désemplit toujours pas. Des articles parus en Allemagne, en Espagne, aux États-Unis, m'apportent une clientèle étrangère à la recherche d'un « *Typical French Bistrot* ». Un soir, Jean-Pierre Cassel vient dîner accompagné de Lauren Bacall. À leur entrée, la salle du rez-de-chaussée se lève et applaudit. Merveilleux accueil que seuls les étrangers osent réserver à une personnalité de marque.

En septembre, les vacances passées, nous commençons comme prévu les répétitions. Je suis à la fois excité, heureux et très intimidé : durant la première scène je dois me tirer une balle dans la tête avec un revolver, factice bien sûr, qui ne fonctionne qu'une fois sur deux. Au moins une occasion de franches rigolades. Malheureusement, je ne réapparais qu'à la fin du spectacle pour dire quelques mots. N'empêche. Je vais jouer. La date de la première est même fixée. Nous n'avons droit à aucune place gratuite : elles sont réservées aux invités de Pierre Cardin, propriétaire du théâtre Les Ambassadeurs, rebaptisé de son nom.

Mes collègues acteurs s'étonnent de ce procédé inélégant et décident d'inviter leurs amis le soir de la couturière, réservée en principe à la famille de tous ceux qui ont œuvré pour la mise en place du spectacle. La salle est pleine. Mais, après l'entracte, elle est aux trois quarts vide. C'est mal engagé ! Et ça continue.

Le lendemain, jour de la première, les portes d'accès au théâtre sont closes, la salle vide, le rideau de fer baissé. Jean-Hedern Hallier a décidé de faire interdire la représentation. Il en a le droit... et fait ainsi payer ses coupes à Ronse ! Les invités repartent donc furieux. Les camarades syndiqués, eux, nous conseillent de nous maquiller et de revêtir nos costumes de scène, et de jouer la pièce entre nous, derrière le rideau de fer baissé. Ainsi, disent-ils, nous pourrons toucher nos cachets. Après quinze jours sans public, Pierre Cardin, Jean-Edern Hallier et Henri Ronse trouvent enfin un accord. Les représentations reprennent leur cours normal devant quelques rares spectateurs de bonne volonté et la critique est assassine...

Après cette catastrophe, je retourne derrière mon zinc. Et un malheur n'arrivant jamais seul, les propriétaires du fonds de commerce me font savoir qu'elles ne me renouvellent pas mon contrat de gérance. Si je souhaite, je peux acheter. Le prix fixé est exorbitant, indexé à la notoriété de l'entreprise. Je déteste le chantage. Je décide de déménager.

10

Après quelques semaines de recherche, j'apprends que le fonds d'un restaurant, situé rue Rambuteau, et qui a connu une certaine notoriété, serait à vendre. Je m'y rends pour déjeuner. Peu de clients, bons produits, présentation chichiteuse, mais belle salle spacieuse, typée Art déco moderne, cuisine au premier étage (j'en connais les inconvénients mais je sais les surmonter). En visitant les toilettes, j'aperçois une sortie de secours. J'ouvre la porte, une cour, je sors, la porte se referme. Je traverse la cour, pousse la porte cochère et me retrouve rue du Faubourg-Saint-Martin, presque à l'angle de la rue Rambuteau. Je rejoins l'entrée du restaurant, je reprends ma place. Personne ne s'est rendu compte de rien : le service est défaillant, absent de la salle, ils papotent en cuisine. Ici, le client n'est pas roi.

N'empêche. Cette sortie de secours m'excite. J'imagine en faire une entrée pour quelques clients célèbres, souhaitant la discrétion. À La Ciboulette Saint-Honoré, nous avons souvent des problèmes avec les paparazzis qui planquent dehors, dans l'espoir de voler quelques photos de gens connus sortant du restaurant. Ainsi, quand – entre autres – Jean-Paul Belmondo vient dîner en amoureux avec Raquel Welch, on frôle l'émeute. Et moi, je dois absolument préserver leur tranquillité. Ces deux-là respirent la complicité, le bonheur. Jean-Paul Belmondo rayonne, elle, est lumineuse, pas besoin d'éclairage, elle scintille. Plutôt petite, mais si joliment proportionnée elle dégage une sensualité incommodante pour les hommes alors que les femmes la transpercent d'un regard envieux et jaloux. Pour empêcher les photographes de les importuner, je déclenche la guerre, jouant même parfois du nerf de bœuf.

Rue Rambuteau, rien de tout cela n'arriverait…

Je suis emballé. L'idée de m'installer à deux pas du Centre Pompidou en construction me laisse penser que l'avenir pourrait être florissant. La proximité des deux adresses me permet d'espérer que mes clients me resteront fidèles. La négociation peut commencer. Elle sera rapide : les vendeurs sont pressés de se débarrasser de leur bien et moi d'acheter. Une fois n'est pas coutume, les banques me font confiance. En quinze jours, l'affaire est conclue.

Par chance, le restaurant et les cuisines sont en bon état. Un petit coup de peinture, des tables à agrandir, je tiens à maintenir soixante couverts, pas davantage, et je n'aime pas au restaurant que mon voisin entende ou écoute ma conversation. De jolies nappes bleues, roses et vertes, de la luminosité dans la salle. En un mois tout est prêt, on peut ouvrir. Les clients sont prévenus de vive voix, la presse par courrier. Tout le personnel suit, à l'exception de ma chère Léone, qui m'a donné le meilleur et aspire à un repos bien mérité. Elle continue à venir dans mon appartement deux fois par semaine, mais ne remettra jamais les pieds au restaurant. Elle y est invitée en permanence, mais « C'est trop beau pour moi », dit-elle, « je ne suis qu'une domestique ! ». Aucun argument n'a jamais pu la convaincre. Ma mère, elle, gère toujours les comptes. Pire. Elle exige un bureau sur place pour les surveiller, se considère comme responsable des associés, des clients amis qui ont participé à la création de la société qu'il a fallu monter pour acheter ce nouveau lieu. Elle me donne l'impression que je lui dois tout, la réussite du restaurant, les clients, leur notoriété, la qualité de la cuisine. Je me demande pourquoi je la supporte. Je la supporte tout de même. Même avec elle, d'ailleurs, l'ouverture de cette deuxième Ciboulette se passe magnifiquement. Je savoure ma joie, sans arrière-pensée.

Dans la salle, entouré de clients heureux, j'ai l'impression de me promener sur un nuage, en apesanteur, dans un environnement de plénitude, de calme, de sérénité partagée. La première année dans cette deuxième Ciboulette sera pour moi l'une de mes seules périodes de vrai bonheur.

Débarrassé de l'obligation d'aller le week-end dans la maison de Bézu-le-Guéry, bien vendue, je retrouve le plaisir des week-ends à Paris. Théâtre, cinéma, musée, mais surtout des déjeuners le dimanche chez Ôguste et Jean-Claude Carrière avec Pierre Étaix, Bernard Haller, Jean Carmet et des amis étrangers de passage à Paris, des metteurs en scène, avec lesquels Jean-Claude travaille sur un nouveau film. Quels déjeuners ! Passionnants, instructifs et drôles. Cette immersion dans l'intelligence et l'humour est vivifiante et si enrichissante pour le pauvre inculte que je suis. Quelle leçon ! En fréquentant régulièrement tous ces beaux esprits si indulgents à mon égard, je comprends que, quel que soit son âge, son vécu, il faut sans cesse apprendre pour essayer d'appréhender l'évolution du monde.

Mais ni le travail ni les déjeuners ne m'empêchent de goûter les charmes divers et variés du quartier où je vis désormais. La rue Rambuteau est perpendiculaire à la rue Quincampoix.

De nombreuses prostituées exercent leur art, métier et talent (au choix), sans qu'elles soient clientes, ni moi le leur. Nous sympathisons. J'ai toujours plaint les racoleuses, tristes, sans joie et sans plaisir alors les dégrappées attachées à une maison sont gaies, bonnes filles et drôles. Je les connais plutôt bien car, avec quelques amis, mariés, nous nous rendons assez fréquemment chez Madame Carmen. Qui tient une maison dite « de tolérance », rue Fontaine à Pigalle. Cette femme est mariée à un certain Serge Botey, tout petit bonhomme rondouillard, précieux, presque efféminé, toujours accompagné d'un caniche blanc, l'un et l'autre pomponnés, manucurés, coiffés, comme pour un concours d'élégance à Bagatelle. Exactement le contraire de ce qu'on imagine être un caïd de la pègre, et pourtant il règne sur les boîtes de nuit et bars interlopes du quartier. Quelquefois nous l'accompagnons dans la tournée de ses établissements. À ces occasions, la circulation dans les rues que nous empruntons est bloquée par les gardiens de la paix, et le commissaire de police de l'arrondissement est des nôtres, ainsi qu'un inspecteur des mœurs. Nous sommes suivis ou précédés par des musiciens. Marthe Richard doit se retourner dans son cercueil ! Madame Carmen est encore jolie, elle porte une quarantaine bien maîtrisée par les soins de régime et de beauté. Poitrine haute, elle avoue avoir appris son travail dans les bordels militaires de campagne pendant la guerre d'Algérie. Sa maison est tenue : bonne humeur et discipline règnent. Je connais l'hôtel Saint-Georges où elle exerce depuis longtemps, j'y suis venu vers l'âge de dix ans avec mon grand-père Victor, arrivé de sa province natale pour rendre visite à son neveu, le René, prédécesseur de Serge Botey. Il s'était habillé en dimanche, chemise en flanelle à carreaux, pantalon en coutil, veston genre pet-en-l'air en ratine noir (mince comme il était, il pouvait se le permettre), la moustache blanche immaculée, lustrée, conquérante.

Je me souviens précisément de sa réponse quand le René lui avait proposé de passer un moment avec une des pensionnaires : « Merci, le René, ce n'est pas que j'veux pas, mais j'peux pu. » Ils avaient beaucoup ri et moi rien compris.

Carlos, Patrice Laffont et moi, avons passé des soirées particulièrement amusantes chez Mme Carmen. Un exemple ? Une jeune Bretonne venait pour la première fois à Paris pour exercer. Carmen l'avait recrutée et elle avait dû accepter la séance de bizutage sans savoir en quoi elle consistait. Cette séance lui imposait de se masturber avec un égouttoir sur la tête, derrière une glace sans tain. Un client en particulier, et célèbre, exigeait cette exhibition qui devait rester secrète, or les clients c'étaient nous. Nous l'avons récompensée, honorée. Nous lui avons souhaité surtout une rapide reconversion, mariée avec enfants. Un an plus tard nos vœux se sont réalisés, un de ses clients est tombé amoureux, l'a épousée, elle mène aujourd'hui une vie de bourgeoise.

Un jour dans cette rue Quincampoix, je salue une de ces fleurs de macadam, très avenante, causante, jolie rousse, longues jambes gainées de bas résille dépassant d'une sorte de minijupe-guêpière mettant en valeur la finesse de sa taille et l'opulence de son équipement mammaire. Une croix est suspendue à son cou par un ruban de satin noir. Ce signe religieux m'intrigue aussi, je hasarde une question à laquelle elle me répond.

— T'as jamais entendu parler de Marie Madeleine, nous avec le métier qu'on fait, tu crois qu'on n'est pas des saintes ?

Elle a peut-être raison. Et je me mets en tête de participer à ma façon à la revalorisation de ce métier si peu considéré.

Comment ? La réponse à cette question m'est donnée dans un rêve, où la prostituée de la rue Quincampoix m'apparaît.

— Je suis sainte Ciboulette, me dit-elle. Je te demande de me faire réintégrer la litanie des saintes.

Le songe est saugrenu, mais l'idée est séduisante. Réhabiliter sainte Ciboulette ! J'en parle à Jean-Claude Carrière et Jean Carmet, qui adhèrent à l'idée. Jean-Claude propose les premiers éléments de sa biographie. Jean a des idées très précises sur l'origine de son existence. L'un et l'autre écriront un texte. Je suggère d'intervenir auprès de l'archevêché pour que les services consultent les archives. L'évêque auxiliaire ne réussit malheureusement pas à nous fournir le moindre élément positif malgré les interventions téléphoniques de « l'abbé » Carmet. Mais si nos recherches du côté des autorités ecclésiastiques se révèlent infructueuses, le canular n'est pas découvert par l'Église... Les clients amis sont à contribution. Curtelin, Gault, Chabrol, Audiard, Poiret, même Alain Senderens et Raymond Oliver mettent leur talent au service de la cause. Il ne manque pour crédibiliser notre entreprise que quelques dessins, peintures et sculptures. Ôguste Carrière, Moarch Eveno, peintre franco-tchèque, s'activent au travail, et Babette de Wée propose de sculpter un phallus muni d'une confortable paire de couilles sur lesquelles notre Ciboulette sera superbement assise pour prendre son envol vers le paradis. Ces textes, peintures et sculptures font l'objet d'un livret édité à cent exemplaires sous le titre *Les Vies édifiantes de sainte Ciboulette*, maintenant recherché par les bibliophiles avisés. Sa présentation me donne l'occasion d'offrir une soirée mémorable...

11

Cette deuxième année rue Rambuteau commence parfaitement. Le bonheur règne. Un seul problème, ma mère ronchonne sans arrêt, rien ne va comme elle le souhaite alors que les affaires sont prospères, le restaurant complet à tous les services. Je décide de déjeuner avec elle pour obtenir une explication ou son départ. À peine à table, elle fond en larmes, et m'avoue que son Monsieur a divorcé, lui le fervent pratiquant, et surtout qu'il s'est remarié. Je suis franchement abasourdi, tétanisé.

— Est-ce lui qui te l'a annoncé ?

— Non, je l'ai appris par mon ami médecin qui a reçu dans son cabinet sa première femme. Pourtant, il vient toujours me voir trois fois par semaine, rien n'a changé dans nos habitudes de rencontre !

Malgré mon étonnement je pose une question :

– Qu'est-ce que tu as décidé ?

– Je lui ai demandé si ce que j'avais appris était exact. Il a tout avoué et je l'ai prié de partir. Ce qu'il a fait sans discuter.

– Tu l'as quand même insulté, traité de voyou à particule, d'ordure !

– Non, pourquoi ?

Une immense tristesse m'envahit. Ma mère traitée comme une catin d'aristocrate, de bonne à baiser, méprisée. Quelle humiliation !

– Si je le croise, je lui dirai son fait, je lui casserai même la gueule !

– Ce ne sont pas tes affaires, cela ne regarde que moi.

– Pourquoi m'en parles-tu alors ?

– Je voulais que tu te rendes compte que je suis très malheureuse et que c'est la raison de mon humeur chagrine.

Je suis ému par son désarroi, sa douleur. Je subodore qu'elle regrette déjà de l'avoir jeté hors de chez elle. Je suis surtout convaincu qu'elle lui ouvrira les bras dès qu'il se manifestera à nouveau. Qu'importe. Je la serre contre moi, lui conseille de tenir le coup, de ne pas céder.

– Cette liaison t'a empêchée de refaire ta vie, mais rien n'est perdu, tu es jeune encore, tu vas trouver un homme bien, c'est ce que tu mérites, un homme de qualité.

– Tu as raison, m'affirme-t-elle, sans aucune conviction.

Deux mois plus tard ma mère a retrouvé sa bonne humeur. De mon côté, je lui pose la question dont je connais déjà la réponse.

– Toi, tu revois le Monsieur ?

– Oui.

– Es-tu fière de toi ?

– Oui.

– Sache que, même que si ce sont tes affaires comme tu me l'as dit, ce type ne remettra jamais les pieds ici. Si je le rencontre je ne le saluerai même pas, je lui cracherai plutôt à la gueule. Je suis écœuré, ne me parle plus jamais de lui, quoi qu'il arrive.

Pendant quinze ans, nous n'avons plus jamais évoqué l'existence du comte.

Frédéric Rossif, Michel Blanc et toute la troupe du Splendid découvrent le restaurant et font très vite partie des habitués fidèles. Les heures d'ouverture tardives m'amènent toujours des acteurs. Michèle Morgan, qui vient de débuter au théâtre au Palais-Royal, soupe souvent en compagnie de Gérard Oury. Paul Meurisse, et Micheline, sa femme, viennent se régaler de l'andouillette qu'ils adorent.

Dans un tout autre genre, à la fois turbulent et sonore, un banquier libanais du nom de Wajdi Moawad réserve une table pour huit personnes tous les vendredis soir. Les deux premiers mois, ses invités et lui se comportent élégamment.

Puis, petit à petit, ils se montrent plus familiers, appelant les garçons en claquant dans les mains ou des doigts. Je leur explique poliment mais fermement que ces usages n'ont pas leur place chez moi. Ils se calment, jamais pour longtemps. Au fil des semaines, ils deviennent même gênants pour les autres clients. Le volume sonore d'une table entraîne inexorablement une augmentation générale de celui de toute la salle. Quand ils exagèrent, je fais tinter un couteau sur un verre avant de leur glisser un discret : « Vous n'êtes pas dans un souk à Beyrouth. » Jamais ils ne retiennent la leçon. De guerre lasse, je donne donc des instructions pour que leur réservation soit refusée, au prétexte d'être complet. Puis un jour, pour mon malheur, je décroche le téléphone. À l'autre bout du fil, Wajdi Moawad.

– J'aimerais déjeuner avec vous.

– Pourquoi ?

– Nous revoir, et parler avec vous d'un projet.

Rendez-vous est pris à « sa banque », la Banque de la Méditerranée – près des Champs-Élysées. Bel immeuble, bureaux d'un goût ostentatoire, style oriental marqué.

Je suis ouvert et muet. Il commande un apéritif à un maître d'hôtel portant gants blancs. Puis enfin, il dit :

– Comment marche La Ciboulette ?

– Très bien, merci.

– Toujours autant de monde ?

– Oui toujours autant.

Et ainsi de suite, l'échange de banalités est interminable. Enfin, enfin ! il me propose d'aller déjeuner. Limousine devant la porte, chauffeur stylé, casquette. Le grand jeu ? Pourquoi ? Nous sommes à trois cents mètres du restaurant.

À table, commande passée, il se fait précis.

– Mes amis et moi-même, nous aimons beaucoup La Ciboulette. Mais je comprends que notre exubérance gêne les autres clients. Pouvez-vous agrandir, pour que nous puissions revenir ?

– Comment cela, agrandir ?

– En achetant un commerce mitoyen.

– Je n'y ai jamais pensé. Et de toute façon, je n'ai pas l'argent nécessaire. Puis surtout, La Ciboulette marche bien ainsi. Je n'ai nulle envie de diriger une brasserie.

– Nous voulons simplement une salle ou nous pourrions parler librement sans déranger. L'argent n'est pas un problème pour nous.

– Qu'est-ce que vous entendez par là ? Vous voulez racheter mon restaurant ?

– Oui pourquoi pas ! Ou participer à l'achat d'un des commerces mitoyens à la condition que vous continuiez à le diriger. Nous n'interviendrions jamais dans la gestion.

J'avoue que, pour le coup, je suis estomaqué.

– Laissez-moi réfléchir à votre offre, pour le moins inattendue...

– Rien ne presse !

Nous nous quittons en nous promettant d'avancer dans le projet et de nous revoir. Et ma vie reprend son cours… Outre les acteurs, des architectes renommés, des chefs d'entreprise, mais aussi des grands commis de l'État fréquentent La Ciboulette. Parmi eux, Gérard Montassier, le premier mari de Valérie-Anne Giscard d'Estaing. Ils viennent souvent dîner en tête à tête, charmants, modestes, discrets. Un jour, ils me proposent de fêter l'anniversaire du président de la République chez moi. Pourquoi pas, et surtout comment pourrais-je refuser ?

Gérard Montassier souhaite que rien de particulier ne soit organisé. Menus identiques, surtout pas de gâteau, de bougies, de « *Happy birthday* » et des clients non informés. Le dîner se déroule parfaitement, personne n'importune le Président, qui paye en espèces et sort après m'avoir salué. Ce n'est pas la dernière fois que je le vois, même si je ne le sais pas encore.

À la même époque, à peu près, je suis présenté à Jean-François Rozan, frère de Micheline, directrice des Bouffes du Nord et d'un député propriétaire d'un vignoble à Aix-en-Provence. Jean-François est jovial, hâbleur, mythomane et entreprenant. Il a défrayé la chronique judiciaire à propos de la construction de la tour Montparnasse. Il prétend avoir racheté des centaines d'hectares autour d'un petit village de Guadeloupe, Saint-François, au bord de la côte, à l'extrémité de Grande-Terre. Il a entamé la construction d'un vaste complexe comprenant un hôtel, un golf, une piste d'atterrissage d'abord pour son avion, accessoirement pour ceux de ses clients, un casino, où tous les riches Bekés doivent venir lui laisser leur fortune. Tout est presque prêt, dit-il – et de me proposer de venir en Guadeloupe pour établir la carte de ses deux restaurants. J'accepte. Sur place, plus question de rêve, les fondations sont à peine sorties de terre. Mais Rozan s'obstine, affirmant que la fin des travaux est très proche, que les équipes seront doublées et que mon inquiétude est un mal français. Un an plus tard, l'hôtel, baptisé le Hamak, et les restaurants – l'un d'eux a été baptisé Ciboulette Guadeloupe – sont effectivement en état de marche. Et, hasard incroyable, je reçois un coup de téléphone du directeur du cabinet du président de la République, le préfet Moser, qui m'apprend qu'un sommet réunissant MM. Jimmy Carter, président des États-Unis, James Callaghan, Premier ministre du Royaume-Uni, et Helmut Schmidt, chancelier de l'Allemagne de l'Ouest, accompagnés de leurs épouses, aura lieu en Guadeloupe. Le Président, qui se souvient de son anniversaire chez moi, souhaite que j'assume la restauration !

Autant l'avouer, j'en éprouve une certaine fierté, et j'accepte volontiers le challenge. Seul bémol : le sommet, prévu en décembre, juste avant les fêtes de Noël, doit se dérouler à l'hôtel Méridien et non pas au Hamak. À moi de faire en sorte que les officiels changent d'avis…

Nous sommes en juin. J'ai donc six mois devant moi, et deux jokers : la sympathie du Président, et le golf de l'hôtel qui, avec son aérodrome, permet de rejoindre rapidement Pointe-à-Pitre. Ce ne sera sans doute pas suffisant. Mais j'ai un troisième atout en main. Je sais, pour les avoir visitées, que les chambres froides du Méridien sont de vraies poubelles…

Et, décidément, le hasard fait bien les choses. Quand je me retrouve nez à nez avec l'un des deux représentants de l'Élysée arrivés sur place, je le reconnais immédiatement. Nous nous sommes en effet croisés dans l'une des boîtes de garçons qu'il fréquente régulièrement. Sans créer de liens particuliers, cela permet une certaine complicité. Il s'empresse d'ailleurs de me demander où, en Guadeloupe, il peut faire des rencontres. À dire vrai, je n'en sais rien, je ne viens pas dans l'île pour la bagatelle. Toutefois, je lui suggère une plage naturiste proche de l'hôtel, en général fréquentée par le genre de faune à laquelle il souhaite se frotter. Émoustillé, il veut y aller pour voir. En hélicoptère. Drôle d'idée ! Pourquoi pas entouré d'un escadron de CRS ? Je propose de l'accompagner. Cela nous permettra de causer, et pas forcément des charmes des éphèbes locaux…

La plage est idyllique. Sable ultra-fin d'un blanc immaculé, cocotiers aux faîtes très verts, mer turquoise – une vraie carte postale. Seule ombre au tableau, mon compagnon est un rien déçu, car il y a presque autant de femmes que d'hommes. Il arpente les lieux de long en large, sans conclure, avant de revenir s'allonger près de moi. Après quelques commentaires désappointés, nous abordons (enfin) le but de sa visite. C'est le moment de jouer les stratèges.

– Alors, vous allez visiter les hôtels ?

– Pour quoi faire ?

– Vérifier l'hygiène ! Ici, on est en France sans être en France. Il y a parfois quelques problèmes de ce type. Vous devriez vous assurer que tout est impeccable au Méridien.

Je m'interromps. Puis, sur le ton de la confidence, je reprends :

– Il paraît que leurs chambres froides sont dans un état lamentable... Enfin c'est ce que j'ai entendu dire !

Prudent, j'en reste là. Nous rentrons. Pour le consoler d'être resté seul – enfin, c'est ce que je lui laisse entendre – je l'invite à dîner à La Ciboulette Guadeloupe. Mes cuisines sont rutilantes, j'y ai veillé. Et ma stratégie se révèle gagnante. Vers 10 heures, le lendemain matin, les deux représentants de l'Élysée déboulent au Méridien, accompagnés de membres des services de l'hygiène assermentés de la préfecture de Guadeloupe. Ils visitent l'établissement dans ses moindres recoins. L'affaire est vite bouclée. À midi, ils sont chez moi, et m'annoncent que le Hamak est choisi pour accueillir le sommet. Champagne pour tout le monde. Parfois, mieux vaut être efficace que fair-play...

Je suis heureux. Mais je n'ai pas le temps de nager dans le bonheur : le plus dur, je le sais, reste à venir. D'abord, je dois me colleter aux services de sécurité de l'Élysée, à la fois intransigeants et incorruptibles. Ensuite, il me faut soumettre les menus au Président. Bien qu'ayant été choisis, nous devons composer avec les cuisiniers du Palais pourtant exclus de l'organisation du sommet – je n'ai jamais su pour quelles raisons –, et surtout avec l'intendant de l'Élysée, chargé des achats et de l'acheminement des denrées et du matériel. Le bal des ego peut débuter.

Et pour commencer, mes interlocuteurs vérifient le physique des jeunes serveuses qui doivent officier dans les salles à manger et dans les chambres. Le Président, chacun le sait, aime les jolies filles. En outre, il a fait savoir que le personnel féminin devait revêtir un costume local. Quelques doudous sont disposées à le porter, mais elles sont âgées et, par force, moins fraîches qu'elles ont dû l'être. En revanche, je les sais compétentes, expérimentées. Je propose leurs services – l'Élysée refuse. Le problème, c'est que dans la catégorie jeune et jolie, on préfère

toujours le jean ou la minijupe que les falba-
las créoles. Les gamines contactées me le font
dûment savoir. Je vais et je viens entre les uns
et les autres, je discute, je recrute, je propose,
j'y passe des heures, des jours, le Palais dispose.
Après des semaines, je dis bien des semaines de
négociations, les doudous les plus jolies sont
affectées aux chambres, les plus compétentes, à
la salle, et ce, quel que soit leur âge. Ouf. Je peux
passer à l'ordonnancement de la salle à manger, une chose simple en apparence mais qui va
prendre des allures de camp David.

Le Président l'exige, encore une fois. Le format des table doit être différent pour chaque
repas. Ronde, ovale, carrée, rectangulaire, ni
l'hôtel ni le restaurant ne peuvent satisfaire
ce caprice. La préfecture, mise à contribution,
fournit une table ronde et des rallonges, soit
deux formats satisfaisants. De son côté, l'une
des riches familles de l'île accepte de nous prê-
ter une table rectangulaire. Quant à la table carrée, introuvable en Guadeloupe, elle arrivera de
Paris. Au diable les économies ! Le contribuable
paiera. De ce point de vue, rien n'a beaucoup
changé...

Je suis déjà à moitié éreinté, mais pas question
de faiblir. Nous voilà enfin au cœur de la négociation. Les menus. Le Président, toujours lui,
veut que l'on serve des coquilles Saint-Jacques
et des magrets de canard pour le premier

dîner. Je me permets de suggérer que ces derniers risquent de ne pas être du goût de tout le monde. L'usage veut qu'ils soient servis très saignants. Or, en Allemagne et en Angleterre on mange plutôt cuit. Mes considérations culturelles sont rejetées. Le Président maintient ses *desiderata* – les magrets reviendront en cuisine à peine entamés comme je l'avais prévu, mais il aura eu le dernier mot. Heureusement pour moi, on m'accorde, pour la suite des événements gastronomiques, plus de latitude. Le Président est d'accord avec mes propositions de produits de saison, locaux si possible : langouste, vivaneau ou capitaine, et bien sûr acras. Me voilà content. Je le serai beaucoup moins quand, au beau milieu des festivités, les pêcheurs se mettront en grève, aucun d'eux ne souhaitant approvisionner le chef de l'État. Impossible d'utiliser les bateaux de pêche de l'hôtel, ils seront dynamités. Impossible de changer le menu, les menus, précisément, sont imprimés. Il ne me restera plus qu'à faire venir de France en catastrophe, et dans le plus grand secret, du bar en remplacement du vivaneau. Quant aux langoustes cubaines, elles ne déclineront pas leur identité dans l'assiette.

Mais nous n'en sommes pas là. Nous sommes encore en novembre, et il pleut. Il pleut ? Il tombe des cordes, oui. Des chambres, on ne voit pas la mer. Et ce n'est pas le pire. Les réunions diplomatiques doivent se tenir à l'extérieur, sous une grande paillote au toit couvert mais dont les côtés sont libres pour laisser le vent circuler, au plus fort de la chaleur. À plusieurs reprises, je supplie le préfet Moser de débloquer le budget permettant de faire tresser des branches de palmier qui, installées tout autour de paillotte, préserveraient les chefs d'État de la pluie. Non seulement il refuse, mais, en plus, il le prend de haut. « Sachez, monsieur, que lorsque le président de la République arrive quelque part, le soleil luit toujours ! » Terrassé, je décide de ne plus me battre. Si les éléments obéissent au Prince alors, le soleil va briller, le format des lits s'agrandir sans l'aide du tapissier, et les vieilles doudous rajeunir...

Décembre. Il pleut toujours, comme prévu par la météo. La date fatidique approche. Les préparatifs vont bon train en dépit des ordres et des contre-ordres, qui peuvent arriver sur le même télex. Comme le ciel, l'ambiance s'assombrit. Et comme si nous n'avions pas assez de problèmes, une nouvelle mission nous tombe sur la tête, qui n'a rien à voir avec la gastronomie : distraire les femmes des chefs d'État pendant les discussions politiques. Quel cadeau ! Tout est organisé dans l'île autour des plages et du soleil et surtout de la mer alors que sur le plan culturel il n'y a ni musées ni salles de spectacle dignes de ce nom.

Mme Aurousseau, la charmante épouse du préfet, vole à mon aide, et propose de recevoir ces dames dans sa résidence de Basse-Terre. Une journée de gagnée, elles en profiteront pour visiter la Soufrière, le célèbre volcan éteint. Pour la suite, j'imagine un tour de l'île en bateau et un déjeuner sur la très belle plage de la Caravelle exploitée par l'hôtel du Club Méditerranée. Patatras, le protocole nous informe que c'est impossible.

– Ah bon, pourquoi ?

– Top secret.

Curieux, je tente tout de même d'en savoir plus. Une indiscrétion me permet d'apprendre qu'un dress-code a été établi. Mme Giscard d'Estaing s'oppose au port du pantalon par égard au physique de Mmes Callaghan et Schmidt, qui ne seraient pas avantagées par ce type de vêtement. Évidemment, sur un voilier, la jupe n'est pas ce qu'il y a de plus commode, surtout s'il y a du vent. Le protocole craint que les paparazzis embusqués ne shootent ces dames transformées en Marilyn Monroe sur sa fameuse bouche d'égout, jupon blanc joliment déployé. Bref, les femmes de chefs d'État sont privées de sortie en mer, et portent la jupe à l'exception de Mme Carter joliment culottée lors du premier dîner. Un pantalon ? Mais comment, mais pourquoi ? Eh bien elle a demandé – et obtenu – une dérogation. Mais la guerre des frocs a été évitée de justesse...

Et enfin. Tout le monde est là, en costume-cravate, jupe ou pantalon, tout le monde, y compris la jeune Amy Carter, qui accompagne ses parents. Et en voyant le sort qui lui est réservé, je me surprends à plaindre la progéniture des grands de ce monde. Le protocole ignore complètement la gamine. Passer quatre jours au bord d'une plage accompagnée d'une nounou et d'un garde du corps ne doit franchement pas être drôle, quand on a dix ans. Mieux vaut, à mon sens, rester à la Maison-Blanche avec ses joujoux. Le troisième jour, le dîner est prévu autour de la table rectangulaire (!) installée au bord de la mer. Mais Amy n'est pas conviée, et elle n'assistera pas au spectacle nautique. C'est tout juste si on va la chercher dans son bungalow, à l'heure du feu d'artifice.

Quatrième jour. Fin des festivités. Après le déjeuner, l'ensemble du personnel est au garde-à-vous sur le passage des différentes délégations, et salue les hôtes de la République. Les Anglais et les Allemands nous gratifient d'une poignée de main, quelquefois d'un mot aimable. Quant au président français, l'usage veut qu'il remette un cadeau à chacun des membres du personnel. Giscard et Madame, précédés du chef de protocole, arrivent solennellement, suivis par des collaboratrices chargées de paquets. Je reconnais les emballages Hermès, et les écrins des porcelaines de Sèvres.

Les femmes de chambre choisies pour leur physique sont honorées les premières. Deux boîtes Hermès leur sont remises ! À l'intérieur, à ma grande surprise et surtout à la leur, des colliers et des bracelets en daim de couleur très flashy. Pour mettre les bijoux, il faut dévisser un petit cabochon en or, installer le collier autour du cou, refermer le cabochon. C'est compliqué, alors l'Élysée a prévu une démonstration. Entrée de quelques jeunes femmes très collet monté, en Chanel, les cheveux tirés en catogan. Elles font face aux beautés locales, épaules nues et seins libres sous leur boubou chatoyant. Du plus haut comique. D'autant que les doudous s'empressent de retirer colliers et bracelets, à peine enfilés. Il fait très chaud, et surtout très humide. Le daim, sous les tropiques, n'est pas facile à supporter... Mais, surtout, les colifichets ressemblent fâcheusement aux anciens colliers d'esclave. De quoi irriter les susceptibilités...

Quant aux serveuses plus âgées, elles ont droit à une grosse médaille aux armes de la République – un important stock à écouler –, elles ont été frappées pour le général de Gaulle, réutilisées pour Georges Pompidou et enfin pour l'actuel Président. Les vieilles serveuses sont aussi fières que les femmes de chambre sont vexées. Décidément, le père Noël est une ordure !

J'ai écrit plus haut que les festivités étaient terminées, et que les hôtes de la République avaient pris congé. Restent, tout de même, à l'hôtel Hamak, le président Carter et sa famille qui doivent, le lendemain, rejoindre la résidence d'été du préfet au Gosier.

Pour le dîner, ils déboulent dans mon restaurant, accompagnés de leur goûteur qui file en cuisine. Un goûteur, eh oui, comme au Moyen Âge, qui, comme son nom l'indique, avale une cuillerée de chaque plat avant le Président, sa femme, et même leur fille, des fois qu'on aurait l'idée de les empoisonner. Le trio s'installe, je propose une coupe de champagne, et leur présente la carte. Après en avoir pris connaissance, ils commandent trois hamburgers. Surpris et humilié qu'après trois jours de cuisine française, ils méprisent à ce point nos préparations, je rétorque que mon restaurant est français, que ma cuisine est française et que, lorsque je suis aux États-Unis, je ne commande jamais de steak-frites. Sans un mot les Carter se lèvent et quittent les lieux. Dehors, une troupe de paparazzis les attend. Crépitements des flashs, explications, le lendemain, je suis à la une, ou presque, de la presse américaine, et même mondiale. Mon surnom ? « L'homme qui a dit non à Carter ».

Cela me vaudra d'être privé des boutons de manchette généreusement distribués par le président américain avant son départ. Il n'a pas dû remarquer, au cours de son séjour, qu'on vivait en manches courtes sous les tropiques ! Sans rancune, M. Carter !

Retour à Paris. Le banquier libanais Moawad se rappelle régulièrement à mon bon souvenir, s'inquiète de mes recherches de locaux pouvant les recevoir, lui et ses bruyants amis. Il m'agace, mais son insistance me fait, d'une certaine manière, rêver. Le Centre Pompidou sera un succès, j'en suis certain, les critiques violentes contre l'architecture se transformeront en louanges, les abords malfamés deviendront à la mode. Il faut installer en face un lieu qui offrira à un public cosmopolite un restaurant gastronomique, une brasserie, un café, ouvert de 8 heures à 2 heures. Reste à le trouver. Une fois que cela sera fait, il sera toujours temps de revenir vers mon potentiel financier, pour voir si, oui ou non, il parle sérieusement quand il me promet des millions. De fait. Un jour, je change l'itinéraire qui me conduit de mon domicile au restaurant. D'ordinaire, c'est tout droit à gauche et à droite. Cette fois, sans raison, c'est tout droit, à droite, tout droit. Et en cheminant sur la seconde ligne droite je découvre dans mon champ de vision, entre un vieux bistrot à poivrots et un marchand de cartes postales, la matérialisation de mes rêves les plus fous : un hôtel particulier du XVIIIe.

Quelle merveille ! Le premier étage est occupé par une galerie ouverte au public. Une grande cour intérieure couverte par une structure de Baltard, ceinturée d'un balcon, de vastes pièces sous une belle hauteur de plafond, un balcon donnant sur l'exposition, deux autres étages entièrement vides. Et les gérants ne sont autres que des clients de La Ciboulette ! La jeune femme m'avoue que l'endroit n'est pas ce qu'elle attendait. Un musée devait ouvrir ses portes à proximité, il y a du retard, du coup, les amateurs d'art ne sont pas près de venir, s'ils viennent jamais ! Bref, cela pourrait être à vendre. Mais à quel prix ? Et est-ce que Moawad suivra ?

Au diable les tergiversations. J'ai trop envie de cet hôtel particulier. J'ai le sentiment qu'il me permettra de franchir une nouvelle étape de ma vie. Je décide de prendre rendez-vous avec mon (futur) mécène. Après tout, ce que je risque de pire, c'est un refus.

12

Nous y voilà. Assis face à Moawad, dans le décor bling-bling arabisant de ses bureaux situés en face de La Maison du Caviar, rue Quentin-Bauchart. Nous nous sommes réjouis à l'idée que nous allions peut-être en déguster à la louche. Ça n'a pas été le cas. Le maître d'hôtel, ganté de blanc, qui nous attendait nous propose avant de pénétrer dans le bureau :

– Café, whisky, champagne ?

– Je préfère du vin tranquille.

Son visage s'est brusquement fermé. Visiblement, le vin tranquille n'évoquait rien pour ce maître d'hôtel, alors j'ai rajouté :

– Du vin sans bulles !

– Ah, du vin blanc !

– Le champagne est aussi du vin blanc...

Au moment où je vais poursuivre son éducation œnologique, Moawad apparaît et nous

invite à pénétrer dans son bureau, simple, fonctionnel, un peu comme les bureaux qui se louent
à la journée !

Peter Dawson, mon conseil, et moi annon-
çons la couleur :

— Nous avons trouvé un hôtel particulier du
XVIIIᵉ en mauvais état mais très grand, situé juste
devant Beaubourg. Beaucoup de travaux à faire.
Nous ignorons si les murs et les fonds des différents commerces sont à vendre.

— Vous avez une estimation du coût de
l'opération ?

— Non. Nous venons vous voir pour connaître
le montant de votre investissement éventuel.

— 50 millions.

— Cher Moawad c'est très insuffisant.

À peine ma phrase terminée, je reçois un
méchant coup de pied dans la cheville. Je comprends ma bévue. Imbécile que je suis, je pense
encore en anciens francs. Peter fait diversion en
enchaînant brillamment. Il vante les mérites du
lieu, les profits à venir. À l'écouter, j'imagine
déjà l'hôtel parfaitement rénové, empli de joyeux
convives, et mes comptes garnis à souhait. La
fortune est à ma portée. La preuve ? Moawad est
d'accord sur tout. Il faut, seulement, que nous
sachions si nous pouvons acheter, et à combien.
Et surtout, s'il est vraiment possible d'y installer

un restaurant. Après, selon l'avancement des négociations, les premiers fonds seront débloqués pour qu'un architecte donne un avis. C'est simple. En sortant de là, je suis excité comme un adolescent qui monte l'escalier pour son initiation sexuelle avec la meilleure amie de sa mère.

Et l'initiation est réussie – au moins au début, la suite sera moins triomphante. Mais vivons dans l'instant. Chaque jour apporte son lot de satisfactions. Le propriétaire n'est pas vendeur, mais d'accord pour faire un nouveau bail. Le marchand de cartes postales est vendeur à un prix juste. Le bistrotier a compris qu'il pouvait faire monter les enchères, il fait sa coquette. Quant au galeriste, toujours d'accord, il ne change pas d'avis. Tout cela sent plutôt bon.

Un jeune client architecte accepte de visiter les lieux, pour nous donner une première impression. À l'entendre, toutes mes idées semblent réalisables. Trois salons particuliers au deuxième étage, des bureaux au troisième. Grande salle à manger au premier, brasserie et café au rez-de-chaussée. Seul gros problème, les cuisines, dont la place idéale – selon lui – serait dans les sous-sols, ce qui implique des monte-plats, au moins trois pour assurer le service des étages. Les travaux, au moins à première vue, pourraient être terminés en une année.

Peter Dawson et moi reprenons langue avec Moawad. Nous lui proposons une estimation comptable réaliste, tenant compte d'un démarrage moins rapide que celui de La Ciboulette, mais aussi des perspectives financières que peuvent nous offrir l'agrandissement du restaurant, la brasserie et le bar. Nous avons prévu de demander un prêt au Crédit hôtelier. Nous ne l'obtiendrons pas. Moawad exige en effet la constitution d'une société de droit libanais. Je suis à ce jour encore convaincu que nous aurions dû refuser. J'ai bêtement accepté, sans alors imaginer les conséquences que cela aurait sur la suite des événements.

Mais il est vrai que je suis porté par mon rêve. Et c'est grisant ! L'argent arrive sur les comptes bancaires au fur et à mesure de nos demandes. Les fonds de commerce tombent dans notre escarcelle les uns après les autres, les entreprises sont mises en concurrence. Bref. Les six premiers mois passés, tous nos objectifs sont tenus. Hélas. L'abondance d'argent rend fou. Un délire de luxe s'empare de moi. J'imagine une moquette inspirée d'un tableau de Mondrian, très géométrique. Il faut la fabriquer sur mesure ! Moawad accepte sans discuter. Cette moquette entraîne le tissage spécial de nappes, sous-nappes et serviettes dans sa couleur principale. L'argenterie sera différente dans chaque salle à manger, chaque salon. Nous la faisons rééditer d'après des modèles anciens. Notre bailleur de fonds acquiesce toujours. Et tout est à l'avenant. Quand le puits semble sans fond, on tire l'eau sans réfléchir. On abuse. L'eau manquera-t-elle un jour ? Nous ne nous posons jamais la question. Nous ne nous demandons pas, non plus, ou trop rarement : « D'où vient l'argent ? » « Que font-ils pour en avoir autant ? » La Banque de la Méditerranée, la Franco-Libanaise de crédit, le Crédit Suisse, abondent nos comptes. Nos Libanais – ils sont deux maintenant, l'autre est sorti du chapeau comme un lapin, nous ne nous demandons pas qui il est ni pourquoi il est apparu, idiots que nous sommes – sont fiers de leurs investissements. Ils viennent régulièrement visiter le chantier, accompagnés d'amis, tous plus enthousiastes et admiratifs les uns que les autres. Les travaux prennent du retard pour des broutilles, liées à l'administration inconsciente des répercussions économiques dues à son incurie. Aller tous les matins sur le chantier pour annoncer aux ouvriers que les travaux doivent être interrompus faute des précieux documents et s'apercevoir, quand enfin l'indispensable autorisation arrive, que les entreprises ont commencé un nouveau chantier et qu'ils ne reviendront que quinze jours plus tard, lesquels se multiplieront par trois ou quatre... La dépression me guette, quand les travaux reprennent pour s'arrêter trois ou quatre jours après, un ouvrier est tombé d'un échafaudage – rien de grave mais l'employeur veut un constat. Encore un arrêt... Un mois, deux, trois, les devis explosent, la belle machine se grippe. Le jeune architecte semble perdre le contrôle de son chantier. Il faut revoir à la baisse le compte d'exploitation prévisionnel. Et quand enfin, avec sept mois de retard, nous ouvrons nos portes à une clientèle plutôt nombreuse, je n'ai ni le temps de me réjouir ni celui de profiter du décor que j'ai entièrement imaginé, et qui est conforme, dans le moindre détail, à tous mes vœux. La moquette inspirée du peintre Mondrian est lumineuse, les couleurs bleu, rose, vert très pâle sont rehaussées par les nappes et les sous-nappes d'une même teinte mais plus soutenue. Les murs coquille d'œuf accueillent la collection complète des affiches des *Enfants du paradis*. Les grandes fenêtres du premier étage encadrées de rideaux en lin légèrement plus foncés que les murs permettent de voir le Centre Pompidou éclairé. J'ai la certitude que l'ensemble est de bon goût, rien d'ostentatoire ni de prétentieux. Tout est de qualité, quelques meubles anciens complètent élégamment l'ensemble. Ce qui frappe les premiers clients : l'harmonie des volumes et l'espace. La verrière de Baltard laisse découvrir les façades intérieures, l'espace entre les tables autorise l'intimité et la discrétion des conversations.

J'ai à peine le temps de me réjouir car, dès le lendemain, c'est la catastrophe, les pompes de relevage des eaux usées s'inversent, inondant le sous-sol dans son entier. À 6 heures du matin, un premier employé arrive sur les lieux, il me téléphone affolé – il y avait de quoi –, je me précipite sur les lieux trente minutes plus tard pour constater l'apocalypse. J'appelle aussitôt l'architecte, j'enfile les bottes du plongeur et coupe immédiatement l'arrivée de l'électricité de peur que nous nous retrouvions électrocutés. Quarante centimètres d'eaux usées nauséabondes recouvrent le sol, balais, lave-pont, poubelles vides, épluchures, bouchons, flottent à la surface... L'architecte débarque accompagné du chef de chantier et du responsable de l'entreprise qui a fourni les pompes. Personne ne comprend, ni n'est capable d'avancer une explication plausible, sinon qu'il y a deux pompes et que l'une devrait se mettre en marche dans le cas improbable d'une panne. Que faire ? Quatre jours d'arrêt, de nettoyage et de réparations, des kilos de marchandises perdues. Quand nous rouvrons, le premier étage fait le plein, pour autant, les clients boudent la brasserie. « Qu'est-ce qui se passe en bas ? C'est moins bon ? Quelle différence ? » Si certains acceptent d'y déjeuner ou d'y dîner, ils exigent de choisir leurs plats sur la carte du haut. Puis les clochards font la manche devant la porte, le parking n'est pas sécurisé, le Centre Pompidou pas encore ouvert. Bref. Après l'euphorie des débuts, une vague inquiétude commence à poindre chez nous. Elle est de courte durée. La presse est élogieuse. Je décide de maintenir la carte aux mêmes tarifs pour la fin d'année, et le fais savoir. En trois mois nous récupérons notre clientèle. Et nous connaissons des soirées magiques... Il y a ce jazzman très talentueux qui joue, chaque soir, sur le piano à double queue dont j'ai fait l'acquisition, une folie, que je ne regrette pas. Mais aussi certains ténors, qui viennent chez moi, après avoir chanté à l'Opéra.

Quelques clients doivent encore se souvenir du bœuf que Montserrat Caballé et Pavarotti nous offrirent jusqu'à 3 heures du matin. Inattendu, inimaginable ce jour-là.

Au cours de ces heures-là, je l'avoue, je suis pleinement heureux, je plane parfois littéralement, je suis le roi de ce monde que j'ai créé et je n'imagine pas, une seule minute, qu'il commence déjà à se fissurer.

Juillet. Le chef de cuisine me colle sa démission, débauché par le patron de L'Orangerie à Los Angeles. Il quitte femme et enfants, découvre la cocaïne – il en mourra. La belle harmonie de l'équipe s'en trouve gâchée. Trouver un chef capable de maîtriser une grosse machinerie comme celle que nous avions mise en place est une gageure. Et les confrères – invités lors de leur visite de curiosité – ne sont pas enclins à me rendre service, en m'indiquant un chef à la recherche d'une place, bien au contraire. C'est étrange, mais quand plusieurs restaurateurs sont réunis autour d'une table ils manifestent une certaine complicité entre eux, complicité affectueuse, pourtant si on est en tête à tête avec l'un d'eux, le jeu de massacre est brutal, la jalousie suinte, rancie par l'envie. Finalement, et encore une fois, Henri Gault me sauve la mise et me conseille un cuisinier qui, sans avoir la créativité du précédent, remplit consciencieusement sa tâche.

Les Libanais, eux, se font de plus en plus rares. La Banque de la Méditerranée ferme, nos comptes bancaires sont transférés au Crédit Suisse. Nous n'y connaissons personne. Moawad joue les Arlésiennes. Nous aurions pourtant bien besoin de lui. Notre chiffre d'affaires, même élevé, ne couvre pas les échéances. Mon comptable jongle du mieux qu'il le peut. De réunion en réunion, nos avocats me conseillent de signer des cautions – qui garantiraient sur mes biens les engagements que je prendrais pour la société – si nous voulons survivre en attendant, en attendant quoi ? Qui ? Une réapparition subite ? En attendant, rien ne s'arrange. Pire. Même si mon restaurant est plein, le plus souvent au moins, les factures s'amoncellent – et plus rien n'arrive sur les comptes bancaires. Bientôt, il faut me rendre à l'évidence, le dépôt de bilan, encore un, est inévitable.

Un lundi soir, veille du jour où nous devons nous rendre au tribunal, Khalil, le beau-frère et associé de Moawad, entre dans le restaurant.

Lui non plus ne sait pas où joindre Moawad. Mais après avoir compris que je frôle la ruine, il me propose de m'emmener à Londres, dans son avion privé, pour rencontrer un investisseur qatari qui pourrait m'aider. J'accepte, après tout, qu'est-ce que j'ai à perdre ?

Sa Rolls conduite par un chauffeur est venue nous chercher, mon avocat et moi, pour nous conduire au Bourget. Si je n'étais pas d'une humeur si morose, je pourrais me réjouir de monter pour la première fois aussi bien dans une Rolls que dans un avion privé. Les seuls souvenirs précis que je garde de ce voyage concernent le peu d'intérêt que les douaniers portent à ce type d'avion, pas de contrôle, ni des bagages ni des passeports, pourtant les nombreux sacs du Nain bleu, célèbre marchand de jeux et jouets, sont surtout remplis de billets de banque en plusieurs monnaies. Étrange.

Arrivés à Londres, alors que la nuit est tombée, je ne vois rien de la ville, ma tête est trop pleine de soucis pour essayer de me souvenir de mon premier séjour, il y a si longtemps. Tokyo, Bombay ou Londres, je n'éprouve aucune curiosité.

Le lendemain matin, le secrétaire du prince nous reçoit dans un somptueux hôtel particulier, et nous conduit dans une sorte de salle du trône. Ici, tout est or et dorures, tout rutile, tout est d'un mauvais goût achevé, mais suintant l'argent. Le mauvais goût, parfois, est de bon augure. C'est au moins ce que j'espère. Arrive notre futur sauveur – un petit homme à l'œil mi-clos, à la pupille à peine apparente, chaussé de babouches, et portant un pull angora rose violacé. Une vision de cauchemar, à la mesure du dialogue qui s'engage entre nous.

– De combien avez-vous besoin ?

– Un million.

– En quelle monnaie ?

Mon avocat répond, en francs. L'espace d'un instant, je crois avoir retenu son intérêt. Ses pupilles se dilatent. Il renifle légèrement. Puis, avec une lippe dédaigneuse, il lance, sonnant le glas de mes espoirs :

– Trop peu pour moi. Désolé.

Le voilà déjà parti. Nous voilà sortis. Khalil monte dans sa Rolls, et m'enjoint d'aller prendre un taxi. Le lendemain, je dépose le bilan. Reste le plus difficile. Annoncer la nouvelle à mon personnel.

Il est des nuits terribles, celle-là en est une. Que vais-je dire, demain, à tous ces gens qui m'ont fait confiance, qui, au fil des mois, sont devenus des amis ? Comment en suis-je arrivé là, encore une fois, alors que l'avenir me semblait si prometteur ? Quelles erreurs ai-je commises ? Ai-je été naïf, incompétent, utopiste, mal conseillé ? Ou bien la poisse me poursuit-elle ? Heure après heure, les yeux grands ouverts dans l'obscurité, je tente de comprendre ce qui a bien pu causer mon malheur. Je me suis engagé sur une liste en faveur de Giscard d'Estaing – non par conviction mais par reconnaissance –, François Mitterrand a été élu. Du coup, les clients chefs d'entreprise de droite ne se sont plus montrés, pas plus que la gauche caviar qui, pour être triomphante, n'a pas encore découvert que les petits œufs noirs peuvent se manger à la louche. Mais non. C'est impossible. Cette perte de clientèle ne peut tout expliquer. Peut-être aurais-je dû vendre le fonds de La Ciboulette II plutôt que la transformer en un excellent restaurant de poissons. Non, le lieu était invendable. D'ailleurs j'ai essayé. Alors ? Oui. C'est vrai. Je me suis laissé enivrer par l'argent. Certes, je n'en ai jamais profité personnellement. Je l'ai consacré à la restauration d'un bâtiment magnifique, classé au titre des monuments historiques. Mais cet argent n'était pas à moi. Et j'en ai manqué, au moment crucial. Où sont donc passés mes bailleurs de fonds, quand j'avais besoin d'eux ? Pour quelle raison avoir tant investi avant de disparaître ? Et au fait, d'où venait leur argent ? Drogue ? Trafic de femmes ? Trafic d'armes ? Avais-je servi à blanchir des fonds très sales ? Il est bien temps de me le demander, imbécile que je suis...

Lundi matin. Face à moi mes soixante-dix collaborateurs, mon vieil ami Ali, Michel, ceux de la première Ciboulette. Nous avons travaillé ensemble depuis le début. Ils m'ont vu arriver le premier, partir le dernier, ne pas ménager mon temps, ma passion, ma peine. Ils écoutent ce que je leur dis, les larmes aux yeux. Mon discours est bref, émouvant, sincère. Je leur dis que j'ai tout tenté, tout perdu, mais que tout a été fait pour préserver leurs droits. Puis nous nous embrassons, avant de nous séparer, sans mot d'adieu ni bavardages inutiles.

Quelques heures plus tard – preuve que le tam-tam casserole fonctionne –, le téléphone sonne. Au bout du fil, Raymond Oliver. Avec bonhomie et sincérité, il me dit son amitié et me propose son aide fraternelle. Ce sera le seul appel. Bel exemple de confraternité.

En attendant de remettre les clés au syndic, je reviens dans ce beau navire échoué, chaque jour le cœur plus gros que la veille. Ranger, inventorier, nettoyer, vider les chambres froides et les réfrigérateurs, jeter, se séparer et se préparer à ne plus revoir. Survivre sans perspective. Éprouvant. Les jours les plus difficiles sont ceux au cours desquels je mets en carton ma bibliothèque. Mes chers livres ! Je les avais acquis grâce à Gérard Oberlé, un Libraire (le L majuscule est voulu), ou plutôt un « antiquaire de livres ». Ce n'est pas lui qui vendrait le dernier roman à la mode, non. Chez lui, il n'y a que des livres anciens précieux, des livres pour bibliophiles avertis. Il est très lié à Jean-Claude

Carrière et, quand il quitte son refuge de l'Allier pour venir dans la capitale, il dîne chez moi. À ces occasions, nous nous sommes liés d'amitié. Il rêve de me faire connaître Venise, je n'imagine la visiter qu'amoureux. Ce n'est pas le cas. Dommage, ce sybarite est un puits de culture, volontiers pédagogue mais sans pédanterie, généreux, drôle. Nous partageons le culte de l'amitié intransigeante, le plaisir de la table, du vin. Il me reprochait de ne pas avoir de bibliothèque de gastronomie, il tenait à cette idée, un devoir pour lui et pour moi. Un jour il m'annonce qu'il a trouvé une bibliothèque très complète, que je dois l'acheter, lui faire confiance, que ce sera à coup sûr une bonne affaire. Accord conclu. Arrivent alors chez moi deux mille ouvrages. Nous passons quarante-huit heures inoubliables, à trier, examiner, feuilleter, nous enivrer du parfum du cuir des vélins. Certains incunables en doubles exemplaires, ainsi que quelques autres merveilles, ont été revendus, ils m'ont permis d'acquérir sept cents livres exceptionnels et parfaitement partagés entre gastronomie, œnologie et voyages-découvertes. J'ai pris goût, grâce à Gérard Oberlé, au plaisir de toucher, caresser, humer les livres, lire les ouvrages en vieux français. Les livres de cuisine m'ont inspiré pour adapter les recettes des maîtres cuisiniers du XVIIIe au XIXe siècle. Cette bibliothèque est mon seul bien, ma seule fortune.

Me faudra-t-il les vendre pour rebondir ? Que me réserve l'avenir ? La tête vide, anéanti, sans projet, je décide de préserver envers et contre tout ce capital. Bonheur et chagrin mêlés, chaque livre réveille un souvenir de lecture, je les revisite comme de vieux compagnons. Je les emmaillote ensuite dans du papier de soie. Douloureuse journée.

Le moment de fermer la porte pour la dernière fois est venu, un ultime tour de clef. Je quitte cette troisième maison sans me retourner – je sais que, lorsque j'y pénétrerai à nouveau, ce sera pour assister à la vente du mobilier et du matériel.

Les rapaces sont venus, trop heureux de récupérer au prix de la casse mes espérances, mon énergie, mon travail, le travail de tous. Après leur visite, je n'ai plus goût à rien. L'une de mes clientes amies, qui habite l'immeuble mitoyen, me violente presque pour m'obliger à accepter son invitation à dîner. Dans le parking, je me sens déjà mal. Sur le parvis de Beaubourg, à la vue de l'enseigne Quick qui scintille en lieu et place de « mon enseigne » je suis pris de vomissements, et je rebrousse chemin. Jamais, depuis cette tentative de conjurer les souvenirs, je n'ai pu ni voulu repasser sur l'esplanade. Et si j'ai eu envie de visiter le musée, j'y ai renoncé...

Et pourtant ! Cette fois, les amis sont présents, pas un ne manque. Les invitations à dîner, les encouragements ne me font pas défaut. Quelle chaleur, quelle générosité ! De nombreux clients m'écrivent – le courrier me parvient par l'intermédiaire du comptable, maintenu à son poste et à son salaire par le syndic, qui tient sans doute à comprendre les imbroglios de la société libanaise. Je parcours des lettres touchantes, encourageantes. Toutes portent les mêmes mots : « Ne nous abandonnez pas, ouvrez vite un restaurant, on compte vous retrouver vite, vous et La Ciboulette. »

Je comprends leur message. Ce qu'ils cherchent, chez moi, ce n'est pas le luxe, mais la convivialité, l'humain, l'échange. Un lieu simple et modeste, une bonne cuisine. Pourquoi me suis-je embarqué dans l'ouverture de la troisième Ciboulette, moi, sans bagage, même pas mon certificat d'études, et si peu d'expérience de la gestion des affaires ? Par désir d'ascension sociale, de reconnaissance ? Pour récupérer le respect et l'amour de ma mère ? Peut-être. Une analyse me serait peut-être utile pour me comprendre. Je n'en fais pas. Je cherche comment rebondir, pour contenter tous ceux qui me manifestent leur confiance. Rebondir, mais comment ? Pas d'argent mais des dettes : les cautions imprudemment signées pour continuer, tenir coûte que coûte, pour gagner du temps, que les banques me réclament à hauteur de 7,5 millions de francs. Une fortune. Toutes sources de crédit fermées à double tour, il m'appartient de m'en sortir seul. Mais tout est désormais compliqué, voire impossible. Je suis au bout du bout.

Et puis, par un détour totalement inattendu, la chance me sourit à nouveau. Elle s'appelle Agnès Vincent, une grande et belle femme, blonde, très séduisante, intelligente, spirituelle et cultivée venue dans La Ciboulette première du nom. Elle accompagnait Philippe Couderc, nous avons immédiatement sympathisé et sommes devenus proches et très amis. Notre amitié dure encore, de cette amitié solide, virile qui peut lier un homme et une femme. Elle est tombée amoureuse d'un marbrier – plâtrier polonais établi richement. Miracle. L'homme accepte d'étudier la possibilité de s'associer avec moi, pour ouvrir un nouveau restaurant. Il connaît ma situation, elle ne l'effraye pas. Je vendrais mes livres, nous ferions part à deux, Agnès Vincent serait la gérante. Topons là !

En attendant, je dois quitter mon appartement de peur d'être saisi. Que faire de mes meubles ? Jean-Claude Carrière, toujours lui, présent, attentif, généreux, me confie les clefs de l'appartement de sa mère, retirée dans leur cher Midi. Me voilà en plein cœur de Pigalle. J'y fais la connaissance des fleurs de macadam et des tabourets du quartier. Nous bavardons souvent. Que de malheurs, camouflés souvent derrière une joie factice ! Comment leur venir en aide quand le sida se répand et que les clients exigent des rapports sans préservatif ? Elles se savent condamnées à mort à moyen terme si elles accèdent à leurs exigences morbides. Elles ont presque toutes un enfant, cause de leur angoisse, elles se savent impuissantes face à leur maquereau qui exige du rendement. Douloureux souvenirs. Il m'arrive d'y penser.

Et je pense, aussi, à cet autre homme, qui m'a aidé : Steven Spurrier, un Anglais caviste à la Madeleine. Il était client de mon restaurant mais sans plus. Aucun lien de camaraderie ne nous liait. Par hasard, je le rencontre. Il connaît mes ennuis. Spontanément il me propose sa maison de Bourgogne pour y entreposer l'excédent de mon mobilier.

Privé de campagne depuis longtemps, j'accepte. Mes livres sont à l'abri, en attendant que je me sépare d'eux. Les archives des Ciboulette, que j'ai conservées, aussi. Il faudra un jour que j'aie le courage de m'en débarrasser, mais le temps n'est pas venu. Les longues marches m'apaisent, me permettent de réfléchir, d'imaginer mon avenir avec ce nouvel associé. De retour à la capitale, ville étrange, j'apprends qu'on cancane à mon sujet. Il paraît que j'ai fui à Los Angeles, que mes comptes en Suisse m'ont permis d'ouvrir un restaurant. Un jour que j'attends, à une station de bus, Lionel Poilâne, le célèbre boulanger, mon fournisseur depuis le premier jour, arrête sa voiture décapotable à ma hauteur et me crie : « Sorti

228

de la Santé, bravo ! » avant de démarrer. La délicatesse de certains êtres est touchante. Plus tard, je changerai de fournisseur. Son frère ennemi est aussi un excellent boulanger. En attendant, je cherche, à nouveau, un local bien situé.

Quittant l'appartement de la mère de Jean-Claude Carrière et Pigalle, j'ai déménagé pour un petit deux-pièces dans le fond d'une cour, rue de Miromesnil. Cette portion de rue entre la rue de Penthièvre et la place Beauvau est un village convivial, généreux, un petit coin de France authentique. On y trouve des commerçants sincères, compétents, drôles. Nelly, une vieille Alsacienne fait des quiches et des kouglofs comme je n'en ai jamais mangé. Je passe des week-ends exquis dans la chaumière de Jacqueline Delaitre, ma plus proche voisine. Ces deux femmes, qui habitent le quartier depuis longtemps, me sont d'un grand secours. Elles m'indiquent une galerie bientôt libre à la location. Le propriétaire accepte sa transformation en restaurant. Parfait pour ce que je veux faire. Tout est de plain-pied, une belle salle, d'une cinquantaine de places, un grand salon particulier accessible par une cour. De l'espace pour installer une cuisine. L'idéal pour repartir de zéro. L'opération est rondement menée. Édouard Platek, le plâtrier-marbrier, se charge des travaux, discute les prix avec acharnement. En six mois nous pouvons ouvrir. Une partie de l'équipe de salle est revenue, Michel, Daniel, Stéphane et mon vieil Habib à la plonge. Un jeune chef de cuisine, et nous voilà parés.

Le moment est venu de me séparer de mes chers livres. Je dois être discret, pour ne pas alerter l'un ou l'autre de mes nombreux créanciers. Gérard Oberlé me conseille Vichy – soit. Des collectionneurs intéressés pourront passer leurs ordres. Lorsque mes cartons de livres sont disposés chez lui dans son manoir de Pron, il me présente un ouvrage de colportage *Rôti-Cochon* « Cahier mythique deux exemplaires répertoriés dans le Vicaire – la bible des bibliophiles gastronomes – 5 000 francs ». « Le premier livre de ta nouvelle bibliothèque à constituer », me dit-il. Une folie. Je suis tenté. Mais je refuse. Un jour peut-être pourrai-je m'offrir ce livre. Pour le moment, ce n'est hélas pas à l'ordre du jour. J'appelle Raymond Oliver dont je connais la passion des livres anciens, il n'hésite pas une seconde. Je lui demande de me donner sa parole d'honneur que, s'il vient à se séparer de sa bibliothèque, le livre précieux destiné à apprendre les produits basiques aux enfants me reviendra quel qu'en soit le prix. Il n'a pas tenu parole ! Déception.

Maintenant il faut ouvrir mais sous quelle enseigne ? Chez Modeste ! Clin d'œil !

13

Ma précédente faillite m'a entraîné vers une longue dépression, et une intense période de réflexion. Cette fois, à l'inverse, je sens une énergie que je ne me connaissais pas s'emparer de moi. Je devrais être au fond du trou. Bien au contraire, mon appétit de vie est insatiable. À aucun prix, je ne veux revivre l'année passée à me flageller à Bézu-le-Guéry, seul, loin de la vie active, sans projet, sans issue. Fini ce temps-là. J'ai quarante ans, je veux, je dois m'en sortir, aller de l'avant. Et, je le sais, je n'ai plus droit à l'erreur. Je dois réussir. Mais dans quoi ? Bien sûr, il y a ce nouveau restaurant, à l'enseigne de Modeste. Son ouverture a été peu préparée. Pas de tam-tam médiatique, seulement le bouche à oreille. Il a fonctionné. Je suis complet dès le premier soir, des fidèles et des retrouvailles, généreuses, amicales. Le plaisir est intact, la cuisine et la salle marchent bien, pourtant, je sais que tout cela n'est plus que provisoire – je ne m'imagine pas vieillir dans ces murs. J'ai soif d'autre chose, envie d'ailleurs, de quoi exactement ? Laissons faire le hasard, la chance, les deux peut-être. Rien ne presse.

Un soir, la porte s'ouvre sur deux clients que je ne connais pas, venus dîner avec Agnès Vincent. Jean-Louis Burgat et Michel Denisot. Nous sympathisons, ils reviennent avec Érik Gilbert et Frédéric Boulay. Ces quatre hommes vont beaucoup compter pour moi, et influer, ô combien ! sur mon destin. Ils travaillent en effet à la création d'une nouvelle chaîne de télévision, baptisée Canal Plus, avec Pierre Lescure et Alain de Greef. « Canal », à cette époque, c'est une révolution dans le monde de l'audiovisuel. Payer pour voir, cela ne s'est encore jamais fait, au moins pour le petit écran...

Mes quatre nouveaux clients sont extrêmement sympathiques et deviennent des habitués. Un jour, surprise. Entre la poire et le fromage, Jean-Louis Burgat me propose de passer une audition pour sa future matinale. Une matinale ? Seconde révolution. À cette époque, avant 13 heures, pas d'émission, au moins sur les chaînes françaises. Était-ce vraiment une bonne idée ? Je me pose encore la question aujourd'hui, même si la formule a connu, plus tard, un franc succès sur Antenne 2, sous la brillante houlette de William Leymergie. Quoi qu'il en soit, Burgat est enthousiaste. Son programme, explique-t-il, sera diffusé entre 7 et 9 heures. À l'ouverture, un journal d'information mené avec rigueur par Érik Gilbert. Ensuite, place aux chroniqueurs, sur des sujets très divers : société, musique, météo, consommation, emploi, santé. Cela sera à la fois pédagogique, drôle, original et intéressant et surtout, on l'aura compris, totalement inédit. Et bien sûr, au moins de l'avis de Burgat, j'y ai ma place...

Je dois dire que la proposition, pour être flatteuse, ne me fait pas déborder d'enthousiasme. La télévision, à cette époque, à mes yeux, c'est un monde étrange, superficiel, destiné à des happy few connivents. Autant dire que l'exercice ne me tente pas vraiment. Mais Jean Carmet, à qui j'en touche un mot, n'est pas de mon avis.

– Tu ne te rends pas compte de ta chance ! Tes discours sur les bons produits, leur fraîcheur, tu les feras passer à des centaines de milliers de personnes plutôt qu'à tes clients du restaurant. Si tu ne comprends pas ça, c'est que tu es vraiment très con !

Tout cela est dit avec tendresse, mais fermeté. Pour autant, je ne suis toujours pas convaincu. Jean-Claude Carrière, consulté, me chante la même sérénade. Allons bon. C'est un complot. D'ailleurs, quelques jours plus tard, Burgat revient à la charge. Il me donne même la date des essais : « Mardi, 7 heures », le thème : « La coquille Saint-Jacques » et conclut : « On t'attend ! » Résigné, je ne refuse pas. Et très vite, je me renseigne sur le mollusque, à l'époque en voie de disparition pour cause de surexploitation des gisements et d'autoconsommation sans discernement.

On l'aura compris, je ne sais rien faire à moitié. Pendant quinze jours, je vis donc « coquille Saint-Jacques ». J'en sers au restaurant, j'en mange, j'en parle, je deviens même intarissable sur le sujet. Les arnaques des industriels me fascinent. La technique de glaçage ou trempage qui consiste à plonger dans l'eau une coquille congelée pour la recongeler ensuite et lui faire gagner au passage 10 % de poids m'intéresse. Je suis convaincu qu'avoir le maximum d'informations sur le sujet me donnera de la crédibilité. Mais comprenne qui pourra, je ne suis toujours pas vraiment décidé à me lancer dans l'aventure de la télé...

Je n'aurai pas le choix. La veille du jour J, après avoir donné leurs spectacles respectifs, Jean Poiret, Caroline Cellier et Dominique Lavanant, accompagnés de Miou-Miou, arrivent pour souper. Jean Carmet, déjà là, leur confie que je fais un essai le lendemain. Il est impératif que j'y sois, et de préférence en forme. Pour s'assurer discrètement que tel sera bien le cas, ils restent chez moi jusqu'à 5 heures du matin à boire, se raconter des anecdotes, à être heureux. Et le matin venu Carmet, toujours fidèle, me traîne sans ménagement aucun à mon domicile pour que je me prépare. Une douche, un coup de vaporisateur de Vétiver, mon eau de toilette fétiche, un jean, une chemise chaude, une vieille parka. Pas de frais de toilette, on me prendra comme je suis ou on ne me prendra pas. En route pour le marché, situé sur l'avenue de Saxe. On y trouve de belles coquilles pleines. Je les choisis, une à une, soigneusement, nacrées, transparentes, sans corail. Je les fais décoquiller. Le poissonnier est habile, il insère un couteau plat qu'il glisse le long de la paroi supérieure de la coquille, décolle la noix, jette la partie plate de la coquille, la noix bouge, vit encore, il me la montre, passe la lame sous la noix, la décolle, la glisse sous l'eau pour retirer le sable et la met dans un sac. Je paye. Et voilà. On dirait bien que c'est parti...

6 h 30, arrivée rue Olivier-de-Serres – c'est là que se trouve à cette époque le siège de Canal. Olivier de Serres ? La plaque me fait sourire. Cet agronome du XVIe siècle m'est familier. Malheureusement j'ai vendu avec ma bibliothèque l'original de son livre. Allons. Pas de regrets. Aujourd'hui, il va me porter chance. Jean et moi pénétrons dans le hall encore en chantier, où peintres et électriciens s'affairent dans une odeur de neuf, de colle, de peinture. Une hôtesse

arrive, salue Jean Carmet et m'ignore – ça commence bien –, avant de nous accompagner vers les loges. Nous traversons un décor encombré de câbles. J'aperçois une grande table en arc de cercle. Tout est blanc. Des cadreurs s'installent derrière les caméras, casques aux oreilles. Moi qui n'ai jamais encore mis les pieds dans un studio ni avant ni pendant une émission, me voilà intimidé par la technique. Carmet est le centre de toutes les attentions, tant mieux. J'en profite, parfait anonyme, pour me familiariser avec les lieux, j'observe les allées et venues des uns et des autres, j'aperçois, enfin, les cuisiniers en compétition pour l'audition. Là, je reconnais Le Divellec, grand spécialiste du poisson. Ici, Francis Vandenhende, le mari de Denise Fabre, alors speakerine sur TF1. Ils ont l'un et l'autre fait livrer des coquilles – des centaines de coquilles qui, sous les projecteurs allumés, bâillent la mort, les malheureuses.

Pour ma part, je n'en ai acheté que douze. Elles attendent tranquillement la suite dans un sac en plastique, glissé au fond de ma poche. Face à Vandenhende et Le Divellec, va-t-on me prendre au sérieux ? Frédéric Boulay, rédacteur en chef de Canal, me salue, j'en profite pour lui demander quelques conseils :

– Ne t'occupe de rien. Simplement, en arrivant sur le plateau, juste avant le début de l'émission, salue les techniciens et les réalisateurs. Ce

236

sont les maîtres d'œuvre, ceux qui décident de l'image que les téléspectateurs verront.

C'est un peu court, mais le voilà déjà parti. Heureusement, on m'accompagne au maquillage. La pièce me rappelle un peu les loges de théâtres de province où j'ai jadis joué. Je m'installe dans un fauteuil ressemblant étrangement à celui d'un dentiste, j'attends la suite. Elle arrive en la personne de Nicolas Degennes, aujourd'hui grand ordonnateur des lignes cosmétiques de Givenchy. Il me maquillera durant toute ma période Canal, et aussi tous les soirs, à L'Alcazar, quand je serai meneur de revue. Pour le moment, il examine avec attention mon visage, avant de conclure : « Vous devez sûrement picoler, ce ne sont plus des paupières que vous avez mais des capotes de fiacre ! Il va falloir vous faire opérer et retirer tout ça. » Comme entrée en matière, il y a mieux – mais j'avoue que je suivrai son conseil, des années plus tard...

Fond de teint. Poudre. Anticerne. La séance de « mise en beauté » est terminée. Retour à la loge, où je retrouve les autres chroniqueurs. L'ambiance est studieuse, lourde, pesante. Le nez plongé dans ses fiches, chacun répète son discours, conscient que l'avenir, fût-il télévisuel, ne va pas tarder à se jouer. Stress aidant, les mains tremblent, les gobelets de café s'en échappent. Ils ont le trac, c'est certain. Mais pour ma part, je reste détaché. Rien dans ce qui va arriver n'est de nature à m'atteindre. Je n'ai rien à gagner. Rien à perdre. C'est du moins ce dont je suis persuadé...

– Messieurs, bonjour.

Michel Denisot passe la porte. Tous les regards se tournent vers lui – le bon Dieu en personne, qui vient apporter le réconfort, le soutien, au moins le croit-on. Aujourd'hui, le bon Dieu est sélectif, et ne s'adresse qu'à moi, et si j'attendais un encouragement, c'est raté. Le regard noir, il me reproche pêle-mêle de ne pas avoir apporté de coquilles, et de ne pas avoir revêtu de veste blanche. Et il ressort, sans autre commentaire. Les autres chroniqueurs replongent le nez dans leurs fiches. Pas moi. Je me dis seulement que, quoi qu'il arrive, je resterai modeste, naturel, sincère, comme je le suis dans la vie. Et si mes essais sont concluants, Carmet a raison, à grande échelle, je défendrai le consommateur, je serai le pédagogue des bons produits, de la vie simple et conviviale, je soutiendrai l'échange et le respect de l'autre... ce que je fais matin et soir, à chaque service de mon restaurant lorsque je présente les plats aux clients.

– On y va !

Tiré de mes pensées, je suis, comme les autres, l'hôtesse qui cette fois nous amène en plateau. Denisot nous indique nos places autour de la grande table.

– Silence ! On va faire des essais de son !

La voix vient de la régie. À tour de rôle, nous parlons dans le micro. Quelques grésillements plus tard, la même voix annonce le décompte : « C'est parti ; 5, 4, 3, 2, 1, générique. » Autour de nous, les techniciens continuent de s'affairer. Comment me concentrer, quand ils vont, viennent, virent ? Je n'ai pas le temps de me poser la question longtemps. Mon tour arrive, Denisot me présente. Dans son regard, aucune connivence, aucune complicité. Il me paraît même distant.

– Vous n'avez pas de coquilles ?

Je glisse la main dans la poche de ma parka. Si, bien sûr. J'en ai, des coquilles. Elles n'attendaient que mon bon vouloir pour prendre place sur la table.

– J'habite au sixième étage sans ascenseur et je ne veux pas me charger inutilement. À quoi bon monter dix kilos de coquilles pleines pour redescendre huit kilos de coquilles vides ! J'ai demandé au poissonnier de me les préparer, c'est son métier, de plus cela m'a évité de me blesser en les ouvrant.

Et de sortir mon petit sac. Les coquilles sont là. De belles noix, nacrées.

– Tiens, les vôtres n'ont pas de corail, pourquoi ?

– Ce sont les organes sexuels de la coquille. Personnellement, ce n'est pas ce que je préfère. Pas de goût, donc je ne les sers pas.

Denisot sourit. Il aime les allusions égrillardes.

– Quelle est votre recette ?

– Cela dépend de qui vient dîner. Si j'invite une jeune femme, je préfère être à table avec elle plutôt que dans la cuisine, alors je les prépare d'avance. Juste émincées, arrosées d'un jus de citron. Si ma femme invite son patron et son épouse, je peux m'absenter. Pendant que les convives bavardent, je les fais revenir dans une poêle bien chaude, simplement un aller-retour pour qu'elles restent transparentes. La coquille est délicate, trop cuite elle devient sèche et dure. Quand le produit est frais, il se cuisine sans camouflage. C'est de la cuisine, pas de l'art militaire. Il faut laisser sa chance au produit. La chance de s'exprimer pleinement.

Denisot conclut.

– Je vous remercie.

Déjà ? Ah non. Je n'ai pas terminé. J'enchaîne, poli, mais ferme :

– Je voudrais ajouter un mot : n'achetez pas de coquilles surgelées, vous payeriez de l'eau au prix de la coquille Saint-Jacques (je rajoute ma petite histoire sur la méthode des margoulins). Et surtout, n'oubliez pas : pour tous les produits, il y a une saison. Les Saint-Jacques connaissent la leur de novembre à la fin avril. Respectons-la. Préservons la reproduction, donc la ressource !

– Merci on a compris !

Nous quittons Canal Plus, sans autre commentaire. Carmet, toujours amical et indulgent, m'assure que ma prestation était intéressante. Je suis pour ma part convaincu que mes débuts à la télévision seront sans suite.

Mais je me trompe. Huit jours après ces essais, l'équipe responsable du 7/9 heures réserve le petit salon de mon restaurant et, sitôt installée, m'informe qu'on m'a choisi pour participer à l'aventure. Je ne m'y attendais plus – même si, pour être tout à fait honnête, je dois reconnaître qu'au plus profond de moi, je l'ai finalement espéré. Pourtant, à l'annonce de la bonne nouvelle, je ne ressens aucune allégresse particulière. Certes je suis content. Mais pas plus que si l'on venait de me rembourser mon ticket de loto. Me voilà avec une nouvelle chance de jouer et de gagner. Je remercie. Et j'interroge. Quels seront les sujets abordés ? Et surtout, quel sera le rythme de l'émission ?

– Trois fois par semaine tu analyseras un produit, afin que les téléspectateurs apprennent à le connaître. Tu choisiras toi-même le sujet de tes chroniques. Il faudra juste le faire parvenir la veille à Michel Denisot.

– Qui achètera les produits ?

– Toi bien sûr !

– Qui les paiera ?

– Le commerçant te les donnera. Tu verras, il sera très content que tu cites son nom à l'antenne.

– Je vois mal son intérêt. S'il est commerçant dans le XIVᵉ arrondissement de Paris, le téléspectateur de Marseille ne viendra pas jusque chez lui ! Puis ma liberté de ton m'interdit de faire moi-même les achats. C'est à la chaîne de s'en charger ! Je vous signale d'ailleurs que j'ai payé les coquilles Saint-Jacques et que j'aimerais être remboursé.

– Ça ne se passe jamais comme ça à la télé.

– Vous êtes une chaîne nouvelle, vous grandirez et serez respecté en créant de nouvelles règles. Il y va de votre honneur. Accessoirement du mien. Je vous laisse dîner. À tout à l'heure.

Pendant le service, je fais défiler dans ma tête toutes les hypothèses. Vont-ils accepter ? Négocier ? Refuser ? De toute façon, je suis fermement décidé à ne pas céder. Mais je n'ai pas besoin d'insister. La dernière bouchée avalée, mes amis de Canal m'annoncent qu'ils acceptent ma vision économique de ma participation. Une réunion de travail est fixée avec l'équipe du matin. Nous allons faire connaissance, mais aussi distribuer les rôles...

Faire du neuf ! Telle est la devise de Canal. Être brillant ! Tel est le désir de tous ceux qui m'entourent – on trouvera leurs noms plus bas – lors de cette première réunion. Bien décidé à pallier mon manque d'expérience télévisuelle, j'écoute, regarde, observe. Jérôme Bonaldi sera M. Gadget, tel est son désir, il a un réseau, il est travailleur, il le fera très bien. Martine Mauléon assurera une rubrique sur l'emploi avec ferveur, un acharnement et une passion admirables, elle sera la seule dans l'univers télévisuel à incarner le combat pour sauver des chômeurs. Après avoir, avec l'aide de Canal, créé la chaîne Demain entièrement dédiée à la cause de l'emploi elle sera à son tour licenciée très injustement, et ne survivra pas à ce déshonneur. Quant à Christophe Dechavanne que je n'entends jamais évoquer son séjour sur Canal à ses débuts, il a été le précurseur de la drôlerie dans la séquence météo. Pour l'heure, chacun essaie de briller – et Denisot tempère les excès de ces novices : mes futurs camarades ont pour certains une petite expérience à la radio mais pas plus que moi ils n'ont participé à quelque émission de télé que ce soit. De mon côté, sans faire bande à part, je reste silencieux. Toutes ces discussions me semblent futiles, complaisantes, j'écoute, j'observe. Moi, le plus âgé de la bande, qu'est-ce que je fais là ? Suis-je utile, le serai-je ? Comment trouver une place au milieu de ces jeunes ambitieux à l'envie de paraître chevillée au corps ? Le temps s'étire, on parle toujours, je m'ennuie. Avant de nous quitter, Denisot nous fixe la date du filage. Consiste à tourner une émission, qui n'est pas destinée à être diffusée, dans les conditions du direct. Eh oui, déjà...

Doutes. Désarroi. Confidences aux amis. Encouragements chaleureux. Allons. Je vais, je dois, aller au bout de l'expérience. Au travail. Mes dossiers seront complets, compréhensibles, clairs et surtout instructifs, sans pédanterie. Le premier, qui traite du jambon cuit, est prestement expédié à Denisot. Dans le souci de lui simplifier la tâche, je souligne les questions qu'il pourrait me poser. Exemple : où le jambon se situe-t-il dans le cochon ? Que veut dire jambon supérieur ? Pourquoi, quand on ouvre un sachet de jambon sous plastique, de l'eau s'écoule-t-elle ?

Bien mal m'en prend. Sur le plateau, Denisot se sert de tout cela pour me piéger. Ses questions vicieuses ne me sont d'ailleurs pas réservées. Il se comporte de la même manière avec les autres chroniqueurs. Que cherche-t-il à faire ? Nous mettre en difficulté pour se donner le beau rôle, ou, au contraire, nous aider à nous améliorer en nous obligeant à mieux connaître nos sujets ? Naïf, j'opte pour cette seconde hypothèse. Après avoir pratiqué le bonhomme pendant cinq ans, à raison de trois ou quatre fois par semaine, je pencherais pour la première. Michel Denisot est un très bon professionnel, malheureusement peu généreux. Ses invités doivent surtout le mettre en valeur. Il n'aide pas. Il reçoit, distant, à peine bienveillant. Il se sert des autres mais se garde bien de les aider. Il est à l'affût du piège qu'il pourrait tendre. On tape la balle contre un mur, il est tout sauf un *sparring partner*. Une sorte de Bouvard. Laurent Ruquier ou Philippe Gildas sont l'un comme l'autre son contraire...

Mais tout cela, je ne l'apprendrai que plus tard. Pour le moment, on nous affecte des bureaux, afin de nous permettre de travailler sur place. Me voilà enfermé avec les autres chroniqueurs, dans une ambiance qui ne s'améliore pas. Nous sommes polis, mais nous nous regardons en chiens de faïence. Bonaldi est affairé à chercher ses gadgets. Dechavanne est affalé devant un poste de télé, sur lequel il regarde en boucle le pilote qu'il a tourné pour la météo. Il a visiblement oublié que nous nous retrouvions, avec ses parents, lors des grandes vacances à Coursegoules, près de Vence, et que ma belle-fille, Dominique, et lui étaient d'inséparables camarades de jeu. Malgré mes discrètes allusions il m'ignore, essentiellement préoccupé par son ego, en cours de surdimensionnement. Reste Martine Mauléon, amicale, aimable, disponible. La seule avec qui je lierai une amitié durable.

4 novembre 1984. Canal Plus émet pour la première fois. La première matinale est un peu spéciale puisque nos invités sont Catherine Deneuve et Gérard Depardieu. Ému par le trac d'un premier direct, j'en garde un souvenir confus.

Les jours suivants nous trouvons les uns et les autres nos marques, même balbutiantes. Pour ma part, je comprends vite ma responsabilité vis-à-vis des téléspectateurs : je leur dois d'être précis, clair, documenté. Pour cela, il me faut aller sur le terrain. J'enquête donc dans toute la France, du nord au sud et de l'est à l'ouest, et j'ai la chance de rencontrer de très nombreux commerçants, producteurs, maraîchers, agriculteurs, artisans, dans tous les domaines de l'alimentation. Après avoir écouté leurs doléances je décide de défendre le respect des saisons, les produits français de qualité, les prix justes. Depuis, quarante ans se sont écoulés, mais je n'ai pas changé cette ligne d'un iota, même si j'ai été vivement critiqué en acceptant de travailler aux côtés d'une enseigne de la grande distribution (j'en reparlerai plus loin)...

1985. Depuis un an, les matinales se succèdent les unes aux autres sans trouver leur public – il faut dire que Canal Plus peine à trouver des clients. Certes, Denisot est à son aise en maître du jeu – une reconversion réussie pour cet ancien commentateur sportif. Bien sûr, nous nous donnons tous à fond. Cela ne suffit pas, malheureusement. Nous apprenons bientôt qu'il faut tirer le rideau, et sans fanfare. Une dernière émission n'est jamais drôle, surtout quand on n'a aucune idée de ce que l'on fera demain, quand le dernier projecteur s'éteint, on boit un verre, on se jure une amitié indéfectible, on s'inquiète poliment auprès des uns et des autres de leurs projets dont en réalité on se moque, on s'embrasse, on a les larmes aux yeux, on se quitte et, en général, sauf rencontre fortuite, on ne se voit plus, ne se téléphone plus, on s'oublie.

J'ai toujours Modeste, auquel je consacre beaucoup de mon temps, je continue donc ma vie, sans Canal. Au plus profond de moi, je me suis imposé une certaine distance avec le média télé. Il me manque tout de même. Pas pour me regarder, sur un écran – ce que je n'ai jamais fait. Mais parce que, grâce à cet écran, justement, je pouvais faire passer des messages…

Sans le vouloir, je me suis inséré dans la spirale de ceux à qui l'on fait signe, d'un plateau à l'autre, grâce à un solide réseau d'amitiés. Martine Mauléon et Liliane Bordoni me permettent d'intégrer, sur la deuxième chaîne, une émission d'après-midi où je reprends mes chroniques. Pas grand-chose à en dire, sinon que Marc Bessou, l'animateur, me fait involontairement comprendre l'intérêt de bien connaître le sujet qu'on développe. Alors qu'il reçoit Jean-Jacques Sempé pour la promotion d'un album de dessins, il ne prend même pas la peine d'ouvrir son livre, ni de lire les fiches faites par ses journalistes. Et quand il entreprend d'interviewer Sempé, il lui parle de son « dernier roman ». Sans plus de commentaire, le dessinateur se lève et le plante là. Le direct ne pardonne pas aux cuistres.

Pour ma part, je quitte très vite ce navire amateuriste pour une nouvelle émission sur Canal Plus. Pilotée par Michel Denisot, elle est baptisée : « Zénith » et diffusée le soir, à l'heure des JT. Denisot me demande d'y participer, expérience amusante qui me permet de traiter des sujets aussi divers que les parapluies, les bretelles et les sandwichs sur le mode humoristique. D'abord perplexe, j'apprends très vite que pédagogie et humour peuvent faire bon ménage. Et je me lance à corps perdu dans cette nouvelle expérience limitée à quatre minutes par jour. Quatre minutes, dit comme cela, ça paraît court. En réalité, personne, sauf les professionnels, ne sait combien de matière il faut engranger pour les confectionner. « Monter » quatre minutes, cela veut dire tourner pendant des heures, interviewer plusieurs personnes, sans compter le temps de préparation. Nos déplacements, dans des camions siglés Canal Plus, épatent les badauds, et pour cause. Dix personnes, un réalisateur, un cadreur, un preneur de son, une scripte, une maquilleuse, un chef de production, un ou deux machinistes, un assistant, une armada impressionnante que personne n'utiliserait plus aujourd'hui, crise oblige. Mais à l'époque, pas question de restrictions. Au contraire. L'argent commence à couler à flots. Du coup, nous avons les moyens de nos ambitions, les images sont soignées, fignolées, les interviews réfléchies. On peut avoir la nostalgie de ce temps-là. On faisait de la télévision comme du cinéma professionnel alors qu'on fait de nos jours de la télé comme du cinéma amateur...

Et la télé, justement, ça continue. Denisot, récupère en effet la tranche du déjeuner, pour reprendre « La Grande Famille » que Philippe Gildas animait la saison précédente. L'occasion pour moi d'entamer un long périple sur les marchés de France. Le challenge ? Proposer la somme de 200 francs à une personnalité connue nationalement ou dans sa région, ou à une téléspectatrice inconnue, à charge pour elles de nourrir quatre personnes pendant un week-end. Cette séquence connaît un grand succès, car elle met en valeur les nombreux artisans ambulants qui tous les jours se déplacent de marché en marché. Presque toujours accompagné de la même équipe, joyeuse, enthousiaste, j'en profite, au passage, pour faire une « carte postale » de la ville visitée.

Que de souvenirs, sur les routes de France ! Nous arrivons chaque fois la veille du marché, superbement accueillis par les services de « com » de la ville. Le lendemain, à pied d'œuvre dès l'installation des marchands, nous faisons un repérage, recherchons les beaux produits, mais aussi les produits défraîchis ou indignes afin de montrer à nos téléspectateurs de quoi ils doivent se méfier. Après, petit-déjeuner copieux, premier tournage, puis apéritif, toujours le vin blanc de la région avec la charcuterie achetée sur place, un moment particulièrement convivial et chaleureux. Les commerçants nous rejoignent, les journalistes de la presse écrite et des radios locales viennent nous saluer. On travaille, mais on s'amuse aussi, on parle, on échange, on prend son plaisir, on engrange des souvenirs heureux et indélébiles. Avant de reprendre le train de retour, nous avons parfois le temps de visiter la ville ou un de ses musées. Ces périples me rappellent mes tournées, quand je jouais la comédie, même ambiance, même fraternité avec les habitants et les camarades de travail. Pour la première fois depuis longtemps, je suis heureux – bien dans ma peau, en empathie avec les hommes, et le terroir. Je travaille pour Canal Plus, mais je suis au service d'une France profonde, il me revient de lui présenter le meilleur de ses ressources, charcutailles, fruits, légumes, fromages... Voilà pourquoi nous alternons très vite sujets « marchés » et « produits ». Nous tournons trois, quatre minutes de reportage chez un artisan dont la production me paraît exemplaire. Vignerons, saucissonniers, sont présentés et peuvent grâce au Minitel vendre leur production par correspondance et se constituer un fichier de clients. Nous réussissons ainsi à venir en aide à de nombreux artisans – notre record est une vente de soixante mille bouteilles de Côtes-du-Rhône en dix minutes d'émission. Un must…

1992. Le plateau de « La Grande Famille » a commencé normalement. Autour de moi, les chroniqueurs habituels – Monteux, le patron du *Revenu français* pour les conseils financiers, Jérôme Bonaldi et ses gadgets, Martine Mauléon, l'emploi et le chômage, et bien sûr Michel Denisot. On tourne, dans une atmosphère sereine, détendue – de celles qui se créent quand une émission regroupe des gens qui se connaissent et s'apprécient. Ce jour-là, pourtant, ma spontanéité naturelle va me conduire à un esclandre qui me poursuit encore aujourd'hui. En effet, alors qu'on me présente une petite saucisse dont j'ai découvert qu'elle est loin d'être fabriquée selon le code des usages de la charcuterie, la moutarde me monte au nez. Ça, de la saucisse ? Cet amalgame de saindoux et de mauvaise tripaille ? Sûrement pas. J'attrape l'objet du délit entre deux doigts, et d'un geste totalement imprévu, même pour moi, je la lance à travers le plateau, en m'écriant : « Ça ! C'est de la merde ! » Ce moment d'anthologie est passé en boucle au zapping. Suivi, suprême honneur de ma marionnette aux « Guignols de l'info ». Revers de la médaille, « Ça ! C'est de la merde » me colle toujours à la peau… Même aujourd'hui, des jeunes gens me saluent dans la rue par ce gimmick qui fait toujours la joie des réseaux sociaux...

1993. Voilà sept ans maintenant que je suis à Canal Plus. La chaîne est devenue branchée, les abonnements rentrent, l'argent coule à flots, l'ère du bling-bling s'installe, le passage du Beaujolais au Château Petrus est rapide. La vodka copule dans les boîtes de nuit à la mode avec la cocaïne – et Jean-Luc Delarue, avec qui j'ai travaillé à « La Grande Famille », et dont je dresserai le portrait complet plus loin, est devenu une vedette. Pour ma part, toujours un rien décalé, je ressens la nécessité d'étendre mes compétences apprises sur le tas, mais aussi de les transmettre. Je suis convaincu que l'éducation du goût passe par les jeunes. Je veux apprendre aux enfants comment poussent les légumes qu'ils mangent tous les jours, l'origine des produits, comme le chocolat, le sucre, l'ananas, la vanille, les méthodes d'élevage de la poule, du bœuf, de l'agneau. Je saurai, j'en suis sûr, retrouver les mots de ma chère mémé Briquet, les gestes simples de mon grand-père, la faconde de ma bonne Léone. On m'a beaucoup donné, c'est à mon tour de rendre. Apprendre aux enfants des autres ce que j'aurais appris aux miens si le destin m'avait permis d'en avoir... De plus, je suis convaincu que la télévision peut reprendre sur un mode ludique tout ce que j'apprenais à l'école le peu de temps où j'y suis passé quand j'étais enfant.

Quand je soumets l'idée à Alain de Greef, il m'oppose un refus méprisant. « C'est pour la 3 », me dit-il. Évidemment, avec le succès phénoménal de Canal Plus il est bien vu de considérer l'échec du service public avec un dédain condescendant. C'est le côté : « On n'est pas du même monde, môssieur ! » Mais justement. Côté monde, personne n'a rien à m'apprendre. Par chance, mon amie Agnès Vincent dirige les émissions de la jeunesse de la 3. Ni une ni deux, je lui soumets mon idée, qu'elle trouve excellente. Cela s'appellera « Comment c'est fait ? ». J'ai imaginé produire moi-même, mais je pensais, et pense toujours, qu'il est difficile d'être animateur et gestionnaire en même temps. Rencontrer les dirigeants de chaîne, parler argent, ne m'intéresse pas. Jean-Louis Burgat, responsable avec Érik Gilbert de la rédaction de Canal Plus, a monté une société de production, il s'en chargera, chacun son job. De Greef, moins ou plus cocaïné que d'habitude, m'autorise à tenter l'expérience tout en restant sur Canal. Trop heureux, ou trop naïf, je ne pense pas à lui demander de confirmer cette décision par écrit. Je le regretterai plus tard – mais on n'en est pas là. Je suis tout entier à mon nouveau projet...

Le concept est simple. Deux filles et deux garçons, âgés de sept à douze ans, découvrent sur le plateau ou *in situ* des produits. Comment poussent-ils ? Où ? Quels usages ont-ils ?

Un jeu de questions-réponses, d'explications. Ensuite, on cuisine et on déguste tous ensemble. Le choix des enfants est fait par un animateur en milieu scolaire, au sein d'écoles de banlieue. Les gamins n'ont jamais tourné, mais manifestent un certain appétit d'apprendre. Nous ne procédons à aucun essai. Tout doit être une découverte. Sur le plateau, le réalisateur leur explique comment fonctionnent les caméras, la technique audiovisuelle. Et parfois, je les emmène loin des plateaux...

Je garde un souvenir ému de leur premier voyage en avion pour une série d'émissions à La Réunion. Le commandant de bord auquel j'explique le but de notre voyage leur montre la cabine de pilotage et surtout leur fait visiter les soutes. Du haut d'une passerelle ils voient deux vaches destinées à un élevage réunionnais. Nous leur montrons l'île en hélicoptère et ils peuvent, ainsi, survoler le volcan en fusion. Ils découvrent la mer, les tortues, voient des ananas en culture, de la vanille, des litchis. Leur émerveillement est une récompense.

Certains ne l'ont pas oublié, et m'adressent encore des vœux en fin d'année. D'autres m'annoncent leur mariage, la naissance de leurs enfants.

Les tournages en compagnie de ces mômes d'une sagesse incroyable, d'un professionnalisme étonnant, disciplinés, obéissants, sont mon plus beau souvenir en quarante ans de métier. J'ai la certitude de faire un travail utile, pédagogique, populaire : le service public tel que je le conçois. L'émission est un succès, elle passe le mercredi et le samedi, les adultes la regardent. Est-ce qu'Alain de Greef en a pris ombrage ? Je ne l'ai jamais su, mais sans raisons explicites, à la rentrée de la saison 1993-1994, il me demande de cesser ma collaboration avec la 3. Je refuse, arguant que j'avais son accord, que j'avais signé un contrat pour un an et qu'il me restait un trimestre à honorer. À la fin du mois, je ne reçois pas mon salaire. Ulcéré par ce chantage odieux, je me confie à Jean-Louis Burgat qui me propose d'aller voir les autres chaînes et de leur suggérer une émission quotidienne avec moi.

Deux semaines plus tard je signe un contrat avec Hervé Bourges, le président de France Télévisions, et je présente ma démission à Alain de Greef. La page Canal Plus, avec ses bonheurs et ses malheurs, est définitivement tournée. Place à la suite...

14

3 décembre 1993. Premier départ d'un historique de Canal Plus : moi, en l'occurrence. Et, pour ne rien gâter, premier départ médiatisé. Pour la dernière fois, me voilà sur le plateau de « La Grande Famille ». Surprise. Je suis l'invité principal, et j'assiste à une rétrospective de mes interventions les plus drôles de ces dernières années. Dix ans ou presque que je tourne, dix ans ou presque que je pousse des coups de gueule, dix ans ou presque que je partage mes coups de cœur. C'est dire l'ambiance. Les chroniqueurs qui sont à l'antenne avec moi manient le compliment et les regrets. Delarue, qui m'a dit, avant le clap de départ : « Ne pleurons pas, ne nous laissons pas aller à l'émotion », a les yeux embués. Du coup, discrètement, hors cadre, il appelle la caméra qui le suit, pour apparaître seul en gros plan, en larmes, à l'écran.

Malin, très professionnel, l'émotion c'est lui, pas moi. Bien joué !

Pendant le pot d'adieu qu'organise Canal, avec champagne, petits fours, mais sans substances illicites, je lui fais remarquer son « fair-play ». En riant, il me confie : « On va se retrouver dès l'année prochaine, je rejoins moi aussi la 2. » C'est un scoop. Personne sur la chaîne ne le sait encore. Il attend la nomination de Jean-Pierre Elkabbach à la présidence de la deuxième chaîne pour annoncer la nouvelle. De mon côté, dès la fin du pot, je pars sans regrets.

J'ai fait mon choix, il me faut l'assumer.

La conduite inélégante de De Greef m'a choqué. Son talent n'est pas discutable mais son comportement de patron me semble indigne de la fonction qu'il occupe. Néanmoins, comme c'est toujours le cas lors de tels événements, tout le monde s'embrasse, se jure de se revoir, de dîner ensemble, de ne pas se perdre de vue. Il n'en sera rien. À l'exception de Françoise Rousselin, la directrice des relations publiques, je ne reverrai personne même si Philippe Gildas, patron de « Nulle part ailleurs », m'invitera dans des émissions pour la promotion de mes livres, et que Denisot consentira à me recevoir une fois. Loin des yeux, loin du cœur.

Canal Plus reste malgré tout un de mes souvenirs professionnels les plus chers, probablement parce que ce fut mon école de télévision. J'ai beaucoup appris, principalement la liberté de ton. Un exemple ? Celui des glaces.

Petit retour en arrière. Au début de mes prestations pour « La Grande Famille », j'avais décidé de faire un sujet sur les glaces. J'en avais donc acheté toute une série, et j'ai, le plus consciencieusement du monde, vérifié leur composition. Surpris, j'ai constaté que la glace au cassis fabriquée par une marque célèbre – que je ne citerai pas, après tout, ils ont peut-être changé depuis – ne contenait pas une once de ce délicieux fruit rouge. L'arôme était artificiel et le colorant, de la betterave. Sur le plateau, et en direct, comme d'habitude, j'ai donc donné lecture de la composition de la friandise, et me suis exclamé : « Bravo pour cette belle arnaque, ce n'est pas une glace, c'est un attrape-couillon – de la merde glacée. » Après l'émission, avec le sentiment du devoir accompli, je suis parti déjeuner.

Au retour, patatras. Je découvre, posé sur mon bureau, un télex de l'agence de publicité de la marque de glaces que je viens de démolir. Sans rectificatif de ma part, dès le lendemain le budget de publicité sera supprimé ! Une catastrophe. À cette époque, Canal Plus ne bénéficie en effet que de très peu d'écrans de « pub ». Un malheur n'arrivant jamais seul, j'apprends que je suis convoqué par André Rousselet, le président de la chaîne, et par Pierre Lescure, le directeur général. Je les suppose furieux. Et avant de les rejoindre, je réfléchis. Au stade où j'en suis, deux solutions s'offrent à moi. Soit je me dédis et je perds toute crédibilité. Soit je donne ma démission. J'y suis prêt. D'ailleurs, à peine entré dans le saint des saints, sans laisser à quiconque le temps d'ouvrir la bouche, j'annonce que je m'en vais. Et d'ajouter : « Je comprends que les budgets de pub sont importants pour la chaîne mais je préfère partir plutôt que de passer pour un menteur. » À ma grande surprise, André Rousselet et son directeur général se mettent à rire. Et Pierre me montre le télex qu'ils ont adressé en réponse à celui de l'agence : « Acceptons la suppression du budget. » Les larmes me montent aux yeux, et je les remercie de leur confiance.

– Continuez comme cela, c'est bien, me dit le président.

J'ai eu la conviction que c'étaient des patrons.

Mais il n'y a pas que la télévision, dans ma vie. À l'époque où je quitte Canal, mon existence est fertile en événements de tout genre. Ainsi Georges Beaume, ami et client fidèle, vient-il dîner chez Modeste avec l'immense Patrice Chéreau. C'est déjà un bonheur de le recevoir à ma table. Mais il y a mieux. Dans le courant de la soirée, Chéreau me propose de prendre la gestion du restaurant du Théâtre des Amandiers, qu'il dirige avec Catherine Tasca, future ministre de la Culture du président Mitterrand après Jack Lang, à cette époque sénatrice.

L'affaire m'intéresse. Nous décidons de nous revoir à Nanterre et rendez-vous est pris...

Parfois, je suis distrait. La preuve ? Au moment de partir pour le Théâtre des Amandiers, je passe une veste vert billard. J'ai oublié que le vert, aux yeux des gens de théâtre, porte malheur. Chéreau pourrait s'offusquer de ma tenue. Il me dit simplement : « Vous, au moins vous n'êtes pas superstitieux. » C'est vrai, je ne le suis qu'un peu mais je saurai me souvenir de sa délicatesse. Pour l'heure, je suis un rien intimidé – Chéreau est déjà un homme célèbre. Il me fait d'abord visiter le théâtre, son théâtre, la grande salle, la petite. Impressionnant malgré sa petite taille, il devient imposant dès qu'il met le pied sur la scène. Pourtant, il garde un côté naïf, presque enfantin, fier qu'il est de me montrer la salle depuis le plateau, sans oublier la machinerie. De mon côté, je suis ravi que cet immense homme de théâtre passe du temps à m'expliquer comment il se sert de cet outil très complexe.

Notre visite du restaurant est plus rapide. S'il est gourmet, il s'intéresse peu à l'organisation des cuisines : « Il faut voir ces choses-là avec Catherine Tasca qui vous expliquera nos besoins. » En fait, tous deux souhaitent créer un restaurant – une cantine pour le personnel du théâtre, un bar ouvert toute la journée et un service de dîner rapide pour les spectateurs avant et après les spectacles. En quinze jours l'affaire est réglée. Des tables sont installées, la cuisine est opérationnelle, le personnel recruté. Nous pouvons démarrer. Travail énorme, surtout lors des représentations. Je fais de mon mieux, mes employés aussi. Pourtant, si les spectateurs sont satisfaits, les techniciens du théâtre renâclent. Tous syndiqués, ils se croient tout permis, exigeants, insupportables, tout leur est dû. De mon côté, je ne peux bien sûr pas être présent constamment. Certes je ne suis pas indispensable. Mais tout de même. Passé quelques mois, l'organisation se dégrade. Les comptes ne sont plus équilibrés, les ardoises du personnel sont de plus en plus difficiles à se faire payer, les serveurs, parfois novices, manquent d'autorité sur les jeunes de l'école d'art dramatique. Le coulage s'installe, l'échange drogue-bouteille devient une habitude fâcheuse, plus rien n'est sous contrôle, bref. J'ai de quoi me faire du souci. Et pourtant j'ai beaucoup de plaisir à assister aux répétitions, caché dans le fond de la salle. Pierre Romans, le directeur du centre d'art dramatique, est jeune, passionnant, les cours de Patrice Chéreau sont stupéfiants d'intelligence, de culture, de sensibilité. Aujourd'hui, ils sont morts tous les deux. Je regrette de ne pas les avoir vus plus souvent. Les dîners que j'ai pu faire avec Patrice, chez Jean-Claude et Nahal Carrière, étaient passionnants, foisonnants, chacun y allait d'une anecdote, d'une histoire sur le théâtre, l'opéra. Quant à

Pierre Romans, j'aimais dîner en tête à tête avec lui, il aurait dû être un grand metteur en scène.

La télévision. Modeste. Les Amandiers. Ma vie est déjà pleine à ras bord. Pourtant, je suis tenté par une autre proposition, celle d'Antoine Vitez, le patron du Théâtre de Chaillot. Par l'intermédiaire de son directeur, il me demande de créer un restaurant dans ce grand vaisseau qu'est son théâtre. Même si mon temps est compté, j'accepte d'autant plus volontiers que les techniciens syndiqués, encore eux, refusent de déjeuner dans ce qui aurait dû être leur cantine. Hélas. Pour arriver jusqu'au restaurant, il faut une boussole, tant le parcours est labyrinthique. Les clients sont donc rares, alors que les bars, lors des représentations font le plein de spectateurs nombreux et satisfaits. Pour ma part, j'aurais, joignant l'agréable à l'utile, aimé assister dans la salle aux répétitions bouleversantes des spectacles de Jean Vilar et de sa merveilleuse troupe du TNP. C'est Antoine Vitez qui dirige le théâtre, il ne veut personne pendant les répétitions, il n'est pas très chaleureux, ne met jamais les pieds dans mon restaurant, certes glacial mais dont la chère est largement acceptable...

Est-ce la quasi-faillite de ma vie personnelle ? La télévision et la gestion de trois restaurants ne suffisent pas encore à me combler. À cette période très active de ma vie, je m'engouffre en effet dans une autre aventure, tout à fait inattendue celle-là. Celle de L'Alcazar...

Tout le monde connaît ce cabaret dont le génial Jean-Marie Rivière avait fait le lieu le plus drôle de Paris. On pouvait y dîner, y boire un verre, et surtout assister à une revue désopilante où se mêlaient des danseuses nues et des transformistes hilarants. Jean-Marie Rivière était un bateleur incomparable, sachant se moquer avec humour et sans méchanceté des clients et personnalités présentes dans la salle. Dans la vie privée, cet homme était gentil, bon, drôle, généreux. Je l'ai souvent retrouvé à New York pendant les weekends. Il essayait d'y monter un établissement semblable à L'Alcazar de Paris. Le bistrot dans lequel il déjeunait tous les jours était l'adresse « parisienne » de New York. Il fallait y être vu, et ses clients new-yorkais qui avaient apprécié l'homme et ses spectacles venaient déjeuner avec lui. De grandes tables où l'on croisait Raquel Welch avec son nouveau mari, André Weinfeld, et Rudolf Noureev. Nos déjeuners se terminaient à l'heure de l'apéritif du soir.

L'établissement de Paris affichait complet tous les jours, son immense bar était le rendez-vous des gigolos et des filles faciles. Les danseuses et danseurs en mal de protecteurs s'y attardaient après le spectacle, dans une ambiance insouciante, joyeuse et libre, comme l'était l'époque. Le bon temps ! Après le départ de Rivière vers le Paradis latin, Frantz Salieri, qui avait eu une petite heure de gloire comme peintre, sous le nom de Saler, et s'était reconverti dans la création de spectacles (Jean-Claude Dreyfus, alias « la Grande Eugène » en était la vedette), m'a proposé de mener la revue qu'il allait monter à L'Alcazar. Pourquoi moi ? Je suis animateur à la télévision, je gère des restaurants, j'ai c'est vrai joué la comédie, mais c'est il y a bien longtemps. Rien ne justifie *a priori* son choix. Pendant notre entretien, je lui raconte combien je suis fasciné par le music-hall, j'ai vu Mistinguett lors de sa dernière prestation à l'ABC, Joséphine Baker plusieurs fois, Lisette Malidor, Liliane Montevecchi, et plus récemment Line Renaud, Zizi Jeanmaire. La descente de l'escalier me fascine. Les boys et girls dansant une ligne impeccable, tirée au cordeau, et dans un rythme fou, sont pour moi le comble du spectacle, joyeux, pour tout public. Je lis avec délectation le texte des revues de Rip, Albert Willemetz et autres rois de Paris au début du siècle. Est-ce cette passion pour ce genre de spectacles qui l'a convaincu de m'engager, je ne lui ai jamais posé la question, je n'ai donc pas de réponse mais je me le demande encore. Quoi qu'il en soit, j'accepte, avec pour seule condition de ne pas avoir à faire le bateleur comme Jean-Marie Rivière, inimitable dans cet exercice...

Le problème, je l'ai déjà dit, c'est que je suis occupé et même très occupé. Chaque jour, sauf le dimanche, il faut que je coure de Modeste à Nanterre, en passant par la place du Trocadéro, la rue Dauphine, et les studios de Canal Plus rue Olivier-de-Serres – lorsque j'y travaille encore. Pire encore. Je dois être au bon endroit au bon moment : celui du ramassage des caisses. Qu'importe, même si c'est épuisant. Les répétitions du spectacle de Salieri me passionnent. Apprendre à danser en rythme, à plus de quarante ans, demande beaucoup d'humilité, surtout quand on est entouré de jeunes professionnels. Je ne cherche pas à les imiter ni à devenir danseur professionnel, ce n'est pas le rôle du meneur de revue, mais dans un final quand tout le monde est en ligne et en rythme il est préférable de ne pas avoir un temps de retard.

Je me plie à une rude discipline – et j'attends, comme mes collègues, de connaître enfin le thème du spectacle que nous allons donner. Peu à peu, Salieri dévoile ses projets – et il se révèle que l'homosexualité, qui le fascine, sera au cœur de la revue. Un pari, que nous gagnerons à force de talent, c'est au moins ce qu'il nous affirme...

La première. Celle dont nous rêvons. Elle est là, toute proche – elle aura lieu ce soir, devant le Tout-Paris, invité par Canal. À l'époque, la chaîne organise des fêtes, Françoise Rousselin mon amie chargée des relations publiques a proposé de réserver la salle le soir de la première. Nous avons tous un trac effroyable, d'autant qu'il s'agit de notre dernière répétition. La date de la première avait été fixée et nous étions charrette. Habituellement, pour un spectacle aussi compliqué il aurait fallu que la première ait lieu après une dizaine de représentations pour que nous puissions nous roder, avoir les places dans les jambes et surtout l'assurance d'être au point. Salieri était persuadé d'avoir réinventé la revue alors qu'en fait, il refaisait ce qui avait déjà été fait bien longtemps avant lui.

Dans toute revue qui se respecte il y a un cancan, Salieri a cru original de faire enregistrer la musique uniquement avec des cuivres ; Offenbach par des cors, des bassons, et autres trompettes, n'encourage ni à l'entrain ni à la gaieté. Le mariage pour tous n'est pas encore d'actualité et les scènes d'amour saphiques sur un air de tango évoquant les mœurs d'Eva Perón, ou les caresses particulièrement suggestives que les danseurs échangent entre eux derrière des rideaux de douche plus ou moins – plus que moins – transparents, ne nous valent que des applaudissements polis. Bien sûr, il y a tout de même quelques numéros de transformistes hilarants. Mais c'est un succès honnête, sans plus, qui, passé les premières « vraies » représentations, ne se transforme pas, bien au contraire, en triomphe. Les habitués des lieux, à l'exception des clients à la recherche de chair fraîche, n'apprécient guère notre prestation. Normal. Ce spectacle est un malentendu, le lieu et la clientèle d'habitués étant en inadéquation totale. Je garde des souvenirs effroyables de représentations données devant les salles louées par une grande marque de voiture, lors du Salon de l'auto – le public ne nous accorde pas un rire. Pas même un sourire ! Et que dire des journées de Noël et du Nouvel An, à cinq représentations par jour, 10 heures-minuit devant des retraités de la SNCF qui ne comprennent rien à ce qu'ils voient ! Ce sont pour moi des moments de stress, presque d'humiliation. Devant l'échec du spectacle Salieri ne se montre plus. Son beau-frère, propriétaire des lieux, attend tous les soirs la recette avec impatience pour pouvoir la jouer au poker, ce qui ne nous permet pas d'être payés de nos salaires aussi régulièrement que nous pouvons y prétendre. Les bons souvenirs sont liés à mes échanges et plaisanteries en coulisse entre les membres de la troupe, mes dîners avec certains d'entre eux. Des gags inattendus nous réjouissent et nous les maintenons puisque Salieri a disparu. Ainsi un soir, en descendant l'escalier, ma chaussure quitte mon pied pour disparaître dans la salle. Tout le monde éclate de rire, je finis la descente de l'escalier un pied en chaussette et, devant l'effet imprévu mais comique, je descends dans la salle pour la chercher, le public s'amuse à se la lancer. Enfin, j'attrape ma chaussure, je remonte et nous recommençons le tableau, moi chaussé. Nous gardons ce gag imprévu mais certains soirs ma chaussure reste obstinément à mon pied.

Je reste fidèle au poste durant la petite année que tout cela dure. Et pour finir, je quitte L'Alcazar sans regrets ni grande envie de recommencer une telle expérience.

Bonne nouvelle, pourtant. Mes relations avec ma mère se sont stabilisées. Elle se montre fière de moi. Quand elle fait ses courses, on lui demande si elle a un lien de parenté avec le Coffe de la télé. « Je suis sa mère », répond-elle avec un certain orgueil. Elle s'est abonnée à Canal Plus, fixe ses rendez-vous en fonction de mes passages à l'antenne.

Quand il arrive que des gens me saluent courtoisement dans la rue, elle me fait remarquer :

— Tu ne m'as pas présentée ?

— Mais je ne les connais pas !

— Pourquoi te disent-ils bonjour alors ?

— Parce qu'ils me reconnaissent de la télé.

Cela la surprend agréablement, c'est du moins ce que je pense. En est-elle heureuse ? Je l'espère...

Mais avec elle, la roche Tarpéienne est proche du Capitole. Lorsque nous déjeunons ensemble, toujours dans le même restaurant, Chez Constant, ses commentaires sont souvent peu aimables : « Tu étais mal habillé », « Tu n'aurais pas dû dire ceci ou cela. » Mon « Ça ! C'est de la merde » l'a choquée. Elle aurait souhaité que je dise que j'avais tout appris de ma grand-mère Marie – sa mère. Je lui rappelle que ce n'est pas la vérité, que Marie ne m'a jamais manifesté la moindre tendresse ni affection. « Ta mère était une garce, elle n'aimait ni ma cousine Danielle [la fille de ma marraine, la sœur de ma mère] ni moi. » Cette pauvre femme a eu une fin de vie plutôt humiliante car son anus artificiel laissait entendre des borborygmes qui me faisaient pouffer de rire. Ce n'était pas charitable mais irrépressible. Au cours de ces déjeuners, même si nous échangeons plus que nous ne l'avons fait depuis ma naissance, ma mère et moi avons un sujet tabou : son comte. Nous n'évoquons jamais son nom ni même son existence. Il est devenu pour moi un étranger. J'espère qu'il le restera. Ma mère, elle, je ne me résigne pas à l'oublier et je dois même avouer que, au fond de moi, je suis toujours en quête de ses (rares) compliments... J'accepte même, à contrecœur, de dîner chez elle, et d'être présenté à ses amis. Je m'ennuie ferme. Leur curiosité à propos de la télévision me met souvent en porte-à-faux car je suis incapable de leur parler de ce qui se passe sur les autres chaînes. Difficile de faire admettre à des gens qui n'ont aucun autre rapport avec ce média que de la regarder que participer à une émission ne donne pas accès aux petits secrets (ni à toutes les coulisses)...

1993, toujours. Ma ronde folle continue – à croire que je mène dix vies en même temps, et que les journées ont plus de vingt-quatre heures. Je reçois en effet un coup de téléphone de Laurent Ruquier qui, après déjà un an de succès dans « Rien à cirer » sur France Inter, me demande d'y participer. J'accepte, ravi. Je n'ai jamais fait de radio. Nouvelle expérience. Enrichissante. Joyeuse. Un autre monde. Je découvre un meneur d'hommes, un passeur d'humeur toujours égale, d'une générosité rarissime, aimant le partage, ayant un sens de l'équipe, du clan, inconnu dans ce métier jusqu'alors. Et dont je n'ai jamais trouvé l'équivalent depuis. Ruquier est un homme de qualité, fidèle. Après vingt-cinq ans de pratique régulière, mon opinion sur lui n'a pas changé.

Dans son émission, où je me rends deux fois la semaine – ce qui s'ajoute à toutes mes autres activités –, je rencontre Christine Bravo, Franck Dubosc, qui va devenir la star que nous connaissons tous maintenant. Gérard Miller, le psychanalyste qui, le temps faisant, est devenu moins sectaire, plus humain, fréquentable. Guy Carlier qui est dans sa pire période, celle où il se croit tout permis, caché derrière un micro. Il a la très fâcheuse habitude de critiquer violemment ses camarades en leur absence, ce que je n'apprécie pas du tout. Surtout quand le lendemain, après avoir proféré ses insanités, il manifeste une amitié débordante. Un jour, alors qu'il a lancé des critiques argumentées par des inexactitudes grossières sur une émission que j'avais faite la veille, je suis arrivé au studio et l'ai giflé brutalement. Il est tombé de sa chaise. Je me suis bien gardé de participer au « ramassage ». Les programmateurs de l'émission se sont organisés pour que je n'aie plus de contacts avec lui et nous sommes restés brouillés longtemps avant de nous retrouver quelques années plus tard chez Michel Drucker alors que je participais chaque week-end à « Vivement dimanche prochain ».

1993 encore, mon amie Agnès Vincent vient d'être virée grossièrement du poste de directrice de l'unité jeunesse de France 2. Elle est remplacée par Mireille Chalvon qui me fixe un rendez-vous dans son bureau en début d'après-midi. Elle est en retard. Quand elle arrive, je me présente : « Coffe. » Sans salutations, elle me demande si j'ai pris les mesures, et dans quels délais je compte commencer la peinture de son bureau. Je comprends que cette grosse dame, habillée de gris, le cheveu de même couleur tiré en chignon mal tenu, la mise négligée, ne sait pas qui je suis. Je me présente à nouveau en lui expliquant, poli mais agacé, que je viens pour le renouvellement du contrat de l'émission qui génère 16-17 % d'audience. Elle m'interrompt pour me préciser qu'elle a dix-sept petits-enfants, qu'ils me détestent, et que, compte tenu de leur avis, l'émission est supprimée. « Vous avez compris, vous sortez de la grille. Je trouverai facilement à vous remplacer. »

Que dire ? Que faire ? Je me lève et je quitte la pièce. Je devrais être triste de perdre une émission qui me tient à cœur, de laisser en plan les enfants. Mais en matière de télévision, je le sais, un clou chasse l'autre – et je n'ai le temps de m'appesantir ni sur eux ni sur moi. J'ai transmis un temps ce que je sais. Maintenant, un autre challenge m'attend. Je dois préparer « C'est tout Coffe », l'émission que Jean-Louis Burgat et moi venons de signer pour la 2. Il faut travailler, nous avons un mois et demi devant nous.

Demain sera un autre jour...

15

Avant d'attaquer 1994, j'ai besoin de réfléchir calmement à ces dix années passées et surtout à mon avenir. De faire le point, en quelque sorte – de remettre les pendules de ma vie à l'heure.

J'ai énormément travaillé. Sans mérite, j'aime ça. Sans doute trop, probablement dans la précipitation. J'ai accumulé les expériences, dans des domaines très différents, la télévision, la radio, l'écriture, la gestion de restaurants, les miens et ceux qui ne m'appartenaient pas. J'ai payé une partie de mes dettes. Jusqu'à présent la chance, l'amitié sincère de quelques fidèles, m'ont accompagné, soutenu, aidé – et cela compense, un peu, le fiasco de ma vie privée.

Mais tout de même. J'ai conscience que ma vie est un tourbillon dans lequel je me perds, parfois. Du matin au soir et du soir au matin, je cours d'un endroit à l'autre, sans prendre jamais le temps de souffler. Je dois faire du ménage dans mes multiples activités. Lesquelles conserver ? Lesquelles développer ? Lesquelles arrêter ? Je me suis dégagé de mon restaurant Modeste que j'ai revendu à mon associé Platek, dont mon amie Agnès Vincent s'est séparée. Il en a confié la gestion à ma comptable à laquelle il trouve beaucoup de charme et même davantage ! On ne se méfie pas suffisamment de la gestion des comptables mal baisées quand on a un associé.

Modeste m'a permis de clôturer brillamment ma carrière de restaurateur. Je n'y reviendrai pas, sans regrets, même si quelquefois j'ai pu avoir des tentations vite réprimées. Les anciens confrères avec lesquels je parle encore sont dégoûtés du métier. Les contraintes administratives, les horaires du personnel, les exigences salariales des chefs, sans oublier les difficultés du maraîchage et de l'élevage de qualité qui les obligent à des compromissions indignes, ayant pour conséquence l'invasion de l'industrie agroalimentaire dans les cuisines, et la quasi-disparition du « fait maison ». Dans ces conditions, je me vois mal revenir dans cette profession qui, désormais, est derrière moi, comme un certain nombre d'autres expériences.

Ainsi, en 1990, ai-je soumis à Pierre Lescure et à Alain de Greef une idée de série télévisée intitulée « L'Autre Passion des stars ». En fréquentant les noms prestigieux du théâtre et du cinéma, j'ai pu constater, en effet, que chacun d'entre eux avait une passion secrète. Catherine Deneuve jardine, elle met les mains dans la terre, taille elle-même ses rosiers et ses arbustes. Une promenade ensemble à Bagatelle m'a convaincu que, pour elle, la nature n'était pas une posture mais bien une passion. Dans les salons ou fêtes des plantes – qu'elle connaît par leur nom latin – elle s'adresse aux producteurs avec respect et compétence. Surprenante. Pierre Perret, lui, élève des cochons avec égard et considération et fabrique sa charcuterie comme un vrai professionnel. Jean Poiret est passionné par l'opéra, il rêve de faire la mise en scène de l'un d'entre eux. Ses compétences musicales devraient nous assurer une belle émission. Jean Carmet aime les trains, en particulier les trains de province. Il bavarde avec plaisir avec les conducteurs, contrôleurs et chefs de gare. Il ne voyage jamais sans son Chaix…

Canal Plus a accepté le principe de ma série, Jean-Louis Burgat la production. Le premier sujet a été consacré à Gérard Depardieu, qui venait d'acheter le château de Tigné en Anjou. Nous avons tourné ses premières vendanges. Il était heureux, fier, enthousiaste et disponible. Il était un homme sincère et généreux, à aucun moment il n'a fait l'acteur, ou tenté un personnage de vigneron. J'ai encore quelques bouteilles de ses cuvées « Cyrano » et « Mozart » achetées à l'époque. Après vingt ans de cave, le vin est parfait, représentatif de son terroir et de son appellation. Pour la sortie du film, diffusé sur Canal avec grand succès, j'ai assuré la promotion en vantant la qualité de ses vins. Un vrai bonheur…

Mais Canal est désormais derrière moi, et « Depardieu vigneron » n'aura donc pas de suite. Dommage…

D'autres choses, en revanche, continueront, je le sais déjà, à commencer par ma participation aux « Grosses têtes », entamée voilà quelques années déjà. Mais ce que j'ignore, en cette année 1994, c'est que je resterai aux côtés de Philippe Bouvard pendant treize longues années. La période heureuse sera celle des émissions avec Jean Dutourd, Jacques Martin, Léon Zitrone, Sim, Jacques Chazot, Isabelle Mergault, et Olivier de Kersauson. Elles seront ébouriffantes de folie. À nous, tout sera permis, au moins en aurons-nous l'impression. Ainsi, à l'époque de la candidature de Delanoë à la mairie de Paris, Jean Yanne et moi imaginerons présenter la nôtre, avec un projet sans équivoque : transformer les salons de l'Hôtel de Ville en un gigantesque lupanar pour éviter à Bouvard de traîner au bois de Boulogne. Certains auditeurs nous adresseront même des chèques de participation à la campagne. Je reprendrai, aussi, l'une de mes farces préférées, convaincre les auditeurs propriétaires de cerisiers d'y installer des harengs saurs afin de faire fuir les merles très amateurs de cerises bien mûres. Cette affirmation déclenchera une polémique entre les ornithologues, les uns prétendant que l'idée est excellente parce que l'odeur du hareng fera fuir les oiseaux et les autres affirmant que les volatiles en général n'ont aucun odorat. Les saurisseurs feront sans doute quant à eux de bonnes affaires !

Mais petit à petit, les pensionnaires historiques tireront leur révérence pour rejoindre le paradis des humoristes, l'émission deviendra moins culturelle, moins délirante, plus graveleuse. Bouvard, épris de liberté, deviendra censeur quand l'un de nos propos lui déplaira – essentiellement quand nous nous moquerons de son revirement politique. Il n'admettra plus aucune suggestion ou critique, coupant court à nos remarques, d'un geste sans équivoque, celui des ciseaux. Très autoritaire, souvent blessant, odieux même pendant l'émission, il traitera ses collaborateurs avec méchanceté. L'émotion, l'apitoiement, la générosité ne sont pas ses qualités premières. À l'exception d'une fois, et ça le concerne intimement : le fils du médecin qui le soignait enfant, et qui me soigne alors, m'apporte un jour quelques feuillets de papier pelure dactylographiés en me disant qu'il s'agit là des premiers textes écrits par Bouvard adolescent, il me prie de les lui remettre. Je lui en parle et lui propose de l'inviter à dîner à L'Ambroisie, célèbre trois-étoiles de la place des Vosges. Piqué par la curiosité il accepte. Sitôt arrivé au restaurant je lui remets l'enveloppe cachetée qu'il glisse dans la poche intérieure de son veston sans l'ouvrir. Après avoir commandé notre menu, il sort l'enveloppe, l'ouvre avec détachement, jette un œil distrait sur le contenu, et remet les feuillets à leur place avant de leur faire réintégrer sa poche. Le dîner se déroule rapidement, conversations banales, sans intérêt, il aime la table mais pas s'y attarder. Les plats roboratifs ont sa préférence tout comme les Bordeaux. À la fin du repas je me lève pour régler l'addition, à mon retour, il lit les textes. À peine suis-je assis qu'il range précipitamment les feuillets dans sa poche, essuie ses yeux pleins de larmes avec sa serviette. Gêné, penaud, il termine son dessert sans autre commentaire et ne demande pas l'adresse de mon médecin pour le remercier de la transmission. Ce sera le seul moment d'émotion manifeste de notre long parcours commun de treize années.

Nous cesserons notre collaboration brutalement. Certes les nouveaux pensionnaires sont drôles – je pense à Bernard Mabille, Amanda Lear, Jean-Jacques Peroni – mais dans ce type d'émission il faut savoir rire de soi et aussi se distraire, or ce ne sera plus le cas. Je m'ennuierai. Présent parce que le salaire est important, je finirai par ne plus me respecter d'y être pour cette seule raison. Je réduirai mes prestations à une présence hebdomadaire, parfois moins, ce qui l'agacera. Je ne serai plus à sa botte, disponible selon son bon vouloir.

Ses coups de fil deviendront menaçants, aussi déciderons-nous de déjeuner ensemble. À peine aurons-nous rejoint notre table, qu'il me lancera :

– Tu veux me quitter pour rejoindre les pédés, les drogués, les gauchistes de Ruquier ? (Il avait deviné.)

– Je le préfère à un vieux con.

On peut aisément s'imaginer qu'après cet échange apéritif le déjeuner sera court et sinistre. Nous ne nous reverrons qu'une seule fois chez Drucker, où il viendra pour la promotion d'un de ses livres. Notre rencontre sera polie, sans chaleur excessive mais sans animosité. Tout de même. Je dois rendre justice à Bouvard. Malgré ses défauts, il n'en reste pas moins un homme brillant, spirituel, cultivé à sa manière. Un dinosaure de l'humour.

Retour à 1994. Retour à mes réflexions. Retour à mes souvenirs. Lorsque j'étais encore propriétaire de la seconde Ciboulette, celle de la rue Rambuteau, l'un de mes clients, riche protecteur d'une jeune ambitieuse qui souhaitait diriger une maison d'édition, est venu me proposer d'écrire un livre.

– Un livre ? moi ? Je n'ai même pas mon certificat d'études, j'en serais incapable !

– Ce n'est pas un problème, nous ferons écrire. Les nègres, ça existe.

Je connaissais l'existence de ces écrivains de l'ombre, *ghostwriters* en anglais, jolie formule.

Mais j'ignorais tout de leurs méthodes et de leurs procédures.

– C'est simple, tu dictes sur un magnétophone, ils réécrivent correctement et on édite.

Cette façon de faire ne m'inspirait rien de sympathique. Je revoyais mon ami Carrière à son bureau, feuille blanche et panoplie de stylos devant lui.

– Réfléchis, on en reparle, me dit l'éditeur.

– Vous voulez un livre sur quel sujet ?

– Les usages au restaurant. Une sorte de savoir-vivre pour apprendre comment bien s'y comporter, comment choisir, sur quels critères.

– D'accord. Je réfléchis, et nous en reparlerons.

Un livre sur le savoir-vivre au restaurant ? Certes, le sujet m'était familier. Mais la rédaction ! J'en ai parlé avec mon ami Jean-Claude Carrière qui m'a fermement encouragé à essayer.

– Je serai là, je t'aiderai. Commence par faire un plan.

Son avis a été suivi. Je me suis mis à travailler. J'avais quelques idées, je les ai mises en ordre. Mais tout de même. J'étais bien empêtré. Il me fallait donner des conseils, ce dont je n'avais jamais éprouvé ni le besoin ni l'envie. Que dire ? Et surtout, comment le dire ? Et à qui ?

Quand ma cliente candidate à diriger une maison d'édition est revenue et qu'elle m'a interrogé sur la suite que j'entendais donner à sa proposition, je lui ai suggéré de m'offrir les services d'une secrétaire. J'allais essayer de dicter. Après seulement, je réécrirais peut-être, si j'y arrivais. Elle a accepté. L'une de mes amies partait dans sa maison de Villedieu. Elle m'a proposé de m'accueillir avec la secrétaire pour travailler au calme. En arrivant sur place, j'ai appris que Jean Carmet et Gérard Depardieu étaient dans le même village et qu'ils tournaient le film de Rouffio *Le Sucre*. Joie de les retrouver et certitude que mon travail allait en pâtir. Le premier soir, je ne me suis pas manifesté. Ils ont tout de même appris ma présence. Ils ont réveillé le village en hurlant mon nom. Je me suis précipité à leur rencontre, les lumières s'allumaient, les volets s'entrouvraient au fur et à mesure de ma course. Une fois réunis, les beuveries ont commencé. Nous sommes allés jusqu'à inventer le jeu le plus bête du monde qui consistait à courir le plus vite possible et à se jeter contre un mur avec l'espoir de passer au travers.

Merci, Marcel Aymé, de nous avoir donné cette idée.

Le troisième jour, le mur était toujours aussi dur. J'ai compris que mes camarades, moins courageux ou plus malins que moi, s'arrêtaient à quelques centimètres alors que sa résistance m'a valu trois côtes cassées. Mes deux compères se tire bouchonnaient de rire. J'étais laminé par la douleur. À l'hôpital, le lendemain, après une nuit de souffrance, le médecin auquel je me suis adressé a voulu connaître les raisons de mon accident. Mes explications ne l'ont pas fait sourire. Il a imaginé que je me moquais de lui et m'a vivement dirigé vers le service psychiatrique en me montrant la porte de son cabinet. Le récit de ma consultation a décuplé l'hilarité de mes amis. De mon côté, j'ai tiré de ces huit jours prévus besogneux deux conclusions : les côtes cassées n'empêchent pas de boire et l'abus de boissons alcoolisées ne facilite pas le travail d'écriture.

À mon retour, mon cahier vierge de toutes lignes, j'étais plutôt penaud. La secrétaire de l'éditeur avait tout raconté à son patron, omettant seulement d'avouer qu'elle avait participé à nos agapes. C'était raté. Mais ce n'était que partie remise. Quelque temps plus tard, comme piqué au vif, je suis parti seul en Bretagne, dans une maison isolée, pour faire une nouvelle tentative. La bonne, cette fois. M'imposant un rythme de travail intensif, je suis rentré avec une centaine de pages que j'ai données à ma mère pour qu'elle transforme mes gribouillis en tapuscrit que j'avais l'intention de soumettre à Jean-Claude Carrière avant de me risquer à le présenter à l'éditeur. À ma mère, quelle idée ! À toutes les pages elle récriminait :

– Tu veux écrire, toi qui fais des fautes à tous les accords.

Elle se transformait en maîtresse d'école. Sans le vouloir, j'avais trouvé un nouveau prétexte pour subir ses remontrances. Qu'est-ce que je n'ai pas entendu !

– Tu n'y arriveras jamais, c'est trop mauvais, ce n'est même pas français.

Jean-Claude Carrière a été plus indulgent même s'il est resté sévère. Grâce à ses conseils, le manuscrit a pris forme. Après quelques mois, j'ai pu remettre deux cents et quelques pages à l'éditeur. Rien à voir avec le projet que nous avions évoqué. Des anecdotes, des récits de comportements étranges et inattendus de clients. Le livre est paru sous le joli titre de *Gourmandise au singulier*. Il a connu un échec cuisant, introuvable en librairie malgré une presse sympathique.

Tous les deux ou trois jours, je passais à la librairie du Drugstore Matignon où la libraire, attendrie par ma mine déconfite, avait la gentillesse de poser quelques exemplaires sur sa caisse. Je la quittais désespérée par mes visites. Je me suis juré qu'on ne m'y reprendrait pas et que ce serait la première et la dernière de mes tentatives livresques. Comme on peut s'en rendre compte, je n'ai pas vraiment respecté ce serment...

Mais ce n'est pas tout à fait ma faute. Quelques années plus tard, en effet, grâce à Gérard Oberlé, celui-là même qui avait constitué ma bibliothèque de livres anciens, j'ai fait la connaissance de Jean-Claude Simoën qui, à cette époque, dirigeait les Éditions 1900, filiale des éditions Belfond. Cet homme très cultivé, brillant, beau parleur, a été mon éditeur pendant longtemps. Il a deux défauts sur lesquels on peut passer quand on le connaît bien : il s'attribue des pouvoirs à l'intérieur des maisons d'édition qui l'emploient, qui n'ont rien à voir avec la réalité, et surtout il a une fâcheuse tendance à prétendre avoir écrit les livres qu'il édite.

Pour me tester, il m'a demandé de préfacer la réédition du livre *Usages du monde, Règles de savoir-vivre dans la société moderne* de la Baronne Staffe paru pour la première fois en 1889, fréquemment réédité, puisqu'en 1911 à la mort de l'auteur, ce seul premier titre avait été vendu à trois cent quatre-vingt mille exemplaires. À l'époque l'impôt sur le revenu n'avait pas encore été inventé et cette fortune vous faisait changer de statut. Je rappelle que la Baronne Staffe, née Soyer, avait été recueillie par deux de ses tantes, sœurs de sa maman. Celles-ci, très rigides sur les mœurs, étaient demoiselles des postes à Savigny-sur-Orge. Blanche Soyer, tel était son nom, est restée célibataire toute sa vie, elle a signé Staffe en hommage à l'homme de sa vie qu'elle avait rêvé. L'ouvrage est diabolique de naïveté et d'habileté, très inspiré des livres de référence de ses tantes : le code civil de la politesse, du ton, des manières, de la bonne compagnie et de la civilité puérile et honnête.

Consciencieux, je me suis mis à la recherche d'éléments biographiques sur la Baronne. Je n'en ai trouvé que très peu. Aussi lui ai-je inventé une vie romanesque avec un cavalier qu'elle aurait pu rencontrer à Sedan, sous-préfecture des Ardennes où elle est née. Et pour la première fois, j'ai goûté à l'écriture, la vraie, celle qui délie l'esprit, et procure l'enivrante sensation du travail bien accompli. Écrire, je m'en aperçois, ce n'est pas seulement aligner les mots, mettre bout à bout des phrases. C'est aussi et surtout les mettre en musique, comme d'aucuns composent une symphonie. Quand elle est réussie, la page que l'on vient de terminer vous enivre comme le ferait le meilleur vin, quand elle ne l'est pas, se creuse en vous un sentiment de tristesse et de rage, qui vous fait prendre la plume de nouveau, et raturer, encore et encore, jusqu'à arriver au bout de votre idée. Cette écriture-là n'a nul besoin de nègre, elle sort de soi, comme jaillit une source d'un terrain aride, je ne l'oublierai pas...

L'essai a été jugé concluant – rien d'étonnant, finalement, je m'y suis donné corps et âme. Simoën m'a commandé un ouvrage – *Le Bon Vivre*. J'y traitais aussi bien du foie gras que des vins primeurs, du cigare, des parfums, du lit, du surimi, des huîtres, que de la calvitie – toutes choses abordées dans mes chroniques de Canal Plus. Sincèrement je pensais, après l'échec de *Gourmandise au singulier*, mon premier livre, que je ne réussirais jamais à aligner suffisamment de mots cohérents pour faire un livre. Le déclic a

287

été la préface qui m'est venue facilement et qui au bout du compte a été très peu corrigée, même par Simoën, qui a la fâcheuse habitude de « bricoler » les textes à sa manière. Finalement, la bienséance m'a menée au bon vivre. La chance m'a souri, j'en ai vendu six cent mille exemplaires, un miracle. Les droits d'auteur m'ont permis de payer une partie de mes dettes et de louer un appartement modeste mais confortable.

Devant ce succès, l'éditeur m'a demandé une suite. Par chance, et toujours grâce à mes enquêtes de Canal, j'ai pu livrer un deuxième livre – *Le Vrai Vivre* –, qui a également trouvé la faveur du public. Un nouveau miracle, qui m'a valu la considération de Belfond, propriétaire de la maison d'édition…

Il est allé, c'est rare, jusqu'à m'inviter à petit-déjeuner chez lui, et, sans doute dans l'espoir d'avoir rapidement une suite, m'a couvert de compliments, assurant que mes deux ouvrages étaient devenus ses livres de chevet – un chapitre par soir, avant de dormir, pas moins. Le discours était prévisible, mais flatteur, le café très mauvais. Devant ma grimace alors que je l'avalais, il a lancé :

– Je sais ! Mon café n'est pas bon. Dans votre prochain livre, il faudra consacrer un chapitre à ce breuvage.

Un chapitre sur le café, il y en avait déjà un, et j'ai réalisé, à cet instant, qu'il n'avait jamais lu mes livres. Je me suis levé, et je lui ai dit :

– Vous lisez un chapitre par soir, le 23 du premier volume, consacré au café, vous aura sans doute échappé ! Je n'aime pas les flagorneurs. Je ne suis pas sensible à leurs discours...

J'en serais bien resté là, mais, par contrat, je lui devais encore un livre. *Au secours le goût* a été, en 1993, ma dernière collaboration avec Belfond...

N'empêche. Après ces trois succès de librairie, je serai à nouveau sollicité par quelques maisons d'édition, et non des moindres. Je rejoindrai Jean-Claude Simoën, mon premier éditeur, aux éditions Plon. Il me présentera à Olivier Orban, le président de cette prestigieuse maison qui a, à son catalogue, les Mémoires du général de Gaulle. Nous trouverons rapidement un terrain d'entente et, dès la signature du contrat, je me mettrai au travail pour rédiger *Comme à la maison*. Deux tomes, classés par produits ou grandes familles de recettes, œuf, potage, volaille, abats, viande, poisson, un projet ambitieux, une sorte de vade-mecum de la maîtresse de maison...

Pour pouvoir tenir les délais de livraison du livre, il me faudra engager une secrétaire. Simoën suggérera une femme délicieuse, Françoise Bouquet. Elle restera dix ans à mes côtés, avant de mourir douloureusement. Nous nous entendrons parfaitement, sans doute parce qu'elle sera impitoyable. Parfois, souvent même, alors que je lui dicterai un texte, elle s'arrêtera de taper à la machine, retirera sa gauloise du coin de sa bouche et m'annoncera : «Je m'emmerde, c'est de la daube.» Elle boira un verre de blanc et m'indiquera la coupe à effectuer. Nous prendrons très vite une habitude. Avant d'écrire la première ligne de l'un de mes livres, je l'inviterai à déjeuner, lui raconterai le sujet de l'ouvrage et lui proposerai une liste de vins blancs que nous pourrons boire pendant nos échanges. Notre rythme sera généralement de quelque cent vingt bouteilles par livre. Mais pour dresser l'ambiance, boire ne suffit pas. Nous aimons, tous les deux, nous bercer de musique. Comme le vin, nous la choisirons ensemble. Le compositeur arrêté, je me rendrai à la FNAC et achèterai l'ensemble des œuvres enregistrées. C'est ainsi que je constituerai une bibliothèque discographique des plus éclectiques. Boire bon, accompagnés d'une musique en adéquation avec le vin et le sujet, nous donnera du cœur à l'ouvrage. Nous commencerons tôt, terminerons tard. Nous ignorerons les trente-cinq heures. Ce sera le bon temps.

Avec Françoise, tout ne sera que bonheur, connivence, complicité jubilatoire. J'écrirai une vingtaine d'ouvrages avec cette irremplaçable complice, sans oublier une dizaine de préfaces, une rubrique sur RTL, un article hebdomadaire pour le journal *Elle*. Trois ans plus tard, j'aurai fait le tour des sujets et chaque semaine deviendra un supplice... Ma collaboration avec ce magazine prestigieux cessera alors, à ma grande tristesse car ces articles me permettent de mettre en valeur des artisans de bouche et de dénoncer les méfaits de margoulins qui maltraitent les produits français...

À la sortie du *Bon Vivre* – promotion oblige –, je suis interviewé par Jean-Jacques Bourdin qui assure alors la matinale de RTL. Il dirige maintenant de main de maître la matinale de BFM TV. Grâce à Jean-Jacques Bourdin et à cette interview, RTL m'a proposé une petite rubrique dans son émission matinale, j'en ai été très fier, c'était pour moi l'occasion de croiser, au hasard des jours, des journalistes éminents, talentueux, généreux de leurs conseils, Jacques Esnous, Bernard Poirette, Patrick Cohen qui assume à présent avec un incontestable succès la matinale de France Inter. Dès le matin, tôt, les journalistes sont là, l'odeur du café flotte, la fumée des cigarettes envahit la salle commune, les grouillots s'affairent pour apporter les dépêches. Une ambiance de frénésie, d'exaltation, d'excitation. La fièvre du matin. Dès le journal de 9 heures terminé, le calme revient. La sérénité s'installe pour un moment avant la préparation du journal de la mi-journée...

La télévision. La restauration. La radio. Les livres. Que de choses ! Trop de choses, encore une fois... Mais voilà. À chaque fois que je m'apprête à cesser une activité, une autre s'annonce, à laquelle je ne peux ni ne veux renoncer – sachez, lecteur, qu'il en est encore ainsi aujourd'hui... Pourquoi est-ce que je me disperse, ainsi ?

Peut-être pour assouvir ma soif d'apprendre, ce que je n'ai pas fait pendant ma scolarité. La soif d'apprendre. Oui. Bien sûr. Mais n'y a-t-il pas autre chose ? À y réfléchir plus avant, je dois bien en convenir. J'ai aussi besoin qu'on m'aime, qu'on m'apprécie, j'ai jusque-là été frustré de reconnaissance. Ni mon épouse ni ma mère ne m'ont donné ce sirop dont inconsciemment j'ai besoin pour avancer. Elles ne le feront pas, j'en suis désormais convaincu. Ma mère me bat plus ou moins froid. Quand à mon ex-femme, je ne l'ai jamais revue. Je suis seul, avec mes rêves d'amour et de reconnaissance. Et je me demande, comment pourrais-je faire autrement, après tout ? Où l'on m'appréciera le mieux, à l'avenir...

Mais le temps des regrets, et même celui de la réflexion, est déjà terminé. Il n'a duré que quelques jours. Déjà, il faut que je me remette à travailler – déjà, incorrigible que je suis, j'oublie mes interrogations. Car je dois, absolument, mettre sur pied « C'est tout Coffe », cette émission d'Antenne 2 qui m'a été commandée. J'ai un contrat, il me faut l'honorer. Allons. La roue tourne. Vite. Très vite. Il me faut, une fois encore, retrousser mes manches et, oubliant mes angoisses, mes interrogations, et tous mes doutes, plonger dans l'univers fascinant et douloureux de la télé...

16

« C'est tout Coffe ». Si d'aucuns jugent le titre prétentieux, qu'ils sachent que tout le monde, de la production à la chaîne, l'a plébiscité. Tout le monde s'accorde également sur l'idée de mon personnage : un vieil oncle ou un grand-père conseillant un jeune homme ou une jeune fille sur les produits. Enfin, tout le monde tient à un banc d'essai entre un produit industriel et un autre artisanal. Exemple : purée en sachet et purée maison. Il me faut une cuisine. C'est acquis. Je dois maintenant trouver le ou la partenaire capable de bouger et d'improviser. Nous organisons des auditions. Je suis partisan d'un (ou d'une) jeune étranger, si possible avec un petit accent. Nous pourrons ainsi échanger sur les habitudes alimentaires de nos pays respectifs. La chaîne s'y oppose. Ni Beur ni Black, telle est la consigne de Louis Bériot, l'adjoint de

Jean-Pierre Elkabbach qui vient d'être nommé président de la chaîne, en remplacement de ce cher Hervé Bourges. Après avoir vu, écouté, fait bouger un millier de jeunes gens, des deux sexes, nous devons nous rendre à l'évidence. Aucun ne peut convenir, même avec beaucoup d'indulgence. L'inquiétude me gagne. Tentant de l'oublier, je travaille à constituer l'équipe rédactionnelle. Éric Solal, journaliste gastronomique à *Marie-Claire*, est le rédacteur en chef, mon filleul Serge Coffe, que j'ai depuis adopté, est mon assistant. Serge est le fils naturel d'une de mes cousines qui m'avait choisi comme parrain. À sa demande, j'avais répondu que j'étais d'accord, sans lui garantir que je saurais respecter les dates de naissance, des Noëls et autres fêtes carillonnées pour lesquelles un parrain se doit normalement de faire des cadeaux. Mais, en revanche, lui avais-je écrit si ton fils devenu majeur a besoin de moi, sache que je serai présent. Le jour de ses dix-huit ans il est arrivé chez moi avec le double de la lettre que j'avais adressée à sa mère, en me disant qu'il cherchait du travail. Il est entré à Canal Plus, m'a accompagné dans tous mes déplacements sur les marchés avec efficacité, et m'a suivi lors de mon départ pour ma nouvelle aventure sur la 2. Depuis, passionné par l'image il est devenu cadreur, puis réalisateur. Nos chemins se sont séparés un temps, puis je l'ai revu il allait être père, et j'ai pensé que vieillissant, sans héritier, il était de mon devoir de transmettre mon peu de biens et ainsi de prolonger grâce à ses propres enfants la lignée des Coffe.

Quelques journalistes seront chargés des enquêtes. Pour finir, nous sommes prêts, mais je n'ai toujours pas de partenaire. Je suis de plus en plus angoissé, même si j'ai confiance en ma bonne étoile. L'ennui, c'est qu'elle tarde à briller. Trois jours avant la première, toujours personne. Je revois plusieurs jeunes gens qui ont déjà auditionné. Définitivement impossible, peut-être un et encore…

Franchement désespéré, lundi, veille du premier enregistrement je répète seul. À la pause, je vais déjeuner, triste et préoccupé, au Club de la Madeleine chez Alain Senderens. Sa femme m'accueille, m'installe et s'assoit en face de moi. Tout à trac, elle me dit :

– Qu'est-ce que tu as ? Toi tu ne vas pas bien.

Je lui explique mon désarroi. Brièvement. Elle me demande d'être plus précis, je m'exécute. Souriante elle me dit :

– J'ai quelqu'un pour toi, un jeune comédien, le fils d'un de mes clients que tu connais, il habite dans ton immeuble.

Effectivement, je connais le père. Comme je n'ai plus rien à perdre, je demande à Eventhia, la femme d'Alain Senderens, de l'appeler. S'il est disponible, j'aimerais qu'il rejoigne immédiatement le studio de Boulogne, pour une rencontre. Gagné. Il est là, n'a rien à faire, il va venir. J'abandonne mon déjeuner, je fonce le rejoindre. Je découvre un jeune homme poli, bien élevé, modeste, simple. Il avoue n'avoir jamais fait de télévision, mais n'a pas peur. Je crois rêver ! Serait-ce lui ? La chance aurait-elle encore frappé ? Je n'ose y croire. Nous faisons des essais pour les montrer aux producteurs et à la chaîne. À 17 heures Jonathan Lambert est engagé. Je lui donne le texte du lendemain, premier jour de tournage complètement improvisé mais totalement réussi.

Deux émissions le lundi, trois le mardi. Tel est notre rythme de tournage. Une gageure, puisque, pour chaque émission, il nous faut des jours de préparation pour écrire les textes, réaliser des interviews qui s'inséreront dans l'émission. Mais nous tenons le pari. Notre public est chaleureux et fidèle. Jonathan, lui, me bluffe tant il maîtrise d'instinct l'outil de télé, et manifeste un professionnalisme inattendu pour un jeune homme de son âge, toujours d'humeur égale, drôle, efficace.

Après quelques jours de diffusion la presse, élogieuse, le surnomme « le candide », rôle qu'il joue à la perfection avec d'autant plus de talent qu'il se révèle être un gourmet délicat et curieux. Le soir, après notre journée de travail, je le raccompagne chez lui et sur le chemin nous nous arrêtons dans un trois-étoiles malheureusement disparu le Vivarois. Le chef, le merveilleux Claude Perrot, nous prépare un « chausson belle humeur » : une pâte feuilletée truffée au foie gras, que nous arrosons d'une bouteille de Saint-Jean de Bébian.

Exactement ce qu'il nous faut avant d'aller apprendre nos textes pour le lendemain...

Pas de doute, cette émission marche bien. Programmée avant les infos du déjeuner, elle fait une audience des plus respectables, 16-17 % de part de marché, ce qui aujourd'hui nous vaudrait des félicitations enthousiastes. Nous avons signé pour trois ans, et à moins d'une catastrophe, rien ne nous interdit de penser que nous n'irons pas à terme. Hélas. Trois mois plus tard, un samedi soir vers 23 h 30, alors que je suis en train de travailler, Jonathan m'appelle :

— Avez-vous vu l'émission de Patrick Sébastien ?

— Non, pourquoi ?

— Il était grimé en Coffe et moi en petit garçon, il m'a mis la tête dans un four, et vous, derrière moi, faisiez semblant de m'enculer.

— Quoi ! Qu'est-ce que c'est, cette connerie !!

— Ça s'est passé exactement comme je vous le dis. Ma fiancée m'a quitté, il faut faire quelque chose.

Que faire ? Démentir, c'est avouer, mais avouer quoi ! Je cache ma légitime colère. Appeler Sébastien ? Cela ne changera rien. Le mal est fait. La séquence a été diffusée. Puis intervenir, c'est courir le risque de l'encourager à faire de cette séquence un gimmick hebdomadaire.

– Laissons filer, dis-je à Jonathan. C'est la sagesse.

Nous continuons notre chemin. Mais alors que l'affaire Sébastien est loin, paraît *Minute*. « Les pédés envahissent France 2 », titre ce que, franchement, j'hésite à appeler un journal. L'article qui suit fait des allusions précises à mon émission, sans toutefois me nommer ouvertement. Seuls des noms de vedettes de la chaîne, notoirement homosexuelles, sont cités. Là encore, que faire ? Nous en parlons avec l'équipe, la production. Les avis sont partagés. Démentir ? Comment, en affirmant quoi ? Que Jonathan et moi n'avons aucune relation sexuelle ? Ce serait grotesque. Ne rien dire, ne pas répondre à la calomnie me semble la bonne solution. Mais quelques jours après la parution, Louis Bériot convoque Jean-Louis Burgat, le producteur et moi-même. Sur son bureau, *Minute*, ouvert à la bonne page.

– Impossible de supporter des titres pareils. Ils salissent l'antenne. Il faut virer le garçon et le remplacer par une fille.

– Monsieur, il n'en est pas question. Ce serait donner du grain à moudre à *Minute*. Et cela salirait l'honneur de Jonathan. Sa fiancée l'a quitté, ce qui est déjà assez douloureux pour lui. Je n'accepterai jamais.

– Vous avez huit jours pour réfléchir.

Nous sortons la tête haute. Jean-Louis Burgat suggère de faire de nouvelles auditions pour trouver une jeune fille. Je ne peux pas lui en vouloir, il veut maintenir sa quotidienne qui représente de gros revenus pour sa maison de production. Mais je pose un démenti catégorique. La colère de Bériot s'apaisera. Il suffit d'attendre. De son côté, Jonathan, que j'informe de la situation, me propose de quitter l'émission. Son élégance ne me surprend pas, mais je le rassure, nous avons un contrat, on ne peut pas nous virer avec autant de désinvolture. Calmons-nous, laissons venir, il sera toujours temps de prendre une décision si Bériot revient à la charge.

Il fait beau et, malgré mes soucis avec la chaîne, la vie me paraît belle. Je vois souvent Jean Carmet, devenu l'un de mes plus chers amis. Son moral est au plus bas, il parle sans arrêt de la mort.

– La grande faucheuse rôde, ça se termine pour moi !

– Arrête tes conneries. Tu viens de signer le rôle principal du prochain film de Chatiliez ! (*Le bonheur est dans le pré*, le rôle sera finalement donné à Michel Serrault.) Ce sera un succès. Eddy Mitchell est ton partenaire. Vous vous entendez comme larrons en foire ! La vie est devant toi. Ça suffit maintenant avec la grande faucheuse.

Carmet fait la moue. Je ne suis pas arrivé à le dérider – ni à lui remonter le moral. Cette morosité, inhabituelle chez lui, m'inquiète. Je tente d'en savoir plus. Le lendemain sa compagne, au téléphone, me confirme son humeur morbide.

– Est-il malade ?

– Non, tout va bien. Mais il se traîne, il est triste, bougon, grincheux. Rien ne va plus. Son prochain film ne l'intéresse plus. Il est persuadé qu'il ne le fera pas. Je me fais du souci, d'autant que je suis obligée de m'absenter lundi.

– Ne t'inquiète pas, je l'appellerai.

Dimanche, le téléphone reste muet. Je préviens Jean-Claude Carrière de la situation, à son tour il tente de le joindre. En vain.

Le lundi matin, pendant ma séance de maquillage, j'appelle. Silence. L'après-midi rien, le vide. Je laisse un message, l'invitant à m'accompagner au dîner programmé depuis longtemps avec Gilles Paquet, qui, à cette époque, est l'attaché de presse de Johnny Hallyday. Pas de réponse. Angoissé je vais dîner. À peine rentré chez moi, le téléphone sonne.

– Allô c'est Depardieu, Jean est mort, vient tout de suite.

Jean est mort... Je fonce à Sèvres, brûlant les feux rouges. Le corps secoué de sanglots, le visage ravagé par les larmes. La police est déjà devant la porte, faisant barrage aux intrus. J'entre dans sa maison, Gérard m'accueille bouleversé. Il y a là, aussi, Marceline Lenoir, son agent désespérée, le beau-frère de Depardieu, les deux dernières compagnes de Jean, Sonia et Catherine. Je demande à le voir pour l'embrasser. Il est allongé sur son lit de repos, habillé de ses vêtements fétiches, pull bleu ciel à col roulé, veste orange. Le visage reposé, calme, serein, la bouche légèrement entrouverte... Je repasse en accéléré nos moments heureux, si nombreux, jamais une ombre. Ah si, une. Un jour nous nous sommes arrêtés à Tours après une journée passée à visiter des vignerons et à déguster. Je l'ai l'invité à dîner chez Charles Barrier, célèbre trois-étoiles de la ville. Pendant le dîner il m'a lancé :

– Je suis persuadé que j'ai plus d'amitié pour toi que tu n'en as pour moi !

– Moi je suis convaincu du contraire, exactement du contraire.

– Pas du tout !

Une discussion sans fin s'en est ensuivie, c'est moi, non, c'est moi, je te dis que c'est moi. Nous n'avions ni l'un ni l'autre aucun argument pour nous convaincre. Il a quitté la table, furieux. J'ai réglé l'addition et ai rejoint ma voiture pensant l'y retrouver car il pleuvait. Il était parti à pied rapidement. Quand je suis arrivé à sa hauteur, je l'ai hélé. Il était sur le trottoir d'en face, où je ne pouvais accéder. Un terre-plein central coupait la route en deux. Heureusement, plus loin, il y avait un passage piéton. J'ai arrêté ma voiture et j'ai traversé, pour le ramener. À peine installé il m'a dit :

– On va au bordel.

– Si tu veux.

Pas question de le contredire.

– Indique-moi seulement le chemin.

Il connaissait parfaitement la ville. L'établissement, installé dans une maison bourgeoise, ressemblait plus à une boîte de nuit qu'à un clandé semblable à ceux que j'avais connus. Le patron nous a accueillis en nous annonçant :

– Messieurs, vous êtes chez vous. Il n'y a personne pour le moment mais nos « jeunes filles » arrivent de Montpellier par le train de 1 h 07.

Carmet a sorti son Chaix, vérifié les horaires des trains Montpellier-Tours.

– Tu te fous de notre gueule ! Passé minuit, plus aucun train n'arrive à Tours !

Penaud, le maître des lieux nous a invités à rentrer et nous a offert une bouteille de champagne.

– D'accord, si tu paies, c'est du Krug. Avant tu nous sers un picon-bière. Faut refaire le plancher !

À peine étions-nous assis autour d'une piste de danse, seuls, qu'une musique de dancing de province a résonné, nous crevant les tympans. Impossible de s'entendre. Je me suis mis à danser, seul. Il a commandé une autre bouteille de champagne. Je me suis assis, il a pris la piste et a commencé un numéro hilarant, refaisant pour moi seul son entrée au cirque Pinder quand il était clown, de longues années auparavant. Puis il s'est rassis, l'œil humide et rieur.

— La dernière ?

— Si tu veux.

La troisième bouteille est arrivée. Après l'avoir débouchée, le patron a laissé tomber le bouchon dans le seau. Jean l'a récupéré dès qu'il a eu le dos tourné, et l'a mis dans sa poche. Pourquoi ? Après une journée de dégustation sans cracher, un repas arrosé chez Barrier, un picon-bière et trois bouteilles de champagne, j'ai négligé de poser la question. Il était grand temps d'aller dormir. Nous nous sommes dirigés vers le bureau du patron, pour payer l'addition. Il nous a présenté une note de trois bouteilles de Krug, Jean a tiré les bouchons de sa poche.

— Pas avec nous, tes petites combines. La première bouteille, tu nous l'as offerte. Les autres c'était de la merde, comme dirait monsieur. J'en paie une. Estime-toi heureux !

Tout cela dit calmement, avec autorité. Nous étions dans un film de gangsters. Le numéro était parfait. Le patron « petit bras » s'est mis à pleurnicher. Les affaires allaient mal. Il voulait vendre.

– Nous achetons ! a répondu Carmet, grand seigneur. Mon ami saura faire marcher ta taule !

Sitôt dit, il a demandé une feuille de papier, y a griffonné quelques mots, a tendu cette promesse d'achat improvisée, donné son adresse. Et fier de son coup, est sorti à mes côtés.

Quarante-huit heures après notre épopée tourangelle, Sonia, sa compagne d'alors, m'a appelé pour savoir de quoi il retournait exactement : elle avait reçu une lettre du notaire du tenancier. Heureusement, l'agent de Carmet, Marceline Lenoir, a arrangé cette affaire dans le sens de nos intérêts. Doit-on avoir des regrets de ne pas avoir tenu une maison close ? Quoi qu'il en soit, nous n'en avons jamais reparlé, honteux l'un et l'autre d'avoir sympathisé d'un peu trop près avec Bacchus.

Devant sa dépouille, seul, je pleure, je ris, en me remémorant nos virées. Sa joie de vivre, son insatiable curiosité des gens. Le plaisir qu'il éprouvait face à sa popularité. Je rejoins ensuite le petit groupe effondré, nous évoquons le passé, rions tristement. Déjà 3 heures du matin. Je tourne le lendemain. Gérard me propose de boire un verre pour trinquer une dernière fois tous les trois. Je prends une gorgée du vin de Gérard, pose mes lèvres sur celles glacées de Jean et laisse couler un peu de liquide dans la bouche de cet homme mort qui a été si précieux pour moi. Gérard fait de même. Nous tombons dans les bras l'un de l'autre, éclatons en sanglots. Je regarde mon ami pour la dernière fois. Je ne le reverrai plus...

À peine chez moi le téléphone sonne. Les journalistes ont appris la nouvelle par une indiscrétion de police secours et veulent des réactions à chaud. Ce voyeurisme m'écœure, je suis incapable de dire un mot. Plus tard peut-être, pas tout de suite. Je me tiendrai d'ailleurs à cette discipline ma vie durant quand certains de mes amis partent.

Le tournage a été extrêmement douloureux et pénible, seulement supportable grâce à la gentillesse de Jonathan Lambert. Il reprenait mon texte quand j'avais un trou de mémoire. Ce jour-là il a pris l'émission en main, de main de maître, et a ainsi permis que tout se passe au mieux.

Huit jours après, convocation chez Bériot.

– Avez-vous votre partenaire féminine ?

– Non.

– Qu'est-ce que vous comptez faire ?

– Continuer avec Jonathan.

– Vous vous entêtez !

– Non mais je ne comprends pas vos raisons. L'affaire est oubliée, aucune suite, aucun courrier, aucune baisse d'audience.

– Vous l'aurez voulu, j'arrête l'émission.

– Nous avons un contrat de trois ans.

– Et alors ? Vous n'allez tout de même pas me faire un procès.

– Vous le perdriez. Vous n'avez aucun argument.

– La discussion est close. J'arrête après la diffusion de ce qui est en boîte.

Je serai payé à ne rien faire pendant trois ans. France 2 est géré par des professionnels, regardez la télé tranquille, braves gens, sans penser à la redevance.

Sinistre mois d'avril 1994.

17

Ne rien faire pendant trois ans ? L'idée me déplaît. « Les Grosses Têtes » ne m'occupent pas suffisamment. Il me faut une activité, plusieurs même. Mais laquelle ? Je suis grillé sur France 2 tant qu'Elkabbach et Bériot en seront les dirigeants. La radio m'intéresse mais je ne connais et n'ai jamais sollicité personne, même RTL où j'ai été coopté à la suite d'une interview. Dois-je le faire ? Je ne m'y résous pas. Est-ce de l'orgueil, de l'appréhension ? Peut-être. Mais je préfère ne pas mendier, la situation est plus confortable quand on est désiré.

Je dois trouver de quoi me passionner, à nouveau. Comment ? Dans quel univers ? Je tourne en rond, alignant les idées sans en retenir une seule. Et voilà que Jean-Claude Simoën, mon éditeur, me propose d'écrire un pamphlet. Écrire ! Mais oui, bien sûr. Écrire, vraiment, sérieusement, retrouver la petite musique des mots qui forment de belles phrases, et donnent du corps à vos idées, voilà qui me plairait. Mais sur quel sujet ? Je n'ai pas envie d'aligner, à nouveau, des recettes de cuisine ou de bienséance... Et justement. À cette époque, l'affaire de la vache folle défraye la chronique. Je lis tout ce qui paraît sur le sujet. Et je me décide. Pourquoi ne pas enquêter, découvrir, puis expliquer comment ce drame est arrivé ? Je m'y attelle – et loin de l'écriture, je commence par plonger dans un univers nauséabond. Les aides des pouvoirs publics au blé et au lait ont en effet pourri le troisième pilier de l'agriculture, la viande. Il y a des conséquences immédiates : la baisse dramatique de sa consommation. Il y en aura aussi à long terme : l'inquiétude des consommateurs pour leur santé, la disparition des meilleurs éleveurs-producteurs de nos viandes d'excellence. Me voilà en écriture – pour ne pas dire en croisade, l'affaire le mérite. Mon ouvrage s'insère dans une collection imaginée par Simoën et baptisée : « En général, en particulier ». Elle sera éphémère, ne connaîtra pas grand succès, pas plus que *De la vache folle en général et de notre survie en particulier*. Mais malgré l'échec, je reste fier de cet ouvrage. Un compliment de mon voisin en Beauce, gros céréalier, m'a confirmé que mon analyse de la situation agricole française était juste. Après l'avoir rencontré et lui avoir donné le livre en précisant : « J'habite ici mais vous devez savoir ce que je pense des paysans locaux, ce sera plus clair pour l'avenir de nos relations. » Il me rapportait mon présent deux jours plus tard, en me disant : « Je l'ai lu et vous comprendrez que je ne peux pas garder *ça* chez moi. » Nos relations resteront courtoises. Mais l'ouvrage sur la vache folle me vaudra de nombreuses inimitiés et l'interdiction de pénétrer dans une usine ou dans un élevage pour longtemps, tant la démonstration de leurs magouilles a offensé...

Il n'empêche. Cette publication m'a convaincu qu'une voie est ouverte pour informer le consommateur des méfaits et des arnaques sur les produits de consommation courante, trop nombreuses et soigneusement camouflées. Mon avenir, profitant de ma petite notoriété, serait de les dénoncer, à défaut de pouvoir intervenir pour les éradiquer. On m'a souvent reproché de dire la vérité sans mesure. Mais j'ai toujours considéré que le mensonge impose un trop gros effort de mémoire, alors si dire la vérité met dans l'embarras, il n'est que passager. Je vais donc continuer à clamer haut et fort ce qui se murmure tout bas et sous le couvert – cette fois par l'intermédiaire des éditions Balland, maison dirigée par Jean-Jacques Augier qui, détail amusant, est également à la tête de la société des Taxis G7. Eh oui. Cet homme élégant, cultivé, accepte mon idée d'un guide des meilleurs commerçants des principales villes de France – on peut le constater, je commence à prendre l'habitude des efforts de longue haleine. Néanmoins, cette fois, je n'y arriverai pas seul. L'objectif est en effet de se rendre anonymement dans les principaux magasins d'alimentation, d'acheter un échantillon des produits à la vente, de les déguster et de faire les commentaires. Il me faut des collaborateurs fiables, consciencieux, et militants. Je vais les trouver. Jean-Jacques Augier, lui, accepte de les embaucher, et de régler. Balland paiera, aussi, tous les frais inhérents à mon projet. Et c'est parti...

Pour réaliser *À vos paniers, mille adresses pour bien les remplir*, mes collaborateurs et moi-même sommes sur la route, chacun dans une région différente. Dans chaque région, un petit appartement ou un hôtel, pour pouvoir assurer nos dégustations. Du matin au soir, nous quadrillons la ville, pénétrons dans les magasins, achetons des produits et retournons à l'hôtel à l'heure du déjeuner et du dîner pour déguster ce que nous avons acheté. Ensuite, rédaction des fiches, commentaires sur les produits dégustés, sur l'accueil du personnel. Ce sera le *Coffe 95*. Plus de 1 000 pages, 105 villes passées au crible, 3 000 magasins visités, 250 halles ou marchés répertoriés, 200 grandes surfaces explorées dont 1 800 rayons. Un énorme chantier, accueil, produits, prix, tout est passé à la trémie. Avec ma chère Françoise Bouquet, ma fidèle secrétaire, nous passons des jours et des nuits à revisiter notre géographie et à digérer par texte interposé des centaines de viennoiseries, poissons, charcuterie, viandes, tartes et autres plaisirs. Jamais de ma vie je n'ai reçu autant de courriers. Les commerçants sont parfois furieux de mes commentaires sans précaution oratoire, démolissant certaines réputations très établies. Les menaces de procès sont nombreuses. Nous n'en perdons qu'un seul, contre un poissonnier de Rennes, La Mouette. J'ai osé écrire : « Même un cormoran affamé ne voudrait pas des poissons d'Henri Étienne »... Le droit à la critique est toléré par la justice mais pas celui des suppositions. Mais il y a tout de même eu une justice : après avoir gagné sa cause, M. Étienne doit fermer boutique. Les Rennais ont en effet abandonné son commerce ! Certes, avoir la responsabilité d'une faillite n'est pas glorieux mais prouve qu'il y a une fatalité – un jour ou l'autre – à vendre de la merde.

Mes livres se succèdent et, avec l'aide des médias, ils me font vivre. Les Français aiment mes textes, ils me le prouvent tous les jours, qui par lettre, qui par message, qui par une franche accolade, lors d'une rencontre sur un marché, ou dans un salon. Souvent, en écrivant, je pense à Jean-Claude Carrière à qui je dois le peu de savoir que j'exploite dans mes livres. C'est lui qui m'a encouragé, après ce premier ouvrage, qui n'a pas marché. L'écriture, qui me vient, ligne après ligne, c'est un peu à Jean-Claude Carrière que je la dois, aussi. Dans mes années de mouise, il est resté présent, m'a hébergé, donné – pas prêté – de l'argent pour ma survie. Il a passé du temps, un temps précieux, à m'apprendre, me consoler de mes nombreux échecs sentimentaux. Il est mon ami chéri. Je l'aime d'un amour profond et amical. J'aime sa vie, ses amours, son talent, sa sagesse, son inaltérable sens du partage et de l'amitié, sa générosité à présenter sans honte un type comme moi à ses proches.

La ronde de mes livres continue. Sur les conseils d'Adélaïde Barbey, rencontrée alors qu'elle dirige la maison d'édition de TF1, je m'attelle à un ouvrage sur les potagers. À dire vrai, j'ai eu des doutes, avant de commencer. J'ai eu un potager, mais il y a longtemps... Par chance – ce mot revient souvent dans ma vie –, à quelque cinq cents mètres de la maison de campagne que je loue (après Bézu-le-Guéry, ma première résidence secondaire, la nature me manque, les longues marches dans les bois ou les champs, le spectacle des saisons me sont nécessaires. J'ai donc loué une maison sans eau courante ni électricité, isolée du village, en pleine Beauce) se trouve l'ancien potager – un hectare de jardin en friche depuis quinze ans – d'un château. Bonne surprise, il est à louer. Dans les huit jours suivants, Plon me donne son accord pour éditer un livre illustré sur le sujet. Je trouve un jardinier, une photographe, Rosine Mazin, est engagée par l'éditeur. Je décide de réhabiliter « mon » potager, dont les propriétaires ont conservé les plans, à l'identique. Nous défrichons, labourons, remettons en état les canalisations pour distribuer l'eau d'un puits. Nous mettons en place un jardin d'hiver, nous nous occupons des couches pour les semis. En un mois, les allées très larges sont engazonnées, les arbres fruitiers plantés avec les groseilliers, cassissiers et framboisiers – il faut penser aux confitures qui pourraient faire l'objet d'un livre. Nous semons, repiquons, bouturons. La photographe loge chez moi pour être à pied d'œuvre tous les matins et suivre les illustrations de notre travail. Pas un légume n'échappe à une plantation. Le matin, je prends des notes. Le soir, je rédige les textes. Vingt et un jours plus tard nous faisons la fête en dégustant nos premiers radis. Je me passionne, m'enthousiasme pour cette expérience. J'irradie de bonne humeur, je retrouve mes racines. Mon grand-père Victor me protège, sa pensée me stimule. J'avais oublié que l'on pouvait ressentir un tel plaisir à voir pousser ce que nous pouvons manger, cueillir de gros bouquets de fleurs de jardin car j'ai respecté à la lettre les plans du vieux jardinier dont la châtelaine exigeait des légumes et des fleurs, manger et décorer. Un an après mon déjeuner avec Adélaïde Barbey, le livre est prêt. Il s'appelle *Le Potager plaisir*. Il rencontre un succès inattendu pour l'éditeur comme pour moi.

Après cette expérience potagère, je me passionne pour les fleurs et les arbres, ceux de mon verger bien sûr mais aussi ceux que je rêve d'installer sur le terrain attenant à ma maison, toujours en location – j'achèterais bien, mais les propriétaires ne sont toujours pas vendeurs. Je commets des erreurs inévitables quand on croit savoir et qu'on ne sait pas grand-chose. J'achète des arbres trop grands pour meubler plus vite – depuis j'ai appris, je plante petit, les arbres reprennent mieux et s'épanouissent plus vite. J'abats beaucoup de vieux arbres sans intérêt esthétique pour les remplacer par des essences plus nobles mais toujours selon une règle stricte : un arbre tombé, deux replantés. Plon, rassuré par le succès du *Potager plaisir* me signe *Fleurs bonheur*, *Le Verger gourmand*, *Les arbres et arbustes que j'aime*. Chaque ouvrage contient une série de recettes. Il en sort un par an. Je suis heureux, les mains dans la terre, un sécateur et un arrosoir pour seuls accessoires. J'ai l'impression de revivre, de me régénérer. Et je ne manque pas de sujets... Ainsi, je décide de recenser les pépinières dans un guide ce qui n'a encore jamais été fait. Plon accepte mon projet. À moi maintenant de le réaliser, ce ne sera pas une mince affaire.

Pour commencer, je réunis quelques pépiniéristes jeunes et professionnels que j'ai rencontrés lors de mes pérégrinations dans les pépinières où j'achetais des végétaux. Nous faisons quelques visites ensemble, je sélectionne les plus avertis, les engage pour enquêter dans la France entière selon le principe que j'ai établi dans mes précédents guides : visiter, contrôler, acheter, rapporter le meilleur et le pire, rédiger des notes, commentaires de visites. Ils procèdent comme des amateurs intéressés. Le résultat est foudroyant. La profession se déchaîne, les lettres d'insultes pleuvent, la presse spécialisée me critique violemment. Courageusement j'affronte la célèbre fête des plantes de Saint-Jean-de-Beauregard où la prétendue fine fleur de la profession s'expose. Je constate alors que l'allée principale, celle qui donne accès aux stands d'exposition, est pavée de mes livres. On me regarde marcher sur mon travail. Impossible de faire autrement. Reculer me déshonorerait – et pour quelle raison le ferais-je ? Je n'ai pas honte de mes ouvrages, et encore moins du dernier. Mais je souffre, c'est le moins que l'on puisse dire. Les pépiniéristes que j'ai encensés me font signer des dédicaces, les autres m'insultent. Triste journée, rude épreuve. Pour ne rien arranger, le livre est un échec et je perds le seul procès qui m'a été intenté. On ne m'y reprendra plus.

Ainsi, bon an mal an, la décennie suivant mon départ de Canal Plus a-t-elle été consacrée à l'écriture. Et par la suite, cela ne s'arrêtera pas. Car gagné par une sorte de virus, je me lance dans des projets toujours plus ambitieux. Je pense, notamment, à mon livre de nouvelles, *Ces messieurs-dames de la famille*. Des nouvelles ! Moi, qui n'ai pas mon certificat d'études, moi que ma mère raillait pour mes fautes d'orthographe ! Le jour où je l'ai tenu entre mes mains, j'ai été heureux, comme un gosse...

Mais ce bonheur, il n'a pas duré. Car jamais je n'oublie ma vie sentimentale, si vide et plate. Je désire refaire ma vie, avoir des enfants. Toutes les femmes avec lesquelles je commence une romance refusent cette idée. Leur leitmotiv est toujours le même : « Tu travailles trop, je n'ai pas envie d'élever seule des enfants, réduis d'abord tes activités et on verra après. » Certaines sont jalouses de ma secrétaire Françoise avec laquelle, il est vrai, je passe la plupart de mes journées et de mes soirées. D'autres n'aiment pas le théâtre où je me rends volontiers. Je suis sûrement trop exigeant, je voudrais qu'elles m'acceptent comme je suis, avec mon passé, mes goûts, la peinture que j'aime et que je collectionne, les amis auxquels je tiens par-dessus tout. Ils ou elles sont sacrés et m'apportent tant ! Les unes après les autres, mes conquêtes éphémères refusent. Moi, je plie bagage, sans donner suite. Et je me rabats

sur des aventures avec de jeunes garçons, souvent peu présentables, que j'essaye – la plupart
du temps en vain – de transformer. Je tente de
leur apprendre ce que je sais, en les traînant dans
des musées où ils s'embêtent ferme. Ils restent
à mes côtés pour le confort et la vie facile. Certains se droguent et je ne parviens pas souvent
à les sortir de leurs addictions, d'aucuns pensent
que je vais leur ouvrir les portes de la télévision
ou du cinéma et filent quand ils comprennent
que je n'ai aucun pouvoir dans ce domaine.

Finalement seul le travail m'est fidèle. Je préfère la solitude, l'amitié aux échecs. Un choix
sinistre, même avec cette écriture qui, peu à peu,
est devenue chère à mon cœur...

18

Retour en arrière – il faut en faire, parfois, si l'on veut être complet, et c'est mon souhait. Retour sur un pan de ma vie que je n'ai pas encore abordé, ou si peu – un pan qui s'ajoute à tout le reste...

C'est au cours d'un dîner que les choses se sont mises en place – les dîners sont parfois rasoir, parfois festifs, parfois porteurs de nouveaux horizons. Mon amie Agnès Vincent m'avait invité. À sa table il y avait un autre de ses proches : Jean-Marie Cavada, récemment nommé président de Radio France. Nous bavardions, tranquillement. J'étais en confiance, sans doute, et je lui ai avoué que, si mes activités télévisuelles et éditoriales me comblaient, j'aurais aimé, tout de même, goûter un peu plus à la radio. La confidence n'est pas tombée dans l'oreille d'un sourd. Peu de temps après, il m'a

reçu avec Jean-Luc Hees, grand journaliste pro-
mu, à cette époque, directeur des programmes
de France Inter. Je leur ai proposé une hebdomadaire d'une heure. Le sujet ? L'alimentation
et l'agriculture. L'originalité de l'affaire ? Un
débat avec des invités, en phase ou pas avec
le thème choisi. Jean-Luc Hees a trouvé l'idée
excellente. Il m'a proposé une heure le samedi,
entre 12 heures et 13 heures. L'horaire m'importait peu. Dans le temps qui m'était imparti,
j'allais pouvoir traiter des sujets en profondeur.
Le projet était mûr. La preuve ? J'avais le titre :
« Ça se bouffe pas, ça se mange » !

Une fois encore, il m'a fallu constituer une
équipe de journalistes-enquêteurs : je voulais
des dossiers très argumentés, fouillés, afin de
ne jamais être pris en défaut. Je tenais à une
équipe de jeunes, très respectueuse de l'éthique,
de la déontologie journalistique, de l'honnêteté.
Les deux mois d'été ont été mis à profit pour
préparer le dernier trimestre 1999. Il a fallu
trouver des sujets consensuels afin de réunir
le plus grand nombre d'auditeurs sans pour
autant tomber dans le voyeurisme ou la putas-
serie. Nous devions être très pédagogues, sans
pédanterie. On l'aura compris, le challenge était
difficile, mais nous étions tous motivés, joyeux,
concentrés, conscients du rôle que nous allions
pouvoir jouer.

Le 4 septembre 1999, nous avons pris l'antenne pour la première fois. Du trac bien sûr mais aussi de l'émotion. Nous étions sur France Inter, une grande station, beaucoup d'auditeurs. Nous ne pouvions, ne devions pas décevoir. Nos positions étaient claires : sans rien imposer, nous voulions défendre les consommateurs et leur faire prendre conscience de l'évolution de l'agriculture. Notre premier sujet : la tomate. Dans le studio, les tenants du hors saison et de la tomate de serre et les autres, « les derniers », qui défendaient la pleine terre. Le débat a été riche, constructif. Christian Ignace, ancien chef de cuisine de Raymond Oliver au Grand Véfour, a ensuite donné des recettes originales et pratiques. Pour ne rien gâter, il y a eu, aussi, une petite séquence sur un vin accompagnée d'une dégustation. L'ambiance était sérieuse mais joyeuse, libre. Un succès.

Cette émission a duré neuf ans. Du 4 septembre 1999 au 21 juin 2008. Neuf années de bonheur, de polémiques. Neuf années utiles pour les consommateurs qui par leurs courriers encourageaient nos prises de position. Nos enquêtes étaient approfondies, respectueuses des convictions des uns et des autres. Certes, il y avait des confrontations violentes mais chacun pouvait s'exprimer en toute liberté. Il y allait de la crédibilité de l'émission. Nous partions souvent en province, belle occasion d'aller à la rencontre de nos auditeurs, de revisiter des villes où j'avais fait le marché des années auparavant. Ces déplacements entretenaient la cohésion de l'équipe, la connivence et notre amitié. Nous avions du succès, les salles étaient pleines.

Le 17 juin 2008, Jean Beghin, l'adjoint de Schlesinger, le responsable de France Inter auprès de Jean-Paul Cluzel, le nouveau président, me demande de le joindre au téléphone. Il m'annonce que l'émission s'arrête, sans autre explication. Quinze jours auparavant, il m'avait confirmé que nous continuerions une année supplémentaire. Je m'étonne donc, totalement stupéfait. Mes protestations le laissent froid. Il m'affirme : « Tu dois bien savoir pourquoi ? » Eh bien non je ne sais pas. Et de me creuser la tête. Première hypothèse : en novembre 2007, nous avons fait une émission sur l'alimentation dans les prisons. Après m'avoir affirmé qu'elle y était favorable, Rachida Dati, alors ministre de la Justice, a demandé à ses services de ne pas nous donner d'informations et nous a fait savoir qu'elle s'opposait à notre projet. J'ai néanmoins pris la décision de maintenir la programmation. Nous avons réuni un plateau de belle qualité, anciens détenus, directeur de prison courageux et le responsable de l'une des sociétés qui fournissaient la nourriture. Ce dernier appelait les cellules des loges, loges ? de quoi ? de théâtre ? de concierge ? maçonniques ? Des cages vous voulez dire ! – embarras et rires… Je savais de quoi était faite l'alimentation dans les prisons pour en avoir visité un certain nombre : Bergerac, Chartres, Mauzac, Châteaudun. J'ai même passé une journée dans une centrale. J'ai donc pu, en toute connaissance de cause, évoquer les plaques de méthane, reconnues cancérigènes, en vente libre dans les cantines. Je m'explique, pour ceux qui ne connaissent pas le monde carcéral. Les prisonniers qui ont un pécule (c'est-à-dire de l'argent, ils n'en ont pas tous) ont le droit de « cantiner » (c'est-à-dire acheter) de la nourriture : boîtes de conserve, sauces diverses, etc. Pour les consommer, il est nécessaire de les faire réchauffer. D'où les fameuses plaques de méthane, alimentant de petits réchauds. Je vous laisse imaginer l'effet de la fumée cancérigène qui envahit midi et soir une cellule de huit mètres carrés. Rachida Dati avait-elle peur que je mette, c'est le cas de le dire, les pieds dans le plat, en évoquant ce sujet ? A-t-elle voulu me punir pour avoir enfreint son diktat ? Ou, tout simplement, seconde hypothèse, mon irrévérence à l'égard du président Cluzel, qui a remplacé Jean-Marie Cavada, est-elle en cause ? L'homme arrive aux réunions avec généralement une heure de retard. Ainsi tout France Inter poireaute dans le grand studio, attendant la bonne volonté du Prince. Début juin, à l'occasion de l'une de ses grand-messes, je m'étais lassé et j'avais quitté les lieux. En sortant, je l'avais croisé dans un couloir, entouré de sa garde prétorienne. Agacé par son manque d'égards, je lui avais signifié ce que je pensais de son comportement. Était-ce, de la part d'un salarié, outrecuidant ? Sûrement. Cela étant dit, je n'ai aucun regret. Ni d'avoir fait cette émission sur les prisons ni d'avoir été arrogant. Et comme les méchants sont toujours punis, j'ai gagné le procès que j'ai intenté à France Inter, pour licenciement abusif...

Il est, parfois, de bonnes surprises éditoriales – c'est au moins ce que j'ai cru quand, un an après la sortie de mon livre *Le Potager plaisir*, j'ai reçu un coup de téléphone d'un chargé de production de Réservoir Prod, la société de Jean-Luc Delarue, m'invitant à venir évoquer cet ouvrage dans l'émission qu'il animait l'après-midi sur France 2. Dans une société télévisuelle où l'éphémère est de règle, c'était plutôt flatteur – puis un rappel n'est jamais négligeable. Depuis mon départ si émouvant (tu parles !) de Canal Plus et son arrivée sur France 2, Jean-Luc Delarue et moi-même ne nous étions jamais revus ni même téléphoné. Nos retrouvailles sont aimables, sans chaleur excessive – très profession-nelles pour tout dire. Un assistant me rejoint dans ma loge et m'explique le contenu de l'émission. Il lit sur ses fiches toutes les questions que Jean-Luc doit me poser. Tout est précis, bien qu'un rien primaire. L'enregistrement se déroule sans incident. Jean-Luc suit le fil, j'ai les réponses – ça roule, en un mot. Vient la fin de l'émission. Les caméras s'éteignent. Je quitte mon siège. Il s'approche de moi.

– Il est bien, ton bouquin, me dit-il (je préfère de beaucoup le mot livre mais enfin…). Ça m'a donné envie de jardiner. Je m'y mettrais bien mais je n'y connais rien.

– Sais-tu qu'il n'y a aucune émission sur le sujet ? Sur aucune chaîne ? Tu devrais en produire une !

– Mais oui ! Chiche !

– Bien sûr, chiche !

Nous nous quittons sur des banalités du genre : « Ça m'a fait plaisir de te revoir – Moi aussi – On se téléphone – C'est ça, et on se fait une bouffe. » Des échanges polis, de ceux qui restent d'ordinaire sans suite. Mais cette fois, surprise. Huit jours plus tard, Delarue m'appelle.

– Est-ce que tu serais partant pour présenter une émission sur le jardinage sur TF1 ?

Évidemment que je suis partant…

– Oui, pourquoi pas ?

– Un programme court, trois minutes trente, et quotidien. Ça te va ?

Sans attendre il enchaîne :

– On tournerait chez toi avec deux cam, j'te mets un bon réal (caméra et réalisateur dans le jargon télé). Quatre pastilles par jour sur deux jours, on boucle la semaine, tu écris les textes. Envoie-moi les coordonnées de ton agent, qu'on mette tout ça sur pied. On peut commencer vite. T'as rien à faire en ce moment.

— Mais si, je suis le samedi sur France Inter.

— Ah bon ?

— C'est pas gênant et puis c'est l'hiver, il n'y a pas grand-chose à faire dans les jardins.

— Pourquoi ?

— La terre se repose, il fait froid et rien ne pousse...

— Tu te démerdes, il faut commencer tout de suite, je m'arrangerai avec ton agent, c'est qui ?

— Bertrand de Labbey.

— Artmedia ?

— Oui.

— Chic ! Dis-lui de rester calme sur les prix, je te rappelle que c'est un court. Salut.

Et le voilà qui raccroche. Pas d'affect dans la conversation mais du « biseness ». Bizarre... Cela étant dit, Orban et Simoën, auxquels j'en parle, sont excités.

— Génial ! *Le Potager Plaisir* va continuer à se vendre, on avance la parution de *Fleurs bonheur*. On tient un carton, tu dois le faire, on t'aidera !

Leurs yeux brillent. Ils en bavent même, en entendant tintinnabuler le tiroir-caisse des éditeurs. Bertrand de Labbey, lui, se montre plus mesuré, plus réaliste. Il est vrai qu'en homme de bonne éducation et de bon conseil, franc et amical, il est bien au-dessus de l'appât du gain – même s'il peut, c'est légitime, penser aux pourcentages générés par les livres et la quotidienne. Grâce à ses conseils avisés, en trois semaines, l'affaire est bouclée, contrat signé, collaborateurs recrutés. Jardiland, sponsor déniché par TF1, est d'accord avec moi pour ne commencer qu'en février. Je ne revois Delarue qu'une fois, dans ses somptueux bureaux de la rue Alphonse-de-Neuville. Il joue les patrons pressés, occupés, dynamique, un boss familier, faussement amical, légèrement condescendant. Je rencontre, aussi, les équipes avec lesquelles je vais devoir travailler. Étrange, leurs phrases commencent toutes par Jean-Luc. Jean-Luc a dit, Jean-Luc a fait, Jean-Luc est formidable. J'ai l'impression que ces hommes et ces femmes respirent, vivent, pensent Jean-Luc, le dressage est parfait. Le culte de la personnalité au point. Jamais semblable phénomène ne m'est apparu si évident avec les collaborateurs des autres patrons de société de production que j'ai pu rencontrer. Mais je connais Delarue. Ses qualités (il en avait). Ses défauts. Son ambition ravageuse. Dans ces conditions, comment être dupe ?

Cela étant dit, je m'étonne que personne, ni Jean-Luc, ni l'un de ses directeurs de production, ni même un journaliste, ne juge bon de venir chez moi pour « repérer les lieux ». Je pourrais bien entendu prendre cela comme une marque de confiance. Cela relève plutôt de la faute professionnelle. Je passe outre – et le tournage commence, à un rythme effréné. Trois pastilles par jour pour se mettre « en jambes » et, après quelques jours, quatre. Épuisant. Entre chaque sujet, pendant la mise en place du cadre suivant, il faut reprendre le texte qui va suivre, chronométrer, pour concentrer l'action et le sujet en trois minutes. Trente. Difficile de faire court – ça viendra, après quelques semaines de calage. Pour le moment je m'efforce d'aller à l'essentiel pour qu'en peu de temps, les télé-spectateurs apprennent un maximum de choses utiles. Après la première semaine de diffusion, les échos sont bons, le courrier abondant. L'émission « accroche », c'est manifeste. Pour autant, je n'ai aucun signe de vie ni de la chaîne ni de Delarue.

Trois mois après le début du tournage, alors que nous commençons les premiers plans d'un nouveau sujet, la porte de ma grille d'entrée s'ouvre et une voiture avec chauffeur entre dans le champ. On coupe, le réalisateur gueule. La voiture s'avance, s'arrête, le chauffeur sort précipitamment pour ouvrir la portière, « M. Jean-Luc Delarue » en sort tel un automate. Il aperçoit mon employée de maison devant la porte de la cuisine et lui crie : « Fais-moi trois œufs sur le plat, j'arrive. » Par courtoisie, je m'approche de sa voiture ; il s'adresse à moi :

« Qu'est-ce que c'est déjà ton vin blanc pré-féré ? » Étonné de la question, sans préalable d'usage élémentaire, je réponds : « Bonjour, quelle surprise, du Châteauneuf-du-Pape blanc de chez Perrin. – C'est ça, je me souviens, t'en as ? – Oui. – Apporte-m'en une bouteille. » Il rentre dans la maison, s'installe dans la salle à manger, arrache la bouteille des mains de la dame, se verse un verre plein de ce vin superbe remonté de la cave avec précaution et avale ce divin nectar comme un verre de cidre après une longue promenade sous un soleil de canicule. Je suis triste en voyant ce bel homme manger plu-tôt salement ses œufs, boire goulûment, le visage ravagé par une nuit sans sommeil, l'œil éteint, la parole hésitante, l'esprit brouillon. J'ai une pen-sée pour sa grand-mère que je connaissais, qui avait une adoration pour son Jean-Luc. Si pour réussir et jouir de sa notoriété, il faut passer par ce stade, je préfère rester anonyme.

Il quitte la table, se rend au salon, se couche sur le canapé sans même enlever ses chaussures et s'endort profondément. À 11 h 30, il remonte dans sa voiture – il tourne vers 15 heures – en nous faisant un signe de la main. Pourquoi est-il venu ? Dans quel but ? Et dans cet état, devant ses collaborateurs ? Énigme.

Mais qu'importe, après tout. Les tournages se poursuivent. Au moins jusqu'à la mi-mai. Un lundi, après avoir signé mes livres à Marseille sur le stand d'Act Up (je ne suis pas prosélyte de la cause même si je pratique mais je suis solidaire des combats pour éviter la propagation du sida), je rentre à Paris en voiture quand, sans éprouver aucune douleur, ma main et mon pied gauches se raidissent, ma tête s'alourdit. Lentement l'engourdissement gagne mon bras, ma jambe. Arrivé devant chez moi je me gare avec difficulté. Ma bouche est sèche, la salive me manque. À la maison, j'appelle mon médecin, lui explique péniblement les symptômes. Son conseil : « Prends un cachet d'aspirine et allonge-toi, c'est un coup de fatigue, tu me rappelles si ça empire. » Je m'exécute avec difficulté, mes membres gauches approchent de la rigidité cadavérique. Je m'affole, rappelle mon médecin vers 22 heures et m'entends dire qu'il est trop tard, que son cabinet est loin, qu'il est préférable que j'appelle le Samu. Quelle idée, le Samu ! Pour que la presse soit informée le lendemain matin ! (On prétend que le Samu informe la presse quand une personnalité a recours à ses services.) Dans un épais brouillard, je décide de me tourner vers l'un de mes meilleurs clients, beau-frère de Miou-Miou, praticien à SOS Médecins. Je rampe jusqu'à la porte quand il sonne car je ne peux plus me tenir debout. Ma jambe gauche se dérobe, n'obéit plus. Son diagnostic est sans appel : « Aux urgences tout de suite. – Si tu veux (je suis prêt à tout), mais en

330

ambulance privée. » Il appelle, fait le nécessaire, les brancardiers arrivent et m'emmènent à La Salpêtrière où – miracle –, je tombe entre les mains du Dr Amarenco devenu depuis professeur à Bichat. Les blouses blanches s'affairent puis je ne distingue plus rien. Le lendemain, quand je reprends conscience, ma jambe et mon bras gauches sont paralysés, inertes – du bois ou du béton. J'essaie de déplacer mon bras gauche avec ma main droite. Impossible, trop lourd. Mort. Que vais-je devenir ? L'angoisse s'installe quand entre dans ma chambre le Dr Amarenco.

– Avez-vous passé une bonne nuit ?

– Qu'est-ce qui m'arrive, docteur ?

– Un AVC.

Il m'explique ce que c'est, je n'écoute pas, une seule pensée m'occupe :

– Pourrai-je retrouver l'usage de mes membres, docteur ?

– Je ne peux pas vous répondre. Nous verrons cela vendredi. Ou ça s'arrange, un peu de rééducation sera alors nécessaire, ou nous en reparlerons. Soyez patient. Il faut attendre trois jours, il n'y a rien d'autre à faire. Reposez-vous, dormez, vous en avez besoin.

Il quitte la chambre, l'infirmière reste et s'inquiète : « Qui dois-je prévenir ? » Qui, voilà bien la question. Ma mère ? Sûrement pas, elle s'affolerait.

– Prévenez mon assistante et dites-lui de contacter la production pour annuler les prochains tournages.

Ma chère Françoise est venue m'apporter une trousse de toilette et m'informer de l'élégante réaction du directeur de production de Delarue. « On a que huit jours d'avance. Il faut qu'il puisse tourner avant sinon demandez-lui s'il a quelqu'un qui puisse le remplacer. » Dès le lendemain, le médecin des assurances entre dans la chambre. Efficace, la production, bravo. Faire jouer au plus vite les assurances et récupérer un peu d'argent, voilà de l'excellente gestion ! Reste que le médecin connaît bien Carmet. Nous avons déjà bu des coups ensemble – ça crée des liens. Il constate avec satisfaction que je parle normalement, sans hésitation.

– Tu as de la chance (j'apprécie moyennement le mot chance), tu aurais pu être aphasique. Je vais voir Amarenco. Courage.

Jeudi. Toujours aucune amélioration. Des pensées sombres, angoissantes m'agitent. Que vais-je devenir, si je reste impotent ? Comment vivrais-je ? Seul, ce sera impossible. Mais d'ailleurs est-ce qu'il faudra vivre ? Je n'en imagine plus l'intérêt mais comment en finir ? Une arme à feu, c'est salissant mais efficace, encore faut-il en posséder une, ce n'est pas mon cas. Les somnifères, c'est peut-être le mieux… Il faudra que je pense à en stocker pour en avoir suffisamment, avec quelques verres d'alcool, on prétend que cela marche. Peut-être que des verres préalables à l'engourdissement procurent une douce euphorie... Et pourquoi pas la pendaison ? À la campagne, ma chambre est équipée de belles poutres bien solides. L'idée ne me déplaît pas mais à la pensée que des inconnus me découvrent, la bite en érection... J'imagine les commentaires graveleux de ceux qui me décrocheraient. Définitivement non, pas la pendaison. Cette méthode manque de pudeur. Une infirmière me tire de ma somnolence, il faut dîner, je n'ai pas faim, vite un somnifère, je dois dormir, j'ai hâte d'être à demain.

Vendredi matin. J'ouvre les yeux, mon bras gauche sur ma tête. Je n'ose pas bouger. Qui pendant mon sommeil l'a déplacé ? Je sonne. L'infirmière que je questionne me répond : « C'est qu'il bouge, essayez votre jambe ! », merde, elle bouge, elle aussi. Je la replie, je l'allonge, je la replie de nouveau, avec ma main gauche je caresse mon visage. JE REBOUGE. Après l'enfer, le paradis. Et du coup, je ne tiens plus en place.

– Puis-je me lever ? Je voudrais me doucher !

– Il faut attendre le docteur, qui ne va pas tarder. Cela ne sera pas long !

D'accord, je reste allongé. Mais je bouge jambe et bras gauches autant que je le peux. Je suis si heureux ! J'ai envie de hurler ma joie – je vais remarcher... Inouï, moi qui pensais me foutre en l'air. Le moment n'est pas encore arrivé. La Faucheuse (je pense à Carmet) s'éloigne. J'imagine la gueule de celle-ci, qui a raté son coup. Un de moins. Je ris. Seul. Heureux. Le Dr Amarenco, mon sauveur, entre, vérifie mes réflexes.

— Ça réagit bien. Il vous faut du repos, de la rééducation, mais votre paralysie ne sera bientôt qu'un mauvais souvenir. Vous voulez vous doucher, m'a-t-on dit ? On va vous aider. Pour commencer, essayez de vous mettre debout. Très bien. Marchez en vous tenant au lit...

Je marche, avec l'impression de tirer un boulet de bagnard quand j'avance ma jambe gauche. Pourtant je lance un timide :

— Quand pourrai-je sortir ?

— Pas de précipitation, on verra tout cela en début d'après-midi. Allez, à la douche !

Ah, cette douche ! Jamais je ne l'oublierai. Chaque jour en faisant ma toilette, j'y repense. L'eau chaude qui coulait sur mon corps me procurait une jouissance infinie. J'ai dû me savonner, me rincer trois ou quatre fois. Les moments d'angoisse se diluaient sous l'eau. Je revivais...

La rééducation se fait entre Paris et ma maison de campagne. Petit à petit, ma mobilité s'améliore. Nous tournons une émission par jour – la production râle, il en faut plus. Nous passons à deux. Puis trois. Les vacances sont proches, la série s'arrête pendant deux mois. Je vais enfin pouvoir me reposer.

Quand je reçois la convocation du médecin des assurances, je ne m'inquiète nullement. Je trouve simplement cela étrange. Je vais très bien – si bien que je pourrais, j'en suis certain, tourner quatre émissions par jour à partir du début du mois d'août, pour préparer dignement la rentrée. Mais puisqu'on me convoque, je m'exécute – le terme est prémonitoire. Pour commencer, rien de bien terrible, nous bavardons de choses et d'autres. Il demande à m'ausculter. Je m'étonne. Il reconnaît que je lui parais en forme. Il insiste. À cet instant, une sonnette d'alarme retentit dans un coin de ma tête.

– Mais enfin, pourquoi est-ce que je suis là ? Et qui vous a mandaté ?

Il faudra de longues minutes avant qu'il accepte, enfin, de me montrer une lettre de Réservoir Prod adressée à Axa, la compagnie d'assurances, et signée du président Delarue. Je la lis, abasourdi, effondré. Selon ses termes, je suis handicapé à vie, j'ai perdu en partie la mémoire, le rythme des tournages est considérablement réduit. Par voie de conséquence, la production demande une indemnité, et non des moindres. C'est déjà beaucoup. Ce n'est pas tout. Car, au détour des lignes, je découvre effaré qu'un sujet par jour de diffusion est facturé 30 000 francs. Or, nous en tournions quatre. Soit 90 000 francs de bénéfice quotidien car tout le monde était payé à la journée. Je n'ai rien contre les marges bénéficiaires mais là, il me semble que ces méthodes s'apparentent à du vol.

Je ressors totalement révolté. Comment Delarue a-t-il pu mentir aussi effrontément ? Sous l'emprise de la colère j'essaie de le joindre. Il est aux abonnés absents. Je raconte alors l'histoire à Bertrand de Labbey qui, étonné, en parle à Xavier Couture, directeur à l'époque des programmes de la Une. Il en informe Étienne Mougeotte. S'ensuit une réunion au sommet, qui prend la forme d'un dîner, je l'ai dit plus haut, il en est de sinistres. Nous sommes six autour de la table. Mougeotte et madame, Couture et Claire Chazal, son épouse du moment, Bertrand de Labbey, l'hôte et moi. Je raconte l'accident, la suite, les tournages en mai, la lettre. Ils m'écoutent d'une oreille. Puis, à la fin de mes explications :

— Avez-vous vu cette lettre ?

— Évidemment sinon comment pourrais-je vous en donner le contenu !

Silence radio. J'attends. En vain. On passe rapidement aux récits de vacances des uns et des autres. Au dessert nous ne sommes toujours pas revenus sur mon problème. J'ai l'impression d'avoir raconté une histoire qui ne les a ni étonnés ni révoltés. Un procédé habituel à la télé ? Peut-être.

Croyant naïvement les faire réagir, je leur annonce alors que je ne participerai plus à l'émission, si Delarue en reste le producteur. Je les entends dire : « Ça va s'arranger. » Je ne vois pas comment... Trois semaines après ce sinistre dîner, une attachée de production de TF1 dont je n'ai jamais entendu parler me demande de venir à un rendez-vous avec Jean-Luc Delarue. Nous ne nous sommes pas revus depuis son petit-déjeuner et sa sieste matinale chez moi, pendant un tournage. Dans un grand bureau, open space (comme on dit), vide, nous l'attendons, dans un silence glacial. À son arrivée, notre poignée de main est pour le moins distante. Il prend la dame par le bras, lui chuchote quelques mots à l'oreille. Elle s'éclipse. Il reste loin de moi. Elle revient et lui tend une enveloppe. Il la prend, se dirige vers les toilettes. Il en sort quelques minutes plus tard en se tamponnant le nez avec un kleenex. J'ignorais que la cocaïne puisse guérir un rhume !

Notre conversation, enfin entamée, est brève. Jardiland, le sponsor, souhaite continuer. Moi aussi, mais sans Delarue et sa maison de production. La dame demande si nous pourrions nous mettre d'accord, si à l'avenir, je n'ai plus jamais affaire directement à Delarue. C'est non. Je ne veux plus travailler avec Réservoir Prod. Il me semble que je suis clair.

— Mais alors qu'est-ce qu'on peut faire ?

– Rien. J'arrête à la fin du contrat. Si le sponsor veut continuer avec moi, vous connaissez mes conditions. Au revoir, je vous ai tout dit.

Nous ne nous sommes jamais revus. Il est mort. Je n'ai toujours pas pardonné.

Un matin, semblable à tous les autres. Le téléphone sonne. Au bout du fil, surprise. Cette mère que j'aime de tout mon cœur, mais qui ne me le rend que parcimonieusement. Elle sanglote. Que se passe-t-il ? Est-elle malade ? A-t-elle des soucis financiers ? Pas du tout. La voilà qui m'annonce, entre deux hoquets, que le comte, cet amant qui m'a toujours ignoré, pour ne pas dire détesté, est gravement atteint, et condamné à garder la chambre.

– Pour le voir, me dit-elle entre deux accès de larmes, je n'ai d'autre solution que de me poster devant son domicile, le jeudi après-midi. Parfois, il soulève le rideau de sa chambre, et j'aperçois sa silhouette...

– Mais pourquoi le jeudi après-midi ?

– C'est le seul moment où il est seul chez lui, sans sa femme, et sans son infirmière...

Ainsi pendant trois mois, tous les jeudis, qu'il pleuve, qu'il neige ou qu'il vente, ma mère, portant des fleurs, va-t-elle s'asseoir sur un banc, juste sous les fenêtres de l'amour de sa vie, en attendant qu'il apparaisse, vieilli, malade, décharné. S'envoient-ils des baisers ? Se font-ils, simplement, des signes de la main ? C'est en tout cas tout ce qui leur reste de leur intimité passée.

Tout cela me semble désolant. N'empêche. Quelques questions me viennent tout naturellement à l'esprit. Pourquoi, si l'appartement est désert, ma mère ne monte-t-elle pas chez son amant ? Pourquoi ne se téléphonent-ils pas ? La femme du comte connaît-elle l'existence de ma mère ? Que sait-elle, si elle sait quelque chose, de sa longue liaison avec son époux ? Ces interrogations me brûlent les lèvres. Pourtant, je les garde pour moi. Ma mère est désespérée. Ce n'est pas le moment de la déstabiliser un peu plus. Puis si je songe, fugacement, à la suivre, le jeudi, pour assister de loin à ses sinistres rendez-vous, j'y renonce très vite. Rien de tout cela ne me regarde. C'est son histoire, en aucun cas la mienne...

Et pourtant, par pure pitié filiale, je suis finalement amené à m'en mêler. Lors d'un déjeuner, ma mère m'annonce en effet que le comte est désormais contraint de rester couché. Elle ne pourra plus le visiter, même de loin, le jeudi... Elle me demande, avec précaution et tristesse, si je peux téléphoner tous les vendredis matin chez lui, pour prendre de ses nouvelles. Interloqué, je réponds qu'il me paraît difficile de m'entretenir avec sa femme.

– Ce ne sera pas sa femme qui répondra, mais une infirmière. Elle est dans la confidence.

Dans la confidence ? Comment ? Pourquoi ? Tout cela est vraiment bizarre. Mais là encore, je me tais. Et j'accepte de faire ce que ma mère me demande. C'est la fin morbide de sa liaison, de ses amours. Je ne peux pas la priver d'informations. Elle a tant aimé cet homme ! Je me dois d'assurer ce dernier lien – conscient que je serai annonciateur, quand la mort aura gagné, de la triste nouvelle.

C'est ainsi que, pendant six mois, tous les vendredis matin vers 11 heures, je décroche mon téléphone et compose le numéro du comte. À l'autre bout du fil, une femme décroche.

– Bonjour, madame, je suis Jean-Pierre Coffe, je viens aux nouvelles, comment va-t-il ?

Les réponses sont banales.

– Bonjour monsieur, il n'y a pas de mieux mais il dort bien (ou, d'autres fois, il dort mal, ou d'autres fois encore il souffre, ou certains jours : la morphine le calme...).

Je ne connais pas la nature exacte de la maladie dont est atteint le comte – ma mère m'a simplement glissé, à mi-voix : « C'est le pancréas. » Mais durant six mois, je suis, jour après jour, son long chemin vers la mort. Et peu à peu, aussi incroyable que cela paraisse, je m'attache insensiblement à ce grabataire pour lequel, on l'aura bien compris, je n'ai jamais éprouvé aucun sentiment autre que la jalousie. Oui, c'est vrai, j'en suis conscient. J'ai de la compassion pour celui qui m'a privé de ma mère – mais, en même temps, je m'en veux de ma sensiblerie...

Mars. Avril. Mai... Le temps s'écoule au rythme des coups de téléphone hebdomadaires. Je rapporte scrupuleusement à ma mère mes plats échanges avec l'infirmière. Nos conservations laissent désormais présager une fin prochaine. Devant l'état déclinant du malade, je sollicite l'autorisation de téléphoner plus fréquemment. Accordé. J'en viens à appeler tous les jours. Un mardi, j'apprends qu'il est dans le coma. La fin est imminente. Le vendredi c'est fini – il est mort dans la nuit. Que dire à cette infirmière ? Aucun mot de condoléances ne me semble approprié. Sottement, je lance :

– C'est triste pour vous, vous allez vous trouver sans travail.

Silence. Puis la voix que je connais si bien, à l'autre bout du fil, murmure :

– Mais je suis sa femme. Madame de...

Une nouvelle interruption. Puis elle reprend, toujours mezza-vocce :

– Dites à votre mère qu'elle peut venir aux obsèques.

Elle me donne la date, l'heure, le nom de l'église !

Je suis figé, statufié, une onde de violence monte en moi. La rage m'envahit. Jusqu'à la mort de son amant, elle m'aura abusé ! J'ai été trahi jusqu'au dernier moment – et par ma

341

propre mère ! Je décroche à nouveau mon téléphone. Je compose son numéro. Et d'une voix
glaciale j'annonce :

— Il est décédé cette nuit. Savais-tu que je
m'adressais à sa femme depuis six mois ?

Elle pleure. Elle sanglote. Elle essaie de parler,
n'y parvient pas.

— Réponds-moi !

— Oui mais...

— Il n'y a pas de mais... Savais-tu ou pas ?

— Oui...

— Tu t'es bien foutue de ma gueule ! Tu
savais que je n'aimais pas cet homme, mais tu
es passée outre ! Tu m'as imposé son agonie au
jour le jour ! Et dans le mensonge, encore ! Je
parlais à sa femme, à sa femme, tu m'entends !
Ah, tu as dû bien rire, et lui aussi, s'il était au
courant ! Pourquoi tu n'appelais pas toi-même
hein, pourquoi ? Puisqu'elle était au courant de
tout ! En fait, le véritable cocu de l'affaire ce
n'est pas elle, c'est moi ! Je ne te pardonnerai
jamais. Jamais tu m'entends ! Jamais !

— Tu es méchant, méchant !

— Méchant, moi ? C'est tout ce que tu trouves
à dire ? Eh bien tu sais quoi ? Nous n'avons plus
rien en commun. Rien. C'est fini !

J'ai raccroché et n'ai plus revu ma mère
pendant deux ans. Comme je lui en voulais !
J'étais souillé, sali, orphelin, profondément
triste. L'amour d'un homme peut-il supplanter

l'amour d'une mère pour son fils ? Moi qui avais tant désiré un enfant, un fils, aurais-je été capable d'un tel sacrifice par passion ? Je ne trouvais pas de réponse à ces questions. Je la détestais – ou du moins, je le croyais. Il était hors de question de lui pardonner, de l'appeler, de me réconcilier avec elle. Exclu. Tout de même. Au bout d'un an, j'ai pris de ses nouvelles auprès de ses amis. On m'a dit : « Elle est malheureuse, souhaite ardemment vous revoir, vous comprendre. » Peut-être, sans doute, mais je n'y étais, de mon côté, pas encore décidé. À quoi bon ? Nous allions, une fois de plus, entamer une discussion sans issue. Ses amis me faisaient la morale :

– Vous devriez faire un effort, elle n'attend que cela, elle jure qu'elle ne vous parlera plus jamais du comte, elle souhaite que vous l'appeliez.

– C'est à elle de faire le premier pas, c'est moi l'offensé, l'humilié.

– Elle est dans la douleur, le deuil, il faut pardonner.

– Je ne suis pas prêt, pas libéré.

Pendant deux longues années, anniversaires et Noëls inclus, je n'ai pas cédé, avec obstination et quelques tourments. Ses amis m'ont fait remarquer qu'elle allait avoir soixante-quinze ans, qu'il était temps peut-être de tourner la page. J'ai finalement, mais à contrecœur, pris rendez-vous avec elle dans un restaurant où nous avions eu des habitudes et dont la proximité des tables pouvait nous assurer une conversation anodine, banale, sans risque de dérapage. Notre rencontre a été d'une platitude abyssale.

– Je vais bien, la santé, ça va ?

Que c'était triste, conventionnel, insupportable ! J'ai alors opté pour la fuite en avant.

– Voilà, ai-je dit. Pour ton anniversaire, je veux t'offrir une grande fête où tu pourras réunir tous tes amis. Ça se passera chez moi, à la campagne, dans cette maison que tu ne connais pas, que je loue toujours, dans laquelle j'ai fait des travaux.

Elle aurait dû sourire, être heureuse, accepter avec émotion. Au lieu de quoi elle a fait la moue – cette moue que je connaissais si bien.

– Tu loues et tu fais des travaux ! Tu n'es toujours pas raisonnable.

– C'est mon problème, pas le tien.

J'ai failli partir. Je suis parvenu à rester. J'ai poursuivi :

– Tu loueras des chambres pour tes amis de province ou de l'étranger, je paierai, ne te fais pas de souci. Vous prendrez tous le petit-déjeuner à l'hôtel. Un car vous attendra et vous conduira chez moi. Nous déjeunerons, nous danserons, il y aura un orchestre. À la fin de la fête, le car vous ramènera à vos hôtels respectifs.

– Ça va coûter cher, ça n'est pas raisonnable !

– Je te le répète, c'est mon problème, pas le tien !

– Oui mais...

– Il n'y a pas de mais qui vaille, ça te fait plaisir, oui ou non ?

Un silence. Et elle a enfin concédé :

– Oui ! Je vais faire une liste, laisse-moi quelques jours. Tu as prévu cette fête pour quelle date ?

– À la fin du printemps, quand il fera beau, pour que le déjeuner soit servi dehors sur la terrasse.

– Mais alors tu as une grande maison ?

– Oui.

– Avec un grand jardin ?

– Oui.

– Tu as des animaux ?

– Oui, des chevaux, des chiens.

– Ah bon, mais qui s'en occupe, tu ne vis peut-être pas seul ?

– Si, mais tout va bien.

Depuis mon divorce, ma mère n'avait jamais rien su de ma vie, pas question qu'aujourd'hui elle se mêle de mon existence – d'autant qu'il n'y avait rien à dire d'intéressant. D'ailleurs, je subodorais davantage de curiosité que d'intérêt. Mais voilà qu'entre deux bouchées de son plat, elle a insisté. Je ne voulais pas lui parler de ma vie privée ? Elle a tenté d'en savoir plus sur ma vie professionnelle.

– Je te suis attentivement, j'achète tes livres, mon libraire me dit qu'ils se vendent bien, j'ai d'ailleurs eu des difficultés pour récupérer certains d'entre eux.

Elle a appuyé sur le mot « achète », comme un reproche. Je me suis gardé de relever. Je ne voulais pas évoquer notre brouille. Mais que le temps me semblait long ! J'avais hâte que ce déjeuner se termine, nous n'en étions qu'au plat principal. J'allais prétexter un rendez-vous urgent, pour fuir. En attendant, que pourrais-je bien lui dire ? J'ai demandé des nouvelles de ses amis proches, j'ai cité des noms.

– Il est mort, elle aussi.

S'ensuivit une litanie nécrologique semée de détails morbides. J'avais l'impression qu'elle faisait défiler le carnet du jour du *Figaro*. Je m'en voulais d'avoir abordé la question. Le dessert servi, nous étions toujours au cimetière.

– J'ai envoyé des fleurs avec nos deux noms.

– Que c'est gentil ! Merci.

– Normal ! Tu sais, j'ai pensé à toi tous les jours, tu es toujours mon petit biquet.

J'avais oublié qu'elle m'appelait son biquet. Cette fois, je devais stopper net. La conversation avait pris un tour qui ne me convenait plus du tout. Au prétexte d'un rendez-vous avec mon éditeur, j'ai demandé l'addition.

– Tu vas sortir un nouveau livre ?

– Un projet, sans plus.

– Dis-moi, de quoi s'agit-il ?

– Plus tard. Pour le moment, ce n'est rien de précis, juste une vague idée.

Je n'en peux plus de ces questions. Je vais quitter cette table, en finir avec cette réconciliation ratée. Mais au fait, comment ai-je pu penser que ma mère et moi allions enfin nous retrouver ? Entre nous, il y a cinquante ans de non-dits, cinquante ans sans connivence, sans tendresse, sans amour. Il est trop tard pour tenter de savoir pourquoi et comment nous en sommes arrivés là. Entre nous, un abîme s'est creusé. Et pourtant, c'est ma mère...

Nous nous sommes quittés devant sa porte en nous promettant de nous revoir souvent. Nous nous sommes revus quelquefois, pour évoquer la fête que je lui avais promise, qui a eu lieu et l'a rendue très heureuse. Tous ses amis rescapés de la Grande Faucheuse étaient là. Ils jubilaient, ils dansaient, ils évoquaient le bon temps. Je m'ennuyais, faisais le poli, l'aimable, je jouais le bon fils. Pure comédie. J'avais hâte qu'ils partent tous. Vers 17 h 30, j'ai prétexté des embouteillages sur les routes pour les inviter aux adieux, en leur fixant rendez-vous dans cinq ans, pour les quatre-vingts ans de ma mère. J'ai tenu parole mais nous n'étions plus que douze autour de la table. On ne se méfie pas assez du temps qui passe. Il faudrait pouvoir l'arrêter de temps en temps.

19

Voilà des semaines maintenant que, pour écrire ce livre, je fore au plus profond de ma mémoire. L'exercice a été enthousiasmant, parfois, douloureux, souvent. J'ai exhumé bien des souvenirs, quelques secrets, de nombreux regrets. J'ai parlé des amitiés partagées, des amours dévastées, de cette envie désespérée et jamais assouvie d'être père. J'ai évoqué mes carrières successives, restaurateur, chroniqueur, écrivain, pourfendeur de la malbouffe et du mauvais goût, amoureux des jardins et des produits de qualité. Hélas. J'ai beau chercher, la veine s'épuise. Je ne déterre plus rien de joyeux ni d'excitant – ne restent, me semble-t-il, que les échecs. Nous en subissons tous. Ils sont plus ou moins violents, plus ou moins supportables. Certains amusent, d'autres servent de leçons. Les réussites qui leur succèdent les enfouissent généralement au plus profond de l'oubli. Tous ? Non. Certains vous marquent d'une empreinte indélébile.

L'échec de la pièce que j'ai écrite est de ceux-là.

On peut aimer se rendre au théâtre, se sentir troublé en traversant une scène tout juste abandonnée par les comédiens après une représentation, alors qu'on va les féliciter. On peut être impressionné par la joie et l'espoir qui flottent dans une loge, les fragrances d'efforts, de trac, d'angoisse qui l'imprègnent, les télégrammes épinglés à côté du miroir, un bouquet de fleurs fanées laissé là, comme un souvenir éteint. On peut aimer les acteurs, leur force et leur fragilité, s'émouvoir de leur jeu – tout cela sans avoir jamais l'idée de prendre la plume et d'aligner des répliques. Rien, absolument rien et surtout pas mon inculture, ne me prédestinait à écrire pour le théâtre...

On dit souvent que l'occasion fait le larron. Je déteste les proverbes, mais celui-là s'est vérifié une nuit, vers 2 heures du matin. Françoise Bouquet et moi-même venions de mettre le mot « fin » au bas d'un livre. Nous trinquions, selon nos usages. Et voilà qu'elle m'annonce :

– Je n'ai pas sommeil. Il n'est pas si tard. On ne va pas en rester là. Tu as bien une idée !

Comment naissent les idées ? En voilà une question dont je n'ai toujours pas trouvé la réponse. J'avoue n'avoir jamais beaucoup cherché. Elles arrivent, tant mieux, sinon patience...

Quelquefois l'une d'elles survient, elle amuse, mais elle est inutile. On ne peut rien en tirer, on l'oublie. J'ai depuis longtemps une idée idiote qui ne me quitte pas. Faire construire un ascenseur qui descendrait dans un trou et qui ne pourrait que remonter pour aboutir d'où il vient, un ascenseur parfaitement inutile. Bref. Dans ma bibliothèque, au milieu d'un nuage de fumée – mes cigares, ses cigarettes –, Françoise me regardait. Et, allez savoir pourquoi, une inspiration subite m'est venue. De celles qui vous donnent des ailes. Depuis longtemps, un sujet me tracassait : la fidélité en amour. Pourquoi certains couples restent-ils heureux, épanouis, amoureux, pendant cinquante ans ? Est-ce réellement possible, supportable ? Une longue vie à deux, sans se manquer, alors que les tentations vous guettent à chaque pas, est-ce de l'héroïsme ? Comment éprouver du désir pour un corps qui se délabre alors que, voilà si peu d'années encore, sa simple vue éveillait des désirs impatients ? Toutes ces interrogations, finalement, je les voyais bien couchées sur papier...

– Je ne sais pas ce que cela va donner. Mais si tu veux travailler, allons-y. Écrivons !

– Quel est le sujet ?

– Une belle et triste histoire d'amour !

– Tu te moques de moi ! Tu te plains sans cesse de ne pas la vivre, ta belle et triste histoire d'amour !

351

– Peut-être. Mais celle à laquelle je pense n'est pas banale.

– Tu veux en faire un roman ? Ce serait le premier !

– Un roman ? Non. Une pièce de théâtre.

– Je te signale que *Roméo et Juliette* a déjà été écrit.

– Laisse-moi te raconter. Après, tu me diras ce que nous allons boire. Tu vas voir, mon sujet mérite un nectar.

Je la sens intriguée. Je continue, avec délectation :

– L'histoire se déroule dans une cave – unité de lieu. Le personnage principal est une bouteille. Elle raconte sa vie. Comment elle est née, du souffle de l'homme, sa rencontre avec le vin avec lequel elle va vivre cinquante ans avant leur séparation. La mise en bouteille, son premier contact avec son vin, son homme, ce qui se passe dans la cave, en compagnie des autres crus, la guerre qu'elle a vécue cachée sous des boulets Bernot, ses envies de connaître d'autres amants que le sien. Dans une cave on peut avoir des tentations mais comment les réaliser ? Ma bouteille enragera de ne pouvoir être infidèle... Et puis il y aura, aussi, leur séparation. Elle assistera comme à une mort à la mise en carafe. Elle sera cocue, humiliée, elle n'existera plus. Plus de vin prestigieux, plus d'étiquette de grand château, elle finira sa vie sur une décharge publique. Pire encore. Elle sera récupérée, remplie de bibine et deviendra alcoolique. Heureusement, quelqu'un la sauvera, et elle finira sa vie dans une cave, comme bouteille de collection. Voilà le schéma. Qu'est-ce que tu en penses ?

– Ça me plaît !

Ça lui plaît. C'est déjà ça. Mais il y a un bémol, de suite.

– Mais on va être obligés de boire du vin rouge !

– Bien vu. Tu as compris que, dans sa cave, ma bouteille va vivre avec un Bordeaux ! Bien sûr elle aura des tentations, s'éprendra de blancs, de liquoreux. Mais le fond restera sous le signe du rouge...

– Tu sais que je préfère le blanc !

Effectivement, le bémol est de taille. Heureusement, elle ajoute :

– Alors tu feras en sorte que le rouge soit bon !

Ouf. Affaire classée. Reste la musique.

– Et qu'est-ce qu'on écoute ?

– D'après toi ?

– Verdi. Il me semble qu'il accompagnerait parfaitement un Bordeaux, surtout un grand.

– D'accord. On y va...

On y est allés. Et même avec entrain. À 9 heures du matin, l'ours est terminé. Nous ne relisons rien, épuisés. Le lendemain, nous fignolons et à 17 heures nous avons un monologue d'une heure et demie. Qu'en faire ? Le faire jouer ? Par qui ? En l'écrivant j'ai beaucoup pensé à Jean Carmet qui aurait pu en être l'interprète idéal – il est mort. Mais alors ? Novice en la matière, je ne sais pas à qui m'adresser. Bertrand de Labbey, toujours fidèle, organise une lecture pour ses agents d'acteurs. Chacun y va ensuite de son idée. « C'est un rôle de femme. – Évidemment. » Je suis d'accord. Les noms fusent. Les commentaires aussi : « Pas libre, elle va tourner, trop jeune, trop vieille, elle ne veut pas faire de théâtre. » Bilan ? Personne ne convient. Je sors de là dépité. J'ai la sensation d'être un boucher qui a du papier, mais pas de viande à emballer...

Ceux qui me connaissent le savent. Quand j'ai une idée en tête, j'ai du mal à y renoncer. Ce soir-là, je ne pense qu'au texte qui repose tristement dans un tiroir. Comment l'en faire sortir, lui donner vie ? Je passe en revue mes agendas, de A à Z. Et d'un coup, à la lettre C, je me frappe le front. Bon sang mais c'est bien sûr, comme dirait l'autre. Grâce à Jean Poiret j'ai rencontré plusieurs fois Jacqueline Cormier, femme riche, passionnée de théâtre. Elle en a possédé trois, parmi les plus prestigieux de Paris : le Théâtre Édouard VII, le Théâtre des Variétés, et la Comédie des Champs-Élysées. Nous ne sommes pas intimes, loin de là. Mais tant pis. Je me botte les fesses et l'appelle.

L'accueil est engageant, bien que la dame me dise tout de suite qu'elle ne veut plus produire.

– Si tu me lis ta pièce et qu'elle me plaît, dit-elle, je t'aiderai.

La lecture se déroule chez elle, en présence de François Chantenay, directeur du Théâtre Fontaine, un homme délicieux et cultivé à jeun – moment rare. Ils sont d'accord, ils monteront la pièce. Reste à trouver une actrice. Les noms recommencent à fuser. Fanny Ardant ? Danielle Darrieux ? Elles sont déjà prises. Quelques semaines passent. Nous ne trouvons toujours pas la comédienne. Je pense à ma très chère Miou-Miou. Hélas, elle est occupée, elle aussi. Je suis triste, la comédienne est rare, délicate, subtile, elle a pour moi une qualité exceptionnelle : le sens de la rupture, en une seconde, elle passe du rire aux larmes spontanément, elle ne joue jamais un personnage, elle s'identifie, l'incarne, le vit. La femme est fine, intelligente, cultivée, humaniste, mais discrète, elle ne clame pas sa générosité, elle est naturellement généreuse. Son altruisme est sincère. J'éprouve pour elle une amitié indéfectible. Tout m'émeut chez elle.

Bizarrement quand vous débutez au théâtre, votre pièce vous échappe. L'argent règne en maître, la production décide de tout : metteur en scène, décors, musique, costumes... Si on vous demande votre avis, c'est uniquement à titre indicatif. Votre travail n'existe plus. Votre enfant a été adopté. Vous êtes contraint de subir. C'est ainsi qu'un jour je me vois convoqué pour une lecture, encore une, devant l'actrice et le metteur en scène choisis. J'ose demander :

– Qui sont-ils ?

– Une surprise t'attend. Tu seras étonné. L'un comme l'autre nous conviennent parfaitement...

Je m'y rends. Je découvre Annie Girardot et Pierre Mondy. Je les connais. Annie venait souvent dîner ou déjeuner chez moi, avec son agent Georges Beaume. De plus, j'ai tourné un petit rôle avec elle dans un film qui ne m'a pas marqué – si peu que jusqu'à présent, j'ai même oublié de le mentionner. J'admire l'actrice, j'ai des réserves sur la femme, la qualité de la personne, mais bon, elle peut être une belle interprète. Pierre, quant à lui, était l'ami de Jean Poiret, donc lui aussi un habitué de mes restaurants. Ses mises en scène sont gages d'habilité, d'intelligence et surtout de réussite. Je lis, ils aiment, banco, ce sera eux. Je n'ai aucune raison de faire le difficile. Girardot a été une des plus grandes vedettes du cinéma et du théâtre français. Une comédienne habile, efficace. Quant à Mondy, sa réputation d'acteur et de metteur en scène est établie. Pour ne rien gâter, ils se connaissent depuis le Conservatoire. Tout semble dont aller pour le mieux – jusqu'au moment où nous découvrons, en juin, qu'elle doit tourner au Canada, alors que le théâtre est loué pour début septembre. Pierre Mondy veut cinq semaines de répétitions. Annie affirme que quatre lui suffiront. De toute façon, il est d'ailleurs trop tard pour reculer. Tout est signé, tout le monde est content.

Août. Annie est rentrée du Canada. Jacqueline Cormier nous invite, elle et moi, dans sa luxueuse propriété de Saint-Tropez. L'objectif ? Faire des photos pour la presse. L'interprète et l'auteur autour d'une piscine, à table... – de la « peopolerie », tout ce que je déteste. Je suis déjà d'assez mauvaise humeur. Ça se gâte encore à l'arrivée d'une Annie vieillie, amaigrie, affaissée. Avec son énergie habituelle, Jacqueline Cormier décide de « la prendre en main ».

– Tu vas manger. On va te faire masser, pédicurer, je vais faire venir des vêtements. Il faut te rhabiller de pied en cap, tu n'as rien à te mettre.

Sitôt dit, sitôt fait, à un bémol près. Annie n'a jamais faim. Les œufs, le jambon, les confitures, les brioches, ne lui plaisent pas. Elle se nourrit de café, et de rien d'autre. Les déjeuners autour de la piscine l'ennuient, elle aspire au repos. Impossible. Sa présence est requise, voire exigée.

– Il y a des invités, tu dois être là.

Elle s'en moque. Les séances de massage en plein soleil avec les amis autour l'humilient. Elle est consciente qu'elle n'est plus, loin de là, la Girardot de *Rocco et ses frères*. Les dîners sont des calvaires. Je me souviens plus particulièrement d'une soirée avec Michèle Morgan et Gérard Oury, Tropéziens voisins de la maîtresse de maison. Mlle Morgan, bien que plus âgée qu'Annie, est rayonnante, drôle, élégante. Elle forme avec Oury un couple heureux, épanoui en face d'une Annie Girardot qui fait peine...

Le lendemain, après le petit-déjeuner, Jacqueline Cormier demande à Annie de nous lire la pièce. Elle n'a pas le manuscrit avec elle.

— Mais alors tu n'as pas commencé à travailler ! Et tu joues dans un mois !

— Foutez-moi la paix, j'apprends pendant les répétitions.

Et la voilà qui s'en va, furieuse, et s'enferme dans sa chambre...

Le ciel des huit jours de vacances s'assombrit. Je pressens un orage. Il éclate avec l'arrivée du coiffeur. Une femme de chambre va chercher Annie. Jacqueline la prend par les épaules, et lui explique qu'une femme vieillissante a intérêt à avoir des cheveux courts.

— Vous m'emmerdez tous. Je rentre à Paris tout de suite. Pour qui me prends-tu ! Je me coiffe comme je veux, je m'habille comme je veux. Dis à ton loufiat de me conduire à l'aéroport...

Toutes les tentatives d'apaisement sont vaines. Elle tourne les talons, et ne revient pas...

Les répétitions ont néanmoins commencé comme prévu. Pierre Mondy, son assistante, et

Annie sont seuls dans le théâtre. Quelques jours plus tard – on est bientôt à la mi-août – Pierre nous fait part de ses soupçons, avec beaucoup de précautions.

– Il me semble qu'elle a un problème de mémoire. Elle n'arrive pas à retenir son texte, même les premières phrases. Il lui faudrait peut-être une répétitrice. Jacqueline est d'accord pour la payer. Mais qui va le lui proposer ?

Qui ? Personne. Tout le monde se défile. Il faut reconnaître qu'il n'est pas facile d'annoncer à une grande actrice expérimentée – elle a beaucoup joué au théâtre – que la production s'inquiète, que les jours passent, que la date de la première approche, et que ce serait mieux si elle savait son texte. Courageusement, le directeur du théâtre s'y colle. Annie le jette hors de sa loge – échec de la médiation.

Et les jours passent, sans que rien ne s'arrange. Pour le long week-end du 15 août, elle vient chez moi. Son programme ? Se reposer et répéter. J'ai des consignes précises : pas de vin, de la bière sans alcool, plusieurs lectures par jour. Elle me les refuse : « Je me repose, le texte me pénètre, incube. » Quant à l'alcool, bien qu'elle tente de soudoyer mon employée, personne ne cède. Son humeur s'en ressent. Elle passe ses journées à faire des réussites. Du matin au soir elle bat, aligne, déplace les cartes. Un sonore « merde » ponctue ses échecs. Le soir elle se raconte. Sa mère décédée, sa fille adorée, ses amants dont elle se souvient parfaitement, ses succès, ses échecs qu'elle détaille sans remords ni nostalgie. Ses récits sont précis, cliniques. Rien d'émouvant, pas d'affect, des faits. Un procès-verbal. Des soirées pathétiques.

La veille de son départ, elle consent, enfin, à me lire ma pièce. D'évidence elle n'en a pas retenu un mot. J'évoque délicatement une répétitrice, peut-être même une oreillette. Elle fond en larmes, murmure qu'on veut l'humilier, la salir, nuire à sa carrière. Je rends compte du week-end à Mondy et Cormier, qui transmettent à nos autres producteurs. Nous nous donnons huit jours avant de prendre une décision. Mais quelle décision ? Nous évoquons son remplacement et ses conséquences éventuelles. Virer Mlle Girardot ? La presse, le public seront contre nous. Le procès est inévitable. Chantenay, encore moins à jeun que d'habitude, propose qu'un huissier constate qu'elle ne sait toujours pas son texte à quinze jours de la première. Nous nous accordons une semaine. Elle, de son côté, accepte une répétitrice. Les progrès ne sont pas significatifs. Plus personne n'assiste aux répétitions, trop douloureuses. Les comptes rendus de Mondy ne sont guère encourageants. Nous mettons alors en place l'opération huissier. Les agents des uns et des autres sont convoqués dans le plus grand secret dans le hall du théâtre. L'objectif est que tout le monde assiste à un filage (une répétition de la pièce jouée entièrement). Annie, elle, ne doit rien savoir.

Exécution, c'est le cas de le dire, malheureusement. Une dizaine de personnes, venues assister à la mise à mort d'une star, s'installent au balcon, dans la plus grande discrétion. L'huissier est muni d'un texte de la pièce et d'un petit magnétophone. Sinistre. Nous formons un tribunal dont les juges connaissent déjà la sentence – quelqu'un en est-il conscient ? Je reste à l'orchestre à côté de Pierre Mondy. Et nous assistons à une représentation pathétique. À certains moments, Annie retrouve la mémoire et redevient la grande Girardot. À d'autres, la diction est hésitante, le texte coupé d'appels au souffleur. La situation est lugubre, affligeante. J'appréhende l'issue.

Quand Annie retourne dans sa loge, suivie de Mondy, les discussions à voix basse s'enveniment dans le foyer du balcon. Personne n'a de solution – personne n'ose en trouver une. Les uns plaident pour le renvoi, les autres pour l'indulgence. Tout le monde espère un miracle, tout le monde sait qu'il ne s'en produira pas. Nous voilà au même point. Nous nous donnons quelques jours supplémentaires pour réfléchir et prendre l'avis de Jacqueline Cormier, toujours à Saint-Tropez.

Le lendemain matin, stupeur. Un article à la une du *Figaro* annonce que le directeur du Théâtre Fontaine a décidé de remplacer Annie Girardot, et que le nom de sa remplaçante sera prochainement annoncé. Consternation. Qui a décidé cela, quand ? Personne ne semble avoir été averti, ni Mondy ni Cormier. Pourquoi ? Les coups de téléphone aux uns et aux autres se succèdent. La catastrophe est là, nous sommes au pied du mur, une réunion s'impose. Chacun imagine un nom pour succéder à Girardot. Les actrices pressenties se défilent les unes après les autres. J'apprécie cette solidarité, toutes sont unanimes : « On ne peut pas faire ça à Annie. » Un peu de sentiment dans la bouse fait du bien, même si leurs désistements n'arrangent pas nos affaires. Nous décidons de nous donner quarante-huit heures pour chercher et convaincre. Sinon, il faudra annuler le spectacle. Annuler ? Non, c'est impossible. Les affiches couvrent les colonnes Morris, les décors sont construits et installés ! Quarante-huit heures plus tard, nous n'avons toujours personne. Une seule solution, désormais. Retourner, penauds, ridicules, vers Annie Girardot, la supplier d'accepter de revenir, et dans ce cas reculer la première.

Je suis chargé de la corvée – moment épouvantable que celui de nos retrouvailles ! Je suis seul, désemparé, face à cette femme qui a été une star, et qui, désormais, est triste, mortifiée, rabaissée. À dire vrai, j'ai peu d'arguments pour la convaincre de revenir. Elle a tant espéré faire sa rentrée au théâtre ! Et nous l'avons salie... Il n'y a rien à dire, je dois la laisser déverser son chagrin et son dépit. Deux bonnes heures plus tard, l'envie de jouer est la plus forte. Elle accepte finalement de revenir. Nos excuses, elle s'en fout. Elle va nous prouver qu'elle est toujours « la » Girardot, « la » première. Pour prix de son retour, elle exige que nous ne mettions plus un pied au théâtre.

— Personne ! Le Chantenay, la Cormier, toi, je ne veux plus vous voir, aucun d'entre vous. Si j'en vois un, je me tire. Vous vous démerderez !

— Bien sûr. Tout ce que tu veux. Merci, merci...

J'ai voulu l'embrasser pour sceller notre réconciliation, elle a refusé.

— Toi et les autres, je vous déteste.

Les répétitions ont repris. Seul Pierre Mondy y assiste.

— C'est dur..., ça va mieux..., ça devrait aller...

Quinze jours plus tard, première représentation devant la presse. Jacqueline Cormier que nous n'avons pas revue depuis la reprise des répétitions arrive avec son coiffeur. La voilà dans les loges, face à Annie. Elle doit, c'est obligé, couper ses cheveux. Annie est dans son texte,

363

son trac. L'exigence est stupide. Elle se met en colère, Cormier aussi, argue qu'elle est la productrice, Annie, désemparée, se laisse faire. Le coiffeur donne le dernier coup de peigne quand la sonnette retentit qui indique « début du spectacle, cinq minutes ». Elle a juste le temps d'enfiler la robe que lui a donnée Nino Cerruti et d'arriver sur scène sans concentration préalable. Elle est déstabilisée, cherche des repères. Elle est dans le décor d'une cave, elle est la bouteille mais elle est en dehors du personnage. Elle hésite, se reprend. J'ai à tout moment l'impression qu'elle a envie de quitter la scène. Elle renifle sans retenue. A-t-elle absorbé une quelconque substance avant d'entrer en scène ? Les trous de mémoire se succèdent. Elle regarde désespérée le public, la coulisse, médusés nous assistons à un naufrage. La presse est féroce. Annie ne fait aucun commentaire, elle vient tous les soirs, elle assume courageusement. Nous arrêterons les représentations après les trente premières légales. Un échec cuisant pour nous tous. Annie Girardot veut qu'on continue, elle veut du temps, pour que son public vienne. Elle nous fait un procès. Elle ne gagne pas, temps et argent perdus.

Un échec au théâtre est souvent collectif. Rien ne sert de condamner l'un ou l'autre. Quelques mois après cette claque douloureuse, Pascal Héritier, le producteur et organisateur de tournées, me propose de jouer ma pièce en province. Ses arguments sont simples : il faut essayer de combler les déficits, le sondage auprès des directeurs de théâtre de province est encourageant. Nous pourrions jouer entre trente et cinquante fois.

– Mais je n'ai pas remis les pieds sur une scène depuis quarante ans ! Et je n'ai jamais joué en solo ! Essayons de trouver une autre actrice !

– Si elles n'ont pas voulu jouer à Paris, elles n'accepteront pas davantage en province.

L'argument fait mouche. Bêtement j'accepte. Je dis bêtement car *Descente aux plaisirs* ne dure qu'une heure et demie. Pour une tournée, il faut un spectacle de deux heures, avec entracte. Je dois donc écrire une piécette d'une demi-heure pour faire ce que l'on appelle un lever de rideau. Un monologue est nécessaire, car il n'est pas question pour des raisons d'économies d'avoir un ou deux partenaires. J'imagine un épouvantail qui raconte les conversations entre les différents légumes, oiseaux et autres occupants d'un jardin. Cela fera l'affaire. Tout le monde est pressé. La tournée commence. Déjà.

Elle est d'autant plus épuisante que j'ai gardé des activités radiophoniques. De surcroît je n'ai pas imaginé combien je serais stressé, seul sur scène. Après les représentations, les villes sont tristes, désertes, les restaurants fermés. Impossible de se détendre, sans parler de s'amuser un peu. J'ai demandé à un ami de me servir de chauffeur : nous pouvons bavarder, critiquer, au cours de nos longs déplacements en voiture. N'empêche. Tout cela se termine à Saumur par un évanouissement sur scène, le mien. Samu, urgences, fin de la tournée.

Il m'arrive quelquefois – quand on me le demande – de lire des textes de moi ou d'autres. J'assume mieux cet exercice. Faire l'acteur c'était hier, et hier j'ai déjà oublié. Demain, c'est prendre du plaisir à voir des professionnels exercer leur art. Telle sera ma ligne de conduite, désormais.

20

Pourquoi la chance, qui a toujours été bienveillante tout au long de ma vie, ne m'a-t-elle
pas permis de connaître un grand amour, apaisé,
harmonieux ? Pourquoi ?

Cette question lancinante m'a poursuivi pendant soixante ans. Je me suis amusé. J'ai profité de la vie. J'ai eu du plaisir dans des corps
des deux sexes, sans remords. Avec laquelle ou
lequel aurais-je pu construire une vie ? Juliette
sans doute, la première après mon épouse.
Femme du grand Nord, blonde, la peau laiteuse,
des petits seins placés haut, au bout desquels
deux délicieux tétons, acidulés comme des bon-
bons anglais. Elle aurait été la mère parfaite de
mes enfants. Mais c'était trop tôt, je n'étais pas
prêt. Élisabeth, rencontrée à Quiberon alors que
j'étais impotent, rousse flamboyante aux yeux
pers profonds. La musique et les longues courses

à cheval, après avoir quitté mes béquilles, le long de la Côte Sauvage, quand la tempête soufflait, nous rapprochaient. Elle n'était pas femme d'aventures. J'aurais dû lui dire que je voulais l'épouser. Elle est partie, a fui sans un mot, sans adresse. Tout s'est écroulé, mon désir de vie à deux, mon rêve d'enfant, celui d'un bonheur simple, la fantaisie partagée, les projets communs. Avec Stéphane, nous étions dans un faux rapport. Faux ? Disons plutôt médiocre. Nos objectifs, nos ambitions étaient trop éloignés pour une relation épanouie...

Finalement à quoi sert de sonder la mémoire pour y déterrer des histoires mal abouties ? Je préfère rêver à des jours plus glorieux – ils ne sont pas privés, hélas, mais professionnels. Décidément, le travail aura rempli ma vie.

Avril 2003. Je travaille chez moi à la préparation de mon émission de France Inter quand le téléphone sonne. À l'autre bout du fil, une voix connue.

– Bonjour, c'est Michel, Michel Drucker.

Michel Drucker ? Je ne le connais pas vraiment, même si j'ai participé, quelquefois, à « Vivement dimanche prochain », pour assurer la promotion de mes livres. À ces occasions, nos relations n'ont jamais dépassé le stade d'une sympathique interview. Il est resté pour moi une icône de la télévision, à laquelle les magazines, et pas seulement people, consacrent des pages entières. Je doute fort que cette star du petit écran prenne la peine de m'appeler. C'est une farce, un canular. Je le dis, je m'apprête à raccrocher. Mais non. Il insiste. Je dois me rendre à l'évidence. C'est bien lui. Et, deuxième surprise, il m'annonce qu'avec son amie et coproductrice Françoise Coquet, il souhaite me consacrer un dimanche entier.

Moi, invité principal de « Vivement dimanche », cette émission mythique, qui fait des cartons d'audience ? Je n'en crois pas mes oreilles. Un dimanche entier sur le canapé rouge, c'est la consécration, l'onction suprême, le visa pour la gloire. C'est dire combien je suis flatté et honoré de la proposition – mais, aussi, inquiet à l'idée de ne pas être à la hauteur. En plus, je n'ai aucune actualité... Je fais part de mes réticences. Drucker, qui a de la bouteille, sait se montrer convaincant. Mon combat contre la malbouffe, le succès de mes livres, ma personnalité, feront de moi un excellent invité. À l'écouter, mes inquiétudes s'apaisent. La joie et la fierté prennent le pas sur mes doutes. Et je finis par prendre, la semaine suivante, le chemin du studio Gabriel...

L'approche même de ce lieu exceptionnel est intimidante. L'avenue Gabriel respire le pouvoir et le luxe, avec ses hôtels particuliers cossus, à demi cachés derrière de hautes grilles. Là-bas, l'accès à l'Élysée par le parc. De l'autre côté, le jardin des Champs-Élysées, entretenu, ratissé, pas une feuille morte, pas une mauvaise herbe, des pelouses d'un vert à toute épreuve et des fleurs jamais fanées. Moins prestigieux, mais plus festif, le théâtre de Guignol, fermé, pas d'enfants aujourd'hui, mais je peux les imaginer hurlant de plaisir, guignol, guignol, guignol, entendre leurs rires cristallins. Nostalgie. Chagrin. Moi aussi, si j'avais eu un fils, je l'aurais emmené ici. Allons. Il me faut poursuivre ma route. On m'attend. Voilà le numéro 9. J'y suis.

Combien de stars ont descendu le long escalier menant au studio Gabriel, et, accessoirement, au bureau de Michel Drucker ? Tous les monstres sacrés de la scène et de l'écran et de la chanson, tous les auteurs français ou étrangers. Voilà que je leur succède. Moi. Jean-Pierre Coffe, le gamin que son père voyait coiffeur... Voilà que je pénètre dans le saint des saints, le bureau de Michel Drucker. Voilà que je m'immobilise sur le seuil... La pièce est grande. À droite, deux canapés en cuir, derrière une table basse. Autour, des fauteuils. À gauche, une table de maquillage encombrée de piles de livres. Au fond, une table, deux téléphones couverts de post-it. Sur le mur, une immense photo de Jean Drucker, le frère adoré de Michel. M'attendent Françoise Coquet, la fidèle, Éric Barbette, le dévoué et solide assistant de Michel, Grégoire Jeanmonod, son adjoint, si jeune et si efficace, et Dominique

Colonna, le réalisateur. La garde rapprochée depuis des années. L'accueil est chaleureux. Les préventions s'écroulent. Ambiance familiale. Ils reçoivent un cousin éloigné qu'ils n'ont jamais vu, mais dont ils savent tout, les bougres. Les fiches sont bien tenues. On m'a demandé de sélectionner mes invités : parents, amis, proches. J'ai décidé de faire simple. Je propose Miou-Miou, accepté, Jean-Claude Carrière, accepté. Pour les variétés, j'évoque timidement Juliette. J'aime ses chansons, dont les textes m'émeuvent et m'amusent, mais je ne la connais pas. Accepté, on s'en charge. Le reste, ils s'en occupent. Ils veulent me faire des surprises, tourner des reportages. Au moment de partir, Michel demande :

– Est-ce que tu veux qu'on invite ta maman ?

– Je ne préfère pas.

– Ah bon, pourquoi ?

Comment avouer mes craintes ? J'ai peur que ma mère ne raconte nos brouilles, nos disputes. Qu'elle étale, en un mot, ma vie privée et la sienne. Elle pourrait aussi faire mon panégyrique – et, à mes yeux, ce serait encore pire. Après mon refus, poli, mais définitif, Drucker accuse le coup. Pour l'audimat, la mère de Coffe sur le divan rouge, ç'aurait été bien. Mais, poli, il n'insiste pas. Ou plutôt si.

– Et des photos ? Des photos de ton enfance avec elle, les photos de ton père, eux ensemble, si possible avec toi...

Va pour les photos.

– Je vais lui en demander, elle en a sûrement. Elle garde tout.

– Et toi, tu n'en as pas ?

Non, moi je n'en ai pas. Au contraire de ma mère, je ne garde aucune trace du passé, ni de ceux qui m'ont été chers. Photos, lettres, albums, fleurs séchées, tout est brûlé. Les bons souvenirs sont enfouis au plus profond de mon cœur. Quand j'ai envie qu'ils réapparaissent, ils me reviennent en mémoire, dociles. Ils s'effacent à nouveau, ensuite. Quant aux mauvais, je me donne un mal de chien pour les oublier – sans toujours y arriver...

« Vivement dimanche » est, de tradition, enregistrée le mercredi et diffusée le dimanche suivant. En l'espèce, ce sera le jour de la fête des Mères. La mienne sera-t-elle devant son poste ? Quoi qu'il en soit, au jour dit, Ted, le responsable du plateau, me prend en main et me présente les techniciens, les cadreurs, ceux qui sont à la caméra. Il me fait également visiter les coulisses et le studio. Ce lieu est surprenant, intimidant – particulier, pour tout dire, même pour moi, devenu un vieil habitué des tournages. Il y règne un calme inhabituel. Chacun a l'air heureux, tranquille. Aucune agitation, même quand les lumières et les caméras s'allument. Une oasis de paix inattendue...

– Monsieur Coffe, on vous emmène au maquillage...

Un assistant de plateau a pris la relève. Je le suis. Néons étincelants et odeur de poudre, fauteuils de cuir et miroirs immenses, la salle réservée à la mise en beauté est sympathique. Une jeune femme châtain-blond, petite, au visage d'écureuil m'accueille avec gentillesse.

– Bonjour... Je vous maquille ici ou dans votre loge ?

– Pourquoi pas ici ?

– Très souvent les invités préfèrent que cela se passe dans leur loge.

– Je préfère ici.

C'est ainsi que je me suis fait une amie, Nelly Pierdet, la maquilleuse en chef, celle qui s'occupe avant tout de Michel. Des doigts de fée, un vrai talent, une présence chaleureuse, rassurante – c'est important, car dès que le fond de teint et la poudre entrent en scène, le trac les accompagne. L'incursion est presque délicate, d'abord, puis envahissante, insistante. Elle devient insupportable au moment où il faut entrer sur le plateau. Le rideau s'ouvre. Il faut y aller, pas question de s'enfuir. J'avance jusqu'au canapé, tout va bien, le public applaudit. Voilà les présentations – et miraculeusement l'appréhension et le stress détalent au profit d'un incroyable sentiment de sécurité. Tout est sous contrôle. Michel est d'un calme olympien, et sait vous le transmettre. Pas de prompteur. Michel et ses invités improvisent librement. Le minutage n'a pas l'air de le préoccuper. On bavarde entre amis. Et d'un coup, c'est déjà fini. C'est passé en un battement de cils, et l'on sort du studio. Le public attend, joyeux, chaleureux. La nuit sera bonne.

C'est un mois après la diffusion – qui a connu un sympathique succès d'audience – que Françoise Coquet – l'autre âme de l'émission, sa cheville ouvrière, son esprit, sa mémoire, mais aussi une femme rare, effacée et ferme – me propose de rejoindre toutes les semaines le canapé rouge, pour une chronique libre. Encore la chance qui frappe à ma porte. Et quelle chance ! Toutes les semaines chez Drucker ! Face à une telle veine, on ne se pose pas de questions. On dit oui, merci. Et on croise les doigts pour que la roue ne tourne pas, et dans le mauvais sens...

7 septembre 2003. Je suis assis sur le canapé rouge. Et j'entame neuf belles années de bonheur partagé. L'idée de ma chronique ? Demander à l'invité principal quel a été le plat qui l'a le plus marqué, enfant. Évoquer, à partir de là, ses parents. Cuisinaient-ils ? Comment ? Où ? Et lui-même ? Expliquer, ensuite, comment préparer la recette au goût d'enfance...

À cette époque, je ne faisais pas encore de démonstration culinaire dans ma cuisine. Mais, toujours didactique, j'avais à cœur d'informer au mieux le téléspectateur. Ainsi, pour le bœuf bourguignon tenant lieu de madeleine à Omar Sharif, ai-je fait suspendre un quartier entier de bœuf sur le plateau. Je peux dès lors montrer la place précise où se situe tel ou tel morceau de la bête. La démonstration est éloquente. Malheureusement, elle choque Dany Saval, l'épouse de Michel, qui milite pour la défense et le bien-être des animaux. Personne ne m'a prévenu. Michel me dit, en riant, qu'il a dû supporter une scène de ménage... Obstiné, je décide pourtant d'arriver sur le plateau avec une oie et un canard dans les bras, pour évoquer le foie gras cher à Roland Giraud. En coulisses, un vétérinaire leur fait une piqûre calmante afin qu'ils ne s'envolent pas dans le studio pendant l'enregistrement. Par malchance, le praticien force la dose de calmant. Mes deux partenaires, assommés, sont totalement léthargiques – un désastre. Je dois faire appel à un médecin de service pour les réanimer...

Le premier de « mes » invités a été Omar Sharif. Suivront Line Renaud, Annie Cordy, Franck Dubosc, Marc Lavoine, entre autres, bien sûr. Durant les premières années, Michel Drucker invite des politiques – autres types d'animaux, finalement. Quelques-uns sont agréables, d'autres imbus de leur personne, et franchement insupportables. Certains souhaitent que l'on évoque des spécialités de leur région électorale, dans l'espoir d'une réélection. D'aucuns veulent faire croire qu'ils cuisinent – mais sont incapables de réaliser la moindre recette. Ainsi Renaud Donnedieu de Vabres apparaît-il en costume-cravate avec un tablier sur le veston, dans les cuisines de son ministère, une fois tout orchestré par son chef de cuisine. Le lapin en gelée est bon, mais pas de lui ! Dominique Strauss-Kahn, dont les frasques sexuelles n'ont pas encore fait la une, préfère quant à lui « le lapin » à la moutarde. Mme Chirac nous avoue qu'elle n'a jamais cuisiné de sa vie sinon une fois où elle a tenté pour son mari une omelette. Hélas elle a battu les œufs avec les coquilles. On comprend mieux la soupe à la grimace. Et je garde un souvenir cuisant du passage de Nicolas Sarkozy, alors ministre de l'Économie, des Finances et de l'Industrie, qui exige que je le tutoie. Je refuse.

– Tu m'appelles Nicolas, sinon tu verras.

Je le salue sur le plateau d'un sonore :

– Bonjour, monsieur le ministre d'État.

Quelque temps plus tard j'ai droit à un contrôle fiscal... On est rancunier ou on ne l'est pas ! Mais mon pire souvenir reste celui de Rachida Dati. Quelle teigne ! Elle refuse de me parler. Madame la ministre veut que je passe par son attachée de presse. De surcroît, elle change d'avis à chaque échange. Finalement elle opte pour un navarin d'agneau. Nous tournons la recette. Une fois tout en boîte, elle réalise que l'agneau risque de la renvoyer à ses origines maghrébines. Nous décidons, Françoise Coquet et moi, de remonter un sujet déjà tourné, un bœuf aux carottes. Madame la ministre est servie.

Voilà pour les malotrus. Passons aux sympathiques. Le plus avenant est Manuel Valls, alors député-maire d'Évry. À la suite de notre conversation, il m'invite à venir visiter les cantines des écoles de sa ville. Remarquable. Il me prouve que la mixité sociale n'est pas qu'un mythe. Pourquoi ne propose-t-il pas à son ministre de l'Éducation de faire la même expérience dans toutes les écoles et tous les collèges de France ? Quant au plus drôle et surtout au plus sincère, c'est François Hollande. Je suis convaincu – quelle prétention – qu'élu de Corrèze, il ne peut qu'aimer le chou farci. Je le prépare avec soin, et sur le plateau arrive un appétissant chou farci. Patatras ! Michel lui demande s'il aime cela. Il répond franchement : « Non, j'en ai horreur ! » Que faire ? Quitter le plateau un moment, revenir, et rire ensemble de ma bévue...

Par la suite, avec les chanteurs et comédiens, c'est plus simple et plus drôle, moins convenu. Tous jouent le jeu, même Vanessa Paradis qui veut des truffes. Se gaver de truffes dans une émission populaire devant des téléspectateurs qui, pour beaucoup, n'ont pas les moyens de manger à leur faim tous les jours, pas facile. Elle rit de bon cœur devant mes truffes au chocolat. Michel aussi.

J'ai eu du mal à imaginer m'entendre avec lui. Nous avons peu de points communs dans le quotidien. Il se passionne pour le sport, le sujet m'ennuie. Il est en empathie avec tout le monde, j'ai des réticences instinctives. Mais dès que nous sommes dans l'exercice de notre métier, son œil s'éclaire, le courant passe, la machine tourne. Ce qui est frappant, après quelques mois de travail, c'est de découvrir son humour et sa décontraction. À l'antenne quand nous avons commencé, il était plutôt fermé, peu enclin à rire, alors qu'en confiance il est franchement déconneur, il imite ses copains ou invités avec talent. Mais ce qui me fascine le plus chez lui, c'est le rapport qu'il entretient avec son corps. Tous les jours il est aux petits soins avec lui-même, gymnastique, natation, vélo, tout est bon pour le bichonner, d'où son hypocondrie sincère. Il a peur d'un rhume, prend son pouls souvent, connaît toutes les maladies, même les plus rares, une sorte de Vidal ambulant. Pour le moindre bobo il a un remède, il connaît des tas de médecins, les appelle, le cas échéant, pour vous faire recevoir dans la minute. Il connaît, aussi, trois ou quatre spécialistes, qu'il consulte régulièrement, pour faire valider ses propres diagnostics… Quant à sa relation avec la nourriture, elle est étrange. Il déjeune peu, six huîtres, un potage pour le dîner et hop, au lit. Pendant les émissions, une tranche de pomme, d'orange et des fruits secs, un régime d'ascète, et puis un jour, surprise. Laurent Gerra est l'invité. Après l'enregistrement je fais rôtir des andouillettes – qu'il adore – et sert du Beaujolais nouveau (en novembre évidemment). Alors que nous sommes en train de nous régaler avec Françoise et les techniciens amateurs de tripaille, Michel arrive, étonné.

– Qu'est-ce que vous faites ?
– On mange des andouillettes.
– Des quoi ?
– Des andouillettes.
– Qu'est-ce que c'est ?
– Une saucisse d'intestin et d'estomac de porc.
– Ça se mange ?

Taquin, Gerra susurre que celle que nous dégustons est particulièrement bonne parce qu'un morceau de rectum est intégré ! Visiblement Michel ne mange pas du trou du cul tous les jours... Mais, courageusement, il demande à goûter.

– Une bouchée, hein ?

Il la cueille sur la fourchette, mastique quelques secondes. Cherche dans sa mémoire un souvenir, visiblement lointain, alors qu'il est de Vire, la capitale de l'andouille. Décide, finalement que oui, ça se mange et même que c'est plutôt bon.

– Est-ce qu'il en reste une pour moi ?

– Oui.

Le voilà qui l'avale sans bouder son plaisir – un plaisir qu'il s'interdit, d'ordinaire. Avec l'andouille, il boit du Beaujolais, sans modération. Le lendemain matin, il a dû faire dix kilomètres de plus pour éliminer…

Un an. Deux. Trois. Quatre. Semaine après semaine, je prends le chemin du studio Gabriel. L'avenue est belle été comme hiver, automne comme printemps, les enfants rient devant Guignol, les présidents se chassent l'un l'autre de l'Élysée. Moi, j'abandonne la cuisine pour le jardinage, puis le jardinage pour les métiers manuels. Découvrir des métiers en voie de disparition exécutés par de grands professionnels, quel pied ! Quarante émissions plus tard, retour à la cuisine pour quelques années…

Mais tout a une fin. Je vieillis. J'ai l'impression d'être en boucle, de rabâcher. Michel Drucker et moi, nous nous séparons, à ma demande. Il reste, dans ma mémoire, neuf années de joie, en compagnie d'une équipe comme il y en a peu, respectueuse du public, généreuse de son temps, à l'écoute, deux amis, deux amitiés indéfectibles avec Philippe Geluck et Claude Sérillon. Un rêve… Je ne retourne jamais au studio Gabriel sans un pincement au cœur. J'y suis toujours accueilli comme un parent proche. Et le mercredi, jour traditionnel d'enregistrement, je sens, souvent, mon cœur se serrer de tristesse…

Allons. Il est temps d'aborder maintenant la toute dernière partie de ma vie – celle qui m'a valu tant de désagréments, mais aussi tant de joies et d'enthousiasmes. Elle a commencé il y a six ans, par un courriel, arrivé sur mon bureau. Il m'était adressé par une agence :

« Accepteriez-vous de faire de la publicité pour un grand groupe de distribution ? »

De la publicité. Quels commentaires peu amènes ce mot déchaîne, quand il s'agit d'acteurs, qui participent à des campagnes ! « Il est pourtant assez payé au cinéma », « Il lui en faut encore plus », etc. Et cependant ! Gagner de l'argent en monnayant son image et sa notoriété, où est le mal ? Si les produits promotionnés par un artiste se vendent bien, il serait bon de ne pas oublier que les usines du groupe tournent, que les ouvriers sont payés, que les investissements se font. En France, on a trop souvent tendance à mettre au pilori les gens qui gagnent de l'argent, pourquoi ? Ces « gens-là » thésaurisent et dépensent, ils travaillent souvent dur, ont fait de longues études ou ont eu une idée géniale qui a fait avancer la technologie. La jalousie, l'envie me semblent indignes.

Et pour ce qui me concerne, me direz-vous ? Je répondrais qu'en la matière, je n'ai aucun *a priori*, sinon que le produit doit être en adéquation avec mes convictions. La première fois que l'on m'a sollicité, il s'agissait de l'entreprise Senoble. Ses usines fabriquent des yaourts. Après les avoir visitées, et échangé avec les services qualité, j'ai été convaincu. Promouvoir des yaourts sans arômes et sans colorants, avec des fruits des grandes régions productrices françaises, je pouvais le faire sans rougir. Le contrat était simple : si les ventes de ces produits, nouveaux sur le marché, étaient satisfaisantes, je serais rémunéré par un pourcentage. La première campagne m'a rapporté beaucoup d'argent, la deuxième aussi. Mais pour la troisième, Marc Senoble, le président du groupe, a voulu réduire mon pourcentage, estimant que j'étais trop payé. Nous avons cessé notre collaboration.

Ma troisième expérience a eu pour théâtre Vérone, ville des amants du même nom, et siège de la marque Rana, pâtes alimentaires. Les produits étaient bons, très bons même. Mais il y a eu un changement d'agence. La nouvelle a imaginé une stratégie sans spot télévisé. Je suis sorti du jeu.

Des yaourts. Des pâtes. Voilà qui est simple, facile à contrôler, voilà qui ne prête à aucune confusion. Mais « un grand groupe de distribution » ? Il y a enseigne et enseigne. Je m'informe. On m'annonce Leader Price, une enseigne *low cost* – bon marché. Je n'ai jamais mis les pieds dans ce type de magasins, je préfère les petits commerces de proximité et les marchés où j'ai des habitudes et la possibilité de dialoguer avec les fournisseurs. Est-ce qu'il y a un rapport entre l'image que je véhicule – le défenseur des produits de qualité à un prix juste – et une enseigne qui propose des prix bas mais sans que le mot qualité y soit associé ? *A priori* non. Il faut voir ce qu'ils attendent de moi. Rendez-vous est pris. On me propose une campagne nationale, radio, télévision, affichage dans toutes les villes de France. Cela ne m'intéresse pas, à moins que je puisse goûter leurs produits. Ils acceptent. La dégustation, avec mon fidèle Sébastien, mon assistant depuis la disparition de ma chère Françoise, se déroule chez moi. La conclusion ? Faute de pouvoir intervenir pour améliorer les produits, cette campagne ne m'apportera rien. Ni à moi. Ni aux consommateurs…

Aussi, je pose mes conditions : deux contrats à long terme, un pour faire la publicité, l'autre pour améliorer durablement les produits en toute liberté. Le président et le directeur général que je rencontre me donnent leur accord. Malheureusement l'agence de publicité juge bon de lancer la campagne avant même que j'aie commencé mon travail d'amélioration. La campagne de presse qui s'ensuit est d'une violence inouïe. En trois mois je deviens un traître à la cause qualitative, mes combats passés sont oubliés. Je suis traîné dans la boue, meurtri. Même certains de mes anciens collaborateurs pataugent dans les contre-vérités. Je suis à terre – mais pour finir, la virulence des mensonges m'encourage à me battre. Je me mets au travail avec acharnement. Pour commencer, je conçois des plats nouveaux pour les fêtes de fin d'année. Lors du déjeuner de presse de présentation, j'entends encore les commentaires des journalistes : « Tu n'en as pas pris assez, tu veux qu'on en remette une couche ? »

N'empêche. Ils ont goûté. Et pour certains, apprécié. Je n'ai pas encore gagné mais les articles se font moins acerbes. Je passe une tête hors de l'eau. Mais la tâche qui m'attend est rude. Quatre mille produits à améliorer, une dégustation par saison, la foire aux vins, organisée pour soixante journalistes aux aguets... Heureusement les responsables qualité des usines avec lesquelles je collabore manifestent une solidarité sans faille. Les acheteurs de l'enseigne m'accompagnent avec mon assistant dans les usines. Année après année, nous réussissons tous ensemble à améliorer, créer des produits dont nous sommes fiers. Petit à petit, je parviens à prouver que manger de la merde n'est pas une fatalité, qu'il est possible de proposer à mes concitoyens des produits qui ne mettent en péril ni leur santé ni leur porte-monnaie. Les lettres, messages d'insultes, n'encombrent plus mon bureau. L'ire populaire à mon encontre et celle de l'enseigne a disparu. Mieux encore. Les insultes se sont transformées en compliments.

Contrat rempli. Sébastien et moi sommes assez fiers du travail accompli.

Et je suis fier, aussi, d'une autre tâche, menée auprès des « vieux », comme on les appelle trop souvent. En fouillant ma mémoire, je retrouve les visages de personnes âgées dont j'ai eu à m'occuper quand j'ai été sollicité par un groupe de maisons de retraite pour améliorer le quotidien de leurs repas... Lucie. Mathilde. Roger. Maurice... et les autres, tous les autres... Visages creusés de rides, cheveux blancs relevés en tresses pour les femmes, sourcils broussailleux pour les hommes, démarche chenue, ils avaient tous le même regard délavé, celui qui signe la fin d'une vie. Quant au groupe, il était important. Son seul objectif était de gagner un maximum d'argent pour agrandir le parc de ses établissements et maintenir en vie ses pensionnaires le plus longtemps possible pour leur soutirer leurs économies. Je ne l'ai compris que trop tard, hélas...

Pourtant, avant de m'engager, et de former une équipe, j'ai visité de nombreuses maisons de retraite. J'y ai fait un constat alarmant : les cuisines n'étaient pas aux normes, la matière première des repas était toujours industrielle et surgelée. Le surgelé n'a rien de dangereux mais quand on congèle de la merde, on décongèle de la merde… La congélation n'améliore ni ne transforme, elle restitue, sous réserve que certains principes soient respectés. Le principal est de décongeler avant de cuisiner – ce qui n'était jamais le cas.

Je me suis lancé dans des travaux d'Hercule pour changer tout cela, et avec passion. La direction de ces maisons de retraite était d'accord pour effectuer les travaux indispensables à une remise aux normes d'hygiène. Rien que de très normal. Jusque-là, les investissements avaient été consacrés aux apparences : la famille, qui veut « se débarrasser » d'un aïeul encombrant, se moque de l'état des cuisines, seule la chambre compte… Les travaux effectués m'ont persuadé que j'étais sur la bonne voie. Il fallait, simplement, aller plus avant…

Que désire une personne âgée en fin de vie ? Des plaisirs, des souvenirs, du confort, des nourritures simples, goûteuses et légères. Le rêve de la plupart de celles que nous avons interrogées était de manger des œufs sur le plat. Difficile de faire plus simple… mais impossible à réaliser, à partir d'œufs en seau, blancs et jaunes déjà séparés. Ces pauvres vieux étaient condamnés à des omelettes préfabriquées en usine et passées au micro-onde pour les réchauffer. Où est le plaisir ? Ils ne voulaient plus de ragoût – ragougnasse pour être précis –, de viandes en sauce (industrielle), leur désir les portait vers des plats mijotés longuement à l'ancienne accompagnés de vraies purées avec de la crème et du beurre – pas celles tombées en flocons dans du lait pasteurisé. Nous nous sommes attelés à ce projet avec une contrainte : 2,30 euros par jour et par personne pour un petit-déjeuner, un repas midi et soir, un en-cas pour le goûter et une collation vers 22 heures, avant l'extinction des feux. Une gageure. D'abord il a fallu former des cuisiniers, leur apprendre de nouvelles techniques, changer les méthodes, les horaires. Leur solidarité nous a été d'un grand secours. Nous pouvions espérer aboutir. La direction du groupe n'a malheureusement pas joué la même partie que nous. Quand nous proposions d'améliorer – par exemple – la qualité du vin de table, on nous répondait :

– Si le vin est bon, les pensionnaires en boiront plus !

Notre argument contre cette stupidité était d'affirmer :

– Ils n'en boiront pas forcément plus, ils auront simplement davantage de plaisir !

Nous voulions, aussi, prendre des accords avec les maraîchers et producteurs de fruits locaux, pour servir des potages de légumes plutôt qu'un pâle bouillon industriel aux vermicelles, ou des fruits de saison en lieu et place des bananes et oranges quotidiennes. Trop compliqué, nous assurait-on. Peut-être mais meilleur, plus vitaminique.

– Vitaminiques ? il y a des médicaments pour ça.

Un jour, après deux ans et demi de travail acharné, nous avons découvert que les directeurs des maisons amélioraient leur salaire en imposant aux cuisiniers des économies sur leur budget. Dès que la direction a compris qu'elle était démasquée, elle a mis fin brutalement à notre contrat.

Cet échec m'a touché profondément, ainsi que l'équipe que j'avais formée. La preuve est faite : il est difficile de lutter contre l'inertie de groupes puissants, plus avides de projets immédiats que de changements, même modestes, pour améliorer les conditions de vie des plus démunis.

Triste époque.

21

Je rentre dans ma soixante-dix-septième année. Mon avenir est limité dans le temps. Inexorablement. Ce retour en mots sur ma vie était-il nécessaire ? Pour moi, oui. Faire le point, sans espoir de retour en arrière, m'a permis de parcourir mon passé sans rien en estomper, retrouvant, au fil de la plume, des souvenirs oubliés ou enfouis très profondément. Des bons, mais aussi de très durs, de très douloureux.

Ma mère est morte, dans sa quatre-vingt-seizième année. Elle est partie avec son passé, sans vouloir le partager, même avec moi. A-t-elle été heureuse ? Je ne le pense pas. Il lui a peut-être manqué l'amour filial que je ne lui ai pas accordé, par jalousie et dépit de ne pas être le préféré. Est-ce qu'elle retrouvera là-haut, s'il y a un là-haut bien sûr, mon père, si vite parti ? Et son amant ? Seront-ils là, pour l'accueillir ?

Et si tous les deux l'attendent, dans quel bras se blottira-t-elle ?

Et ce fils que je n'ai jamais serré contre moi, auquel je n'ai pas pu dire mon amour, était-il de moi ?

Dernière question, sans importance. Et moi, petit orphelin pauvre, suis-je content de mon parcours ? Rien ne me prédestinait à la vie que j'ai menée. Pourtant, je me suis tiré du pire par chance, oui, j'en ai eu, trop, peut-être. Mais chaque fois qu'elle me faisait un clin d'œil je l'ai saisie à bras-le-corps. Je lui dois beaucoup, mais davantage à mes amis. D'aucuns ont quitté le banquet mais ils seront dans mon cœur jusqu'à la fin. Ceux qui restent, je les aime encore, encore plus qu'avant. Ils m'ont permis et me permettent toujours d'être ce que je suis devenu.

Ai-je des regrets, parce que j'ai raté ma vie sentimentale ? Plus aujourd'hui. J'ai rencontré il y a sept ans un homme avec lequel je suis heureux. C'est lui qui répandra mes cendres dans mon jardin.

Ce jour-là, vous viendrez vider ma cave sans larmes ni tristesse.

Lanneray, 16 février 2015

POSTFACE

Au moment de tourner les dernières pages de ce livre, je nous revois à l'Élysée. Jean-Pierre finalisait les derniers détails de cet ouvrage et, hasard du calendrier, il se faisait remettre les insignes de la Légion d'honneur ce même jour. Les décorations, les dorures de la salle des fêtes, ce n'est pas ce dont il raffole. Et pourtant, ce soir-là, Jean-Pierre était heureux, vraiment, ému, plus fragile que d'ordinaire. Il acceptait de devenir « Papille de la Nation » pour reprendre la belle expression de François Hollande.

Il y a quelques années, Jean-Pierre n'aurait probablement pas goûté qu'on le qualifie ainsi. Pour preuve : sa réaction la première fois que je lui ai parlé de ce livre. Je me souviendrais toujours de ce soir du 7 août 2008 ; nous dînions en bord de mer à Sainte-Anne-La-Palud.

Comme à son habitude dans les restaurants, il tournait le dos au reste de la salle. Depuis quarante-huit heures, nous visitions des conserveries. La veille déjà, durant le dîner, j'avais essayé d'aborder le sujet. Mais rien. Je sentais que la question allait déranger. Je savais qu'elle nous engagerait sur un terrain dont ni lui, ni moi ne connaissions les frontières. Et puis je me suis lancé :

391

— Je voudrais écrire un livre sur vous. Faire le pont entre votre vie personnelle et votre combat professionnel.

C'était forcément maladroit.

— Non. Non, ça n'intéresse personne.

La table était nettoyée. Le service terminé. Inutile d'insister.

— Bonne nuit, à demain.

Sa réponse avait été tranchante et brutale, mais curieusement, elle ne me semblait pas définitive. Pendant quatre mois, nous avons continué à travailler ; c'est-à-dire que nous avons évité le sujet. L'ouvrage sur la conserve est parti chez l'éditeur ; et puis, un dimanche soir, mon téléphone a sonné.

— C'est Coffe. Ça va ? Je voulais te dire : pour ta proposition, c'est oui.

Il me fallut un peu de temps pour comprendre. Il ne prononcerait pas un mot de plus sur le sujet. Était-ce une forme de pudeur ? Une façon de s'en remettre à moi ? Il m'expliquera par la suite qu'il ne voulait s'occuper de rien. Il acceptait seulement de répondre à mes questions, « de se fourrer dans le piège sans vraiment de déplaisir ».

Soixante-dix heures d'entretiens, de conversation, d'éclat d'âme. Jean-Pierre me vouvoiera quand bien même il me tutoie dans la vie. C'était venu naturellement chez lui. Il allait se livrer, se mettre à table comme un professionnel. Par sens de la réserve ou par peur, nous allions disséquer, ensemble, le sujet *Jean-Pierre Coffe* avec le professionnalisme d'un artisan boucher. La bête, docile, venait d'elle-même à l'abattoir.

Les bandes de ces enregistrements consignent à jamais notre amitié. Rarement j'avais connu d'échanges aussi intenses, aussi intimes. Jean-Pierre se dévoilait à moi et je comprenais ses fêlures et son combat, le sens de ces gestes et de ces mots. La parole était libérée. Jean-Pierre pouvait finalement prendre la plume pour se raconter par lui-même publiquement et avec ses propres mots. Le « Je » était possible. Achever ce livre serait douloureux, mais c'était devenu un combat personnel, qu'il devait livrer contre lui-même. Je ne pouvais plus que le soutenir les soirs de lassitude, face à la page blanche, face à la douleur de ce qu'il devait écrire.

À l'heure où ce manuscrit va partir pour l'imprimerie, j'aimerais comme Jean-Pierre ne ressentir aucune nostalgie. C'est une de ses forces et peut-être l'une de ses plus grandes failles. Pour être nostalgique, il faut probablement que sur la somme d'une vie, plus de souvenirs vous poussent à regarder derrière que devant. Chez Jean-Pierre, rien n'est moins sûr. Celui qui incarne le *bon-vivre* pour tant de personnes est un épicurien contraint. Il profite de la saison pour oublier celle qui a précédé, et pour ne pas attendre en vain celle qui va venir. Des saisons qui donnent à son combat sa force, sa sincérité et sa légitimité.

Nos saisons passées ensemble sont pour moi une leçon de vie. Je l'ai écouté religieusement, avec toujours la même question : qui est-il ? Qui est vraiment Jean-Pierre Coffe ? Cuir bien tanné, caractère bien trempé, fragilités bien cachées. Mais il y a aussi cette vitalité, cette énergie, cette folie qui fait de sa vie un tourbillon en perpétuelle ébullition. Avec Jean-Pierre, vous avez le sentiment que tout est possible, le sentiment d'une liberté qui s'affranchit de toute entrave. Et puis il y a cette frénésie de travail. Toujours un nouveau projet, envers et contre tout, sa santé comprise. Jean-Pierre me fait souvent penser à Claude Chabrol. Ce même appétit de la bonne chère et du travail bien fait, comme une boulimie. Une faim compulsive, un besoin de dévorer le temps qui passe, pour avoir le sentiment d'y laisser sa trace. Pas n'importe quelle trace. Celle qui donne le sentiment d'exister et d'avoir une raison d'être là.

Aujourd'hui, je le sais, une des raisons de mon existence est mon amitié avec lui. Elle est rare, précieuse. Merci Jean-Pierre.

PHILIPPE GAUDIN

À table, en famille avec 15 € par jour, 2002 (Le Livre de Poche, 2003)
Le Guide Coffe des pépinières. Plantes et arbustes, 2000
Le Verger gourmand, 2000
Fleurs bonheur, 1999
Le Potager plaisir, 1998 (J'ai Lu, 2011)
Le Marché, 1998 (J'ai Lu, 1998)
De la vache folle en général et de notre survie en particulier, 1997
Comme à la maison, tome 2, 1994 (J'ai Lu, 1999)
Comme à la maison, tome 1, 1993 (J'ai Lu, 1998)

Directeur de collection
Ce que nous devons savoir sur le yaourt, 2013
Ce que nous devons savoir sur les fromages, 2012
Ce que nous devons savoir sur les poissons, coquillages et crustacés, 2011
Ce que nous devons savoir sur la conserve, 2009
Ce que nous devons savoir sur le lait, 2009
Ce que nous devons savoir sur le beurre, 2008
Ce que nous devons savoir sur l'œuf, 2008
Ce que nous devons savoir sur la dinde, 2008
Ce que nous devons savoir sur la pomme de terre, 2008

AUX ÉDITIONS LE LIVRE DE POCHE
Mes confitures, 2010

AUX ÉDITIONS JUNGLE (CASTERMAN)
Les Indispensables Recettes inratables de Jean-Pierre Coffe, 2009
Les Desserts de fêtes inratables de Jean-Pierre Coffe, 2008
Les Desserts inratables de Jean-Pierre Coffe, 2008
Les Recettes inratables de Jean-Pierre Coffe, 2007

AUX ÉDITIONS SEVEN SEPT
Ce que nous mangeons, 2005

AUX ÉDITIONS STOCK
SOS Cuisine, 2006 (Marabout, 2007)
Le Coffe malin, 2005 *(Pocket, 2006)*

AUX ÉDITIONS DU ROUERGUE
Le Banquet de Bacchus. Éloge de l'ivresse, 2002

Directeur de collection
Le Monde des sauges, 2004
Le Monde des dahlias, 2003
Le Monde des camélias, 2003
Le Monde des écorces, 2003
Le Monde des plantes grimpantes, 2003
Le Monde des plantes aquatiques de rives et de berges,
    2002
Le Monde des hortensias, 2001
Le Monde des plantes de terre argileuse, 2004
Le Mondes des arbres d'ornement, 2005

AUX ÉDITIONS BALLAND
Au bonheur des fruits, 1996
Coffe, 1995
À vos paniers, 1993

AUX ÉDITIONS LE PRÉ AUX CLERCS
Au secours le goût, 1992 (Presses-Pocket, 1993)
Le Vrai Vivre, 1989 (Presses-Pocket, 1991)
Le Bon Vivre, 1989 (Presses-Pocket, 1991)

AUX ÉDITIONS LE SIGNE
Gourmandise au singulier, 1979

Cet ouvrage a été composé
par PCA à Rezé (Loire-Atlantique)
et achevé d'imprimer en France
par CPI Brodard et Taupin
à La Flèche (Sarthe)
pour le compte des Éditions Stock
31, rue de Fleurus, 75006 Paris
en avril 2015

Stock s'engage pour
l'environnement en réduisant
l'empreinte carbone de ses livres.
Celle de cet exemplaire est de :
1,1 kg éq. CO_2
Rendez-vous sur
www.editions-stock-durable.fr

PAPIER À BASE DE
FIBRES CERTIFIÉES

Imprimé en France

Dépôt légal : mai 2015
N° d'édition : 01 – N° d'impression : 3010745
51-07-2656/0